Lehrstuhl für
Werkzeugmaschinen und Fertigungstechnik
der Technischen Universität München

Hybrid-hierarchische Simulationsmodelle zur Koordination teilautonomer Produktionsstrukturen

Werner E. Lulay

Vollständiger Abdruck der von der Fakultät für Maschinenwesen der Technischen Universität München zur Erlangung des akademischen Grades eines

Doktor-Ingenieurs (Dr.-Ing.)

genehmigten Dissertation.

Vorsitzender: Univ. Prof. Dr.-Ing. H. Hoffmann

Prüfer der Dissertation:

1. Univ.-Prof. Dr.-Ing. G. Reinhart
2. Univ.-Prof. Dr.-Ing. Dipl.-Wirtsch.-Ing. W. A. Günthner

Die Dissertation wurde am 28.06.1999 bei der Technischen Universität München eingereicht und durch die Fakultät für Maschinenwesen am 03.08.1999 angenommen.

Forschungsberichte iwb

Band 129

Werner E. Lulay

Hybrid-hierarchische Simulationsmodelle zur Koordination teilautonomer Produktionsstrukturen

herausgegeben von
Prof. Dr.-Ing. G. Reinhart

Herbert Utz Verlag

Forschungsberichte IWB

Berichte aus dem Institut für Werkzeugmaschinen
und Betriebswissenschaften
der Technischen Universität München

herausgegeben von

Univ.-Prof. Dr.-Ing. Gunther Reinhart
Technische Universität München
Institut für Werkzeugmaschinen und Betriebswissenschaften (iwb)

Die Deutsche Bibliothek · CIP-Einheitsaufnahme

Lulay, Werner E.:
Hybrid-hierarchische Simulationsmodelle zur Koordination teilautonomer Produktionsstrukturen /
Werner E. Lulay. -
München : Utz, Wiss., 1999
(Forschungsberichte IWB ; 129)
Zugl.: München, Techn. Univ., Diss., 1999
ISBN 3-89675-620-6

ISBN 3-89675-620-6

Printed in Germany

Herbert Utz Verlag GmbH, München
Tel.: 089/277791-00 · Fax: 089/277791-01

Meinen Eltern

Geleitwort des Herausgebers

Die Produktionstechnik ist für die Weiterentwicklung unserer Industriegesellschaft von zentraler Bedeutung. Denn die Leistungsfähigkeit eines Industriebetriebes hängt entscheidend von den eingesetzten Produktionsmitteln, den angewandten Produktionsverfahren und der eingeführten Produktionsorganisation ab. Erst das optimale Zusammenspiel von Mensch, Organisation und Technik erlaubt es, alle Potentiale für den Unternehmenserfolg auszuschöpfen.

Um im Spannungsfeld von Komplexität, Kosten, Zeit und Qualität bestehen zu können, müssen Produktionsstrukturen ständig neu überdacht und weiterentwickelt werden. Dabei ist es notwendig, die Komplexität von Produkten, Produktionsabläufen und -systemen einerseits zu verringern und andererseits besser zu beherrschen.

Ziel der Forschungsarbeiten des *iwb* ist die ständige Verbesserung von Produktentwicklungs- und Planungssystemen sowie von Herstellverfahren und Produktionsanlagen. Ebenso werden Betriebsorganisation, Produktions- und Arbeitsstrukturen sowie Systeme zur Auftragsabwicklung unter besonderer Berücksichtigung mitarbeiterorientierter Anforderungen entwickelt. Die dabei notwendige Steigerung des Automatisierungsgrades darf jedoch nicht zu einer Verfestigung arbeitsteiliger Strukturen führen. Fragen der optimalen Einbindung des Menschen in den Produktentstehungsprozeß spielen deshalb eine sehr wichtige Rolle.

Die im Rahmen dieser Buchreihe erscheinenden Bände stammen thematisch aus den Forschungsbereichen des *iwb*. Diese reichen von der Produktentwicklung über die Planung von Produktionssystemen hin zu den Bereichen Fertigung und Montage. Steuerung und Betrieb von Produktionssystemen, Qualitätssicherung, Verfügbarkeit und Autonomie sind Querschnittsthemen hierfür. In den *iwb*-Forschungsberichten werden neue Ergebnisse und Erkenntnisse aus der praxisnahen Forschung des *iwb* veröffentlicht. Diese Buchreihe soll dazu beitragen, den Wissenstransfer zwischen dem Hochschulbereich und dem Anwender in der Praxis zu verbessern.

Gunther Reinhart

Vorwort des Verfassers

Die vorliegende Dissertation entstand während meiner Tätigkeit als wissenschaftlicher Mitarbeiter am Institut für Werkzeugmaschinen und Betriebswissenschaften (*iwb*) der Technischen Universität München.

Herrn Prof. Dr.-Ing. Dr. h.c. Joachim Milberg und Herrn Prof. Dr.-Ing. Gunther Reinhart, den Leitern dieses Instituts, gilt mein besonderer Dank für die wohlwollende Förderung und großzügige Unterstützung meiner Arbeit.

Herrn Prof. Dr.-Ing. Dipl.-Wirtsch.-Ing. Willibald A. Günthner, dem Leiter des Lehrstuhls für Fördertechnik, Materialfluß und Logistik der Technischen Universität München, möchte ich für die Übernahme des Koreferates und die aufmerksame Durchsicht der Arbeit sehr herzlich danken.

Herrn Prof. Dr.-Ing. H. Hoffmann, dem Leiter des Lehrstuhls für Umformtechnik und Gießereiwesen der Technischen Universität München danke ich für die Übernahme des Vorsitzes und die aufmerksame Durchsicht der Arbeit.

Darüber hinaus bedanke ich mich recht herzlich bei allen Mitarbeiterinnen und Mitarbeitern des Instituts sowie bei allen Studenten, die mich bei meiner Projekt- und Forschungsarbeit sowie bei der Erstellung dieser Arbeit unterstützt haben, und wünsche ihnen für ihre eigene berufliche wie private Zukunft alles Gute.

Besonderer Dank gilt meinen Eltern für die hervorragende Unterstützung, die ich jederzeit und in jeder Hinsicht von ihnen erhalten habe, sowie meiner Freundin Sabine Riemann für die schöne Zeit, die hinter und vor uns liegt.

Werner E. Lulay

Inhalt

1 Einleitung

1.1 Themenkreis und Aufgabenstellung

Information und Kommunikation sind zu Engpässen für schnelles und richtiges Entscheiden geworden (WARNECKE 1998, S. 65). Dies gilt in besonderem Maße für Unternehmen, die die Chancen ihres turbulenten Umfeldes nutzen und dessen Risiken beherrschen wollen. Diese Umfeldturbulenzen äußern sich sowohl in Form gestiegener Internationalität der Märkte als auch in Form zunehmender Vergleichbarkeit, Transportierbarkeit und Imitierbarkeit sowie rückläufiger Preise und abnehmender Nachhaltigkeit des Markterfolgs der Produkte (vgl. Abbildung 1).

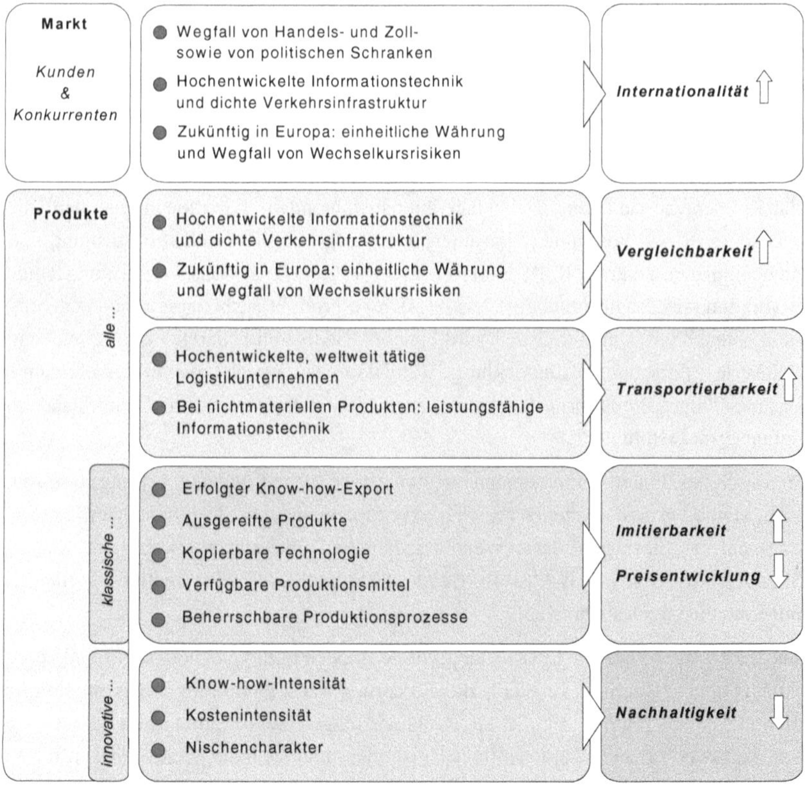

Abbildung 1: Dynamische Entwicklungen im Umfeld von Unternehmen

Ein allgemein sichtbares Zeichen für diese Umfeldturbulenz sind die Konjunkturzyklen der Weltwirtschaft, die von ehemals sieben bis zehn Jahren Länge immer kürzer werden und von Sondereinflüssen (vgl. Finanzkrisen in Asien und Südamerika im Jahre 1998) bestimmt werden (REINHART 1999).

Damit die Unternehmen die Chancen dieser dynamischen Einflüsse nutzen können, müssen sie eine innere Wandlungsfähigkeit entwickeln (WIENDAHL & SCHEFFCYK 1996; REINHART 1997B; KLOCKE 1998; WARNECKE ET AL. 1998; WESTKÄMPER ET AL. 1998). Entlang des gesamten Produkterstellungszyklus, beginnend im Marketing, über die Produktplanung und –entwicklung, Produktionsplanung, -durchführung und –steuerung bis hin zur langfristigen Betreuung der Kunden beim Produkteinsatz müssen die Unternehmen dafür technische, organisatorische und mitarbeiterorientierte Lösungsansätze entwickeln. Der Formel folgend, "Wandlungsfähigkeit = Flexibilität + Reaktionsfähigkeit", müssen Unternehmen zukünftig fit sein, um

- *flexibel* innerhalb vorgedachter Dimensionen agieren und
- *reaktionsschnell* jenseits vorgedachter Szenarien reagieren

zu können (REINHART ET AL. 1999).

Innerhalb dieses Produkterstellungszyklus und zwischen den vorgelagerten planerischen sowie den nachgelagerten ausführenden Funktionen nehmen die informations- und kommunikationsintensiven Aufgaben der Produktionsplanung und -steuerung eine zentrale Rolle ein (REINHART 1998A, S. 3-14). Eine leistungsfähige Produktion ist deshalb ohne eine leistungsfähige Produktionsplanung und –steuerung nicht denkbar. Unterstrichen wird diese Bedeutung durch die Gleichung „Industrie = Forschung + Entwicklung + Produktion + Vertrieb“, derzufolge ohne eine leistungsfähige Produktion langfristig auch der Industriestandort Deutschland in Gefahr gerät (MILBERG 1997).

In wandlungsfähigen Unternehmen müssen daher, neben anderen Lösungsansätzen, auch Methoden und Systeme zur Produktionsplanung und –steuerung zum Einsatz kommen, die diese geforderte Wandlungsfähigkeit unterstützen, wobei LUCZAK & HEIDERICH 1997 sowie WIENDAHL ET AL. 1996 genau dies den heutigen Methoden und Systemen noch absprechen.

Lange Zeit wurde bei der Entwicklung von Methoden und Systemen zur Produktionsplanung und -steuerung versucht, die Forderung nach mehr Flexibilität mit immer aufwendigeren, zentral orientierten Rechnerlösungen zu beherrschen. Die Leitidee war, daß bei Vorhandensein sämtlicher planungs- und steuerungsrelevanten Informationen eine optimale Planung und Steuerung von zentraler Warte aus möglich sein muß. Da es sich bei den Aufgaben der Produktionsplanung und –steuerung um ein hochgradig kombinatorisches Problem handelt (RUFFING 1991), ist es bis heute nicht gelungen, einen genügend leistungsfähigen Algorithmus zu entwickeln, der von zentraler Warte aus unter Echtzeit ein „Planungs- und Steuerungsoptimum“ finden kann. Es erscheint heute auch nicht denkbar, daß sämtliche planungs- und steuerungsrelevanten Informationen[1] jemals an einem Ort in aktuellem Zustand verfügbar und interpretierbar sein werden. Inzwischen wurde deshalb erkannt, daß die Lösung dieses Problems vielfach in dezentralen und teilautonom agierenden Strukturen liegt (TÖNSHOFF & SIELEMANN 1998).

Dezentrale, teilautonome Ansätze ordnen den Produktionseinheiten, zusätzlich zu deren Primärfunktionen (Fertigen, Montieren, etc.), weitere dispositive und qualitätssichernde Sekundärfunktionen zu (WAHREN 1994). Dabei ist es zunächst *nicht* entscheidend, ob es sich um verrichtungsorientierte Strukturen (z.B. Werkstätten) oder um objektorientierte Strukturen (z.B. Fertigungsinseln) handelt, solange diese im Rahmen der gewährten (Teil-)Autonomie selbständig Entscheidungen treffen können. Diese Entscheidungen betreffen z.B. die Arbeits- und Auftragsplanung, Kapazitätsplanung, Personaleinsatzplanung und Instandhaltung. Im Zusammenhang mit einer Werkerselbstprüfung werden auch umfangreiche Aufgaben der Qualitätssicherung übernommen (SPATH ET AL. 1996).

Diese gewährte Teilautonomie, die vor allem zur Dynamisierung der Abläufe führen soll, beinhaltet zusammen mit der dezentralen Entscheidungsfindung jedoch meist auch ein Problem: Entscheidungen werden systembedingt vor allem nach lokalen Zielkriterien getroffen - ein lokales Ziel ist z.B. die optimale Auslastung der eigenen Einheit oder ein genügend hoher Sicherheitsbestand an Rohmaterial. Globale Zielkriterien fließen oft zu wenig in die lokale Entscheidungsfindung ein - ein globales Ziel ist z.B., für alle Aufträge über die gesamte Auftragsabwicklung eine optimale Liefertreue zu erreichen und auf kurzfristig sich ändernde Anforderungen flexibel reagieren zu können.

Ein weiteres Problem sind die intransparenten Auswirkungen der getroffenen Entscheidungen. Selbst wenn sowohl lokale als auch globale Ziele bei der teilautonomen Entscheidungsfindung berücksichtigt werden, wird aufgrund der komplexen Wechselwirkungen bei der Auftragsabwicklung die tatsächliche Auswirkung der getroffenen Entscheidung oft nicht erkannt.

[1] hiermit sind nicht Daten gemeint, für deren Speicherung und Strukturierung leistungsfähige Datenbanken und umfangreiche Datenmodelle zumindest bereitstehen (womit deren Pflege immer noch nicht garantiert ist). Gemeint sind über Daten hinausgehende, komplexe Informationen, die in zum Teil nur qualitativer Form Zustände und Abläufe vor Ort beschreiben und zusammen mit teilweise nur intuitiv vorhandenem Wissen, die notwendigen Strategien zur Lösung komplexer Aufgaben beinhalten.

Beide Aspekte, *dominante Lokalziele* und *intransparente Auswirkungen*, erschweren die teilautonome Entscheidungsfindung oder führen sogar zu falschen Entscheidungen. Die gewünschte Eigenschaft dezentraler Produktionsstrukturen, vor Ort schnell und aufgabengerecht geeignete Entscheidungen treffen zu können, um durch Flexibilität und Reaktionsschnelligkeit die Wandlungsfähigkeit des Gesamtunternehmens zu unterstützen, geht verloren (FELDMANN ET AL. 1997A, REINHART & LULAY 1998).

1.2 Ziel der Arbeit

Ziel der Arbeit ist es, die dezentralen Entscheidungsprozesse der Mitarbeiter in teilautonomen Produktionsstrukturen bei der operativen Planung und Steuerung der Auftragsabwicklung betriebsbegleitend zu unterstützen.

Im Fokus der Betrachtungen stehen demnach betriebsbegleitende Entscheidungen im kurzfristigen Bereich, z.B. Rüstoptimierung, Auftragspriorisierung und –harmonisierung wie auch Entscheidungen im mittelfristigen Bereich, z.B. Engpaßmanagement, Kapazitätsplanung und Externvergabe im Sinne einer verlängerten Werkbank. Hingegen sind Entscheidungen im längerfristigen Bereich, wie etwa Externvergabe im Sinne von "Make-or-buy"[2] oder Veränderung von Produkt- und Ressourcenspektrum, nicht unmittelbarer Schwerpunkt, auch wenn der in dieser Arbeit entwickelte Ansatz hierfür relevante Basisinformationen bieten kann.

Für die erfolgreiche Anwendbarkeit des entwickelten Ansatzes ist es erforderlich, daß die Produktionseinheiten im Rahmen des o.g. kurz- bis mittelfristigen Entscheidungsspektrums teilautonom agieren können. Solange diese Teilautonomie gegeben ist, ist der Ansatz demnach sowohl auf teilautonome, verrichtungsorientierte Strukturen (z.B. Werkstätten) als auch auf teilautonome, objektorientierte Strukturen (z.B. Fertigungsinseln) anwendbar.

Um das formulierte Ziel zu erreichen, muß den Mitarbeitern in teilautonomen Produktionsstrukturen noch vor der Umsetzung von Entscheidungen eine Vorausschau auf deren Auswirkungen und Güte gegeben werden. Insbesondere müssen sie die Möglichkeit erhalten, Zusammenhänge lokaler Zielkriterien (z.B. hohe Auslastung, lokaler Sicherheitsbestand an Material) mit globalen Unternehmenszielen (z.B. hohe Liefertreue gegenüber den Kunden, niedrige Umlaufbestände, unternehmensweite Flexibilität) zu erkennen und eventuell auftretende Zielkonflikte zu beseitigen.

---

[2] hier spielen auch strategische Fragestellungen und Kernkompetenzbetrachtungen eine Rolle

Der Lösungsansatz ist, strukturelle und dynamische Zusammenhänge der Realwelt (d.h. Produktionsbereiche des Unternehmens) in einer aussagekräftigen Modellwelt abzubilden, um anhand dieser Modellwelt in einem Frage-Antwort-Zyklus Entscheidungen bzgl. logistischer Zusammenhänge betriebsbegleitend überprüfen und verbessern zu können (vgl. Abbildung 2). Die Modellwelt soll dabei in der Lage sein, über *umfangreiche* Bereiche der Realwelt bei Bedarf *detailliert* und *schnell* zuverlässige Aussagen treffen zu können.

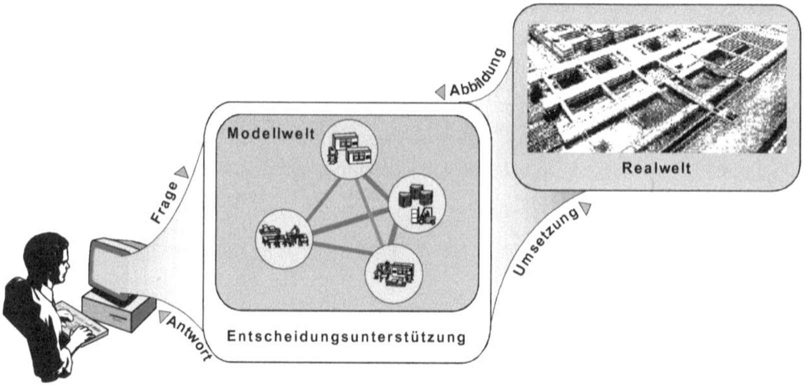

Abbildung 2: Idealvorstellung zur Entscheidungsunterstützung

Die Methode und das System soll von Mitarbeitern mit unterschiedlichen Kompetenzen und Aufgaben verstanden und bedient werden können. Demnach werden sowohl operative Mitarbeiter (z.B. Werker) und der operative Führungskreis (z.B. Werkstatt- oder Inselleiter) als auch der Planungskreis (z.B. Disponenten) adressiert.

Weiterhin soll der technische Aufwand für die Einführung des Systems möglichst gering gehalten werden, um auch kleineren und mittleren Betrieben den Zugang zu dem entwickelten Ansatz zu ermöglichen.

1.3 Bausteine der Lösung

Um das in Abschnitt 1.2 formulierte Ziel zu erreichen, wird in dieser Arbeit ein *simulationsbasiertes* Assistenzsystem entwickelt, welches auf Basis *hybrid-hierarchischer Modelle* und *Internet-Technologien* die *betriebsbegleitende Koordination* von Produktionsprozessen im oben geforderten Sinne unterstützt.

Die Arbeit konzentriert sich auf die Verwendung von *Simulationsmodellen*, um neben den strukturellen Zusammenhängen in Produktionssystemen vor allem die im Rahmen der Auftragsabwicklung vorhandene Dynamik (z.B. stochastische Effekte bei Transport-, Handhabungs-, Rüst- und Bearbeitungszeiten sowie bei der Verfügbarkeit von Produktionsmitteln etc.) zu berücksichtigen.

Die hybrid-hierarchischen Modelle umfassen die *parallele* Verwendung von *verschiedenen* Modellierungsmethoden (daher "hybrid"), die sich *gleichzeitig* auf jeweils *dieselben* realen Produktionsstrukturen beziehen können und dabei in einer eindeutig geregelten *Gültigkeitsbeziehung* stehen (daher "hierarchisch"). Die hybrid-hierarchischen Modelle, wie sie im Rahmen dieser Arbeit entwickelt werden, erlauben die Erstellung von Simulationssystemen, die bzgl. konkurrierender Anforderungen an *Umfang bzw. Größe der Produktionsbereiche*, *Detaillierungsgrad bzw. Aussageschärfe* sowie der erzielbaren *Antwortzeit* besonders flexibel gestaltet werden können. In diesem Zusammenhang wird im weiteren Verlauf der Arbeit von *Eigenschaftsflexibilität* gesprochen.

Die Verwendung von Internet-Technologien erlaubt die Nutzung überwiegend normierter Standards für den Austausch sowie für die Darstellung von Informationen. Damit können Nutzeroberflächen entwickelt werden, die eine ortsverteilte und von der verfügbaren Hard- und Software weitgehend unabhängige Nutzung des Assistenzsystems ermöglichen.

Die betriebsbegleitende Koordination adressiert die kurz- und mittelfristigen Entscheidungen, wie sie in Abschnitt 1.2 benannt wurden. Der Koordinationsaspekt konzentriert sich dabei auf die Bereitstellung lokaler (d.h. aus Sicht der jeweiligen teilautonomen Einheit) und globaler Kennzahlen (d.h. aus Sicht des gesamten Produktionsbereichs bzw. des Unternehmens), womit den Produktionseinheiten die Möglichkeit eines einheitenübergreifenden Interessenabgleichs gegeben wird. Fragestellungen der Gestaltung und Anwendung von Anreiz- und Entlohnungssystemen, wie sie im Rahmen der Koordination von teilautonomen Produktionsstrukturen ebenfalls relevant sind, bieten Raum für eine Reihe weiterer Arbeiten und werden daher im Rahmen dieser Arbeit explizit ausgeklammert.

1.4 Vorgehensweise

Nach einer in Kapitel 1 erfolgten Einführung in die Problemstellung und der Darstellung des Ziels sowie des Liefer- und Leistungsumfangs der Arbeit beschäftigt sich Kapitel 2 mit Ansätzen, die einen Beitrag zur Lösung der formulierten Aufgabe liefern können. Dazu wird zunächst der Stand in der Praxis bei *PPS- und Leitsystemen* dargestellt. Anschließend wird anhand der Schwerpunkte *Leit- und Koordinationssysteme, Hierarchische Simulationsmodelle* sowie *internet-basierte und verteilte Simulation* der darüber hinausgehende Stand in der Forschung vorgestellt (vgl. Abbildung 3).

Auf dieser Basis ordnet Kapitel 3 die vorliegende Arbeit in den Stand der Technik sowie den Stand der Forschung ein und entwickelt daraufhin den Handlungsbedarf, der die Grundlage für die Entwicklung des Konzeptes darstellt.

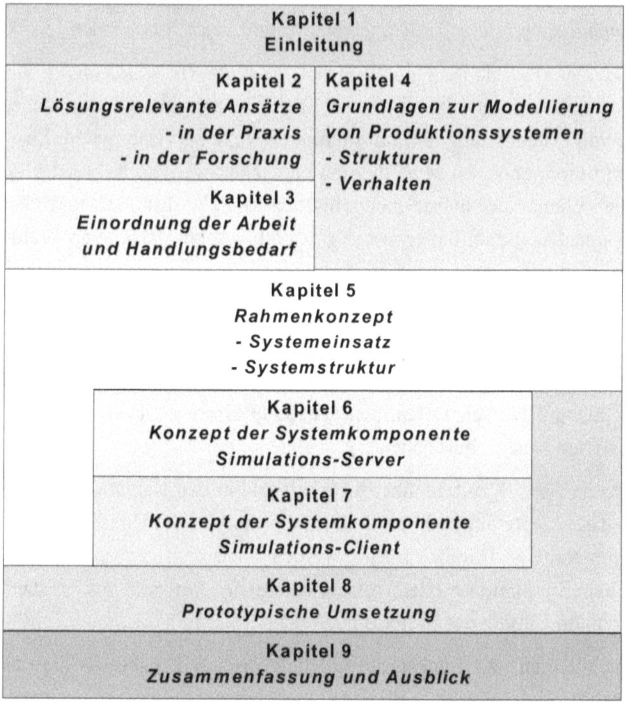

Abbildung 3: Vorgehensweise der Arbeit

Kapitel 4 befaßt sich mit Grundlagen zur Modellierung von Produktionssystemen, soweit diese Grundlagen zum Verständnis der besonderen Ansätze dieser Arbeit notwendig sind. Wesentliche Schwerpunkte sind die Modellierung technischer Strukturen und die Modellierung technischen Verhaltens. Leser, die in diesen Bereichen ausreichendes Wissen besitzen bzw. es erst zu einem späteren Zeitpunkt vertiefen wollen, können Kapitel 4 an dieser Stelle überspringen. Aufgrund der optionalen Lesbarkeit sowie der zum späteren Nachschlagen geeigneten, erklärenden Darstellung wurde Kapitel 4 bewußt *parallel* zu den in Kapitel 2 erfolgten Untersuchungen und zu dem in Kapitel 3 beschriebenen Handlungsbedarf gestellt.

Kapitel 5 greift den in Kapitel 3 formulierten Handlungsbedarf auf und stellt das Rahmenkonzept der Arbeit überblickshaft vor. Das Rahmenkonzept berücksichtigt Potentiale und Defizite, die im Rahmen der Untersuchungen von Kapitel 2 festgestellt wurden, und stützt sich dabei auf die in Kapitel 4 ausgeführten Grundlagen. Kapitel 5 dient den nachfolgenden Kapiteln 6 und 7 als Klammer, in der die beiden, in Kapitel 5 nur skizzierten Schwerpunkte, die *Systemkomponente Simulations-Server* und die *Systemkomponente Simulations-Client*, jeweils vertieft betrachtet werden.

Kapitel 6 konzentriert sich auf das Konzept für die *Systemkomponente Simulations-Server*. Hier steht der Simulations-Experte im Vordergrund, für den, neben der Beschreibung von Datenhaltung und Informationsverteilung, insbesondere Lösungsansätze zur hybrid-hierarchischen Modellierung entwickelt werden. Es werden der Aufbau der einzelnen Ebenen der hybrid-hierarchischen Modelle diskutiert und Lösungen für Konsistenz und Kompatibilität entwickelt. Richtlinien zur geeigneten Wahl der Hierarchieebenen schließen das Kapitel ab.

Kapitel 7 vertieft das Konzept für die *Systemkomponente Simulations-Client*. Hier steht der Simulations-Laie als Nutzer im Vordergrund, für den das geeignete Nutzungskonzept entwickelt werden muß. Die Ausführungen widmen sich den angebotenen, beurteilungsrelevanten Daten, den Darstellungsformen sowie der Erstellung der internet-basierten Nutzeroberflächen.

Kapitel 8 greift die in Kapitel 5 überblickshaft und in den Kapiteln 6 und 7 detailliert entwickelten Konzepte auf und beschreibt die prototypische Umsetzung anhand eines Beispielunternehmens. Darüber hinaus werden noch das Laufverhalten der hybrid-hierarchischen Simulationsmodelle diskutiert sowie Aufwand und Nutzen für den Aufbau und beim Einsatz des Systems beurteilt.

Kapitel 9 schließlich hält Rückschau auf die Arbeit und diskutiert die entwickelten Ansätze. Insbesondere werden weitere Entwicklungspotentiale aufgezeigt, die sich im Umfeld der Arbeit ergeben.

2 Lösungsrelevante Ansätze in Praxis und Forschung

2.1 Ansätze in der Praxis

2.1.1 Funktionen der Produktionsplanung und -steuerung

Die *Produktionsplanung und –steuerung* hat die Aufgabe, das Produktionsprogramm ausgehend vom Absatzmarkt in regelmäßigen Abständen nach Art und Menge für mehrere Planungsperioden im voraus zu *planen* und trotz auftretender Störungen möglichst gut zu *realisieren* (WIENDAHL 1997, S. 250).

Dabei treten eine Reihe von Konflikten zwischen produktionsexternen Faktoren (Faktoren bzgl. Wirtschaftlichkeit und Kundenwirkung) sowie produktionsinternen Zielkriterien (logistische Kenngrößen) auf (vgl. Abbildung 4).

	Produktionsintern ▷ / ▽ Produktionsextern	Bestand *niedrig*	Auslastung *hoch*	Durchlaufzeit *niedrig*	Termintreue *hoch*
Wirtschaftlichkeit	Anlagen	○	●	○	○
	Lagerhaltung	●	○	○	●
	Kapitalbindung	●	○	●	○
Kundenwirkung	Lieferzeit	○	○	●	○
	Liefertreue	○	○	○	●
	Lieferbereitschaft	○	○	●	●
	Marketingwirkung	○	○	●	●

Zusammenhang
● direkt
○ nicht direkt

Abbildung 4: Produktionsexterne Faktoren und produktionsinterne Ziele

So ist es für die Wirtschaftlichkeit von Anlagen erforderlich, diese mit einer hohen Auslastung zu betreiben. Für die Wirtschaftlichkeit von Lagerhaltung und Kapitalbindung hingegen sind niedrige Bestände notwendig. Für eine kurze Lieferzeit und hohe Liefertreue sprechen wiederum niedrige Durchlaufzeiten und eine hohe Termintreue. Die Zielkonflikte werden deutlich, wenn man hieraus eindeutige Maßnahmen ableiten will: typische Widersprüche sind dabei, daß die für die Wirtschaftlichkeit von Anlagen erforderliche hohe Auslastung gegen niedrige Bestände spricht und damit der Wirtschaftlichkeit der Lagerhaltung sowie Kapitalbindung entgegensteuert. Gleiches gilt für kurze Lieferzeiten und hohe Liefertreue - die dafür notwendige niedrige Durchlaufzeit und hohe interne Termintreue widerspricht der für die Wirtschaftlichkeit von Anlagen erforderliche hohe Auslastung[3].

Zu diesen Zielkonflikten kommt noch das hohe Volumen der in die Planung und Steuerung einzubeziehenden Daten und Informationen hinzu. Die Komplexität wird dabei durch die Anzahl der zu disponierenden Aufträge, die Anzahl der Arbeitsgangfolgen pro Auftrag, die Anzahl der zu beachtenden Ressourcen und durch die Anzahl der Freiheitsgrade der planenden und steuernden Einheiten bestimmt (ZELL 1992, S. 17). Es handelt sich hierbei um ein kombinatorisches Problem, bei dem mit der Anzahl der Parameter der Lösungsraum rapide wächst (RUFFING 1991, S. 131). Beispielsweise müssen für die Bestimmung der optimalen Reihenfolge von *n* unterschiedlichen Aufträgen *n-Fakultät (n!)* Möglichkeiten untersucht werden, was bei nur 15 Aufträgen zu $15! = 1{,}3 * 10^{12}$ möglichen Reihenfolgen führt (BURGER 1992, S. 85).

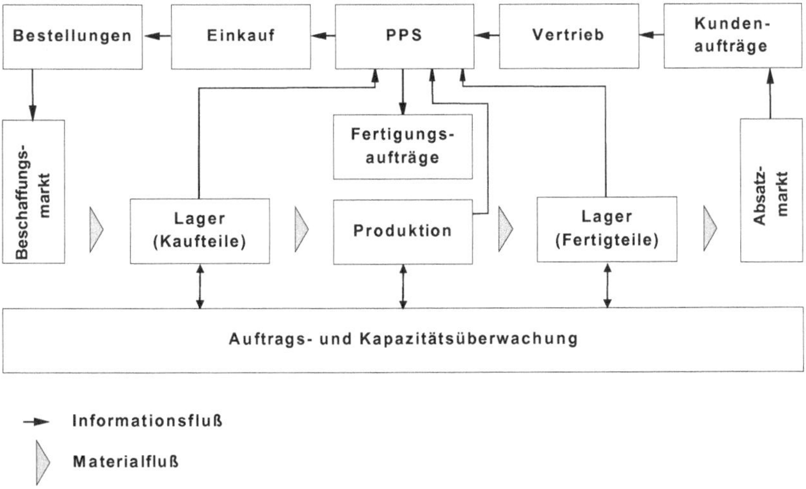

Abbildung 5: Eingliederung der PPS in den Material- und Informationsfluß (SCHOLTISSEK 1995, S. 18)

Aus der Vielzahl der zu lösenden Zielkonflikte sowie der vielfach beteiligten Einflußgrößen ergibt sich für die PPS eine zentrale Rolle zwischen den planerischen Aufgaben von Konstruktion und Entwicklung, Arbeitsplanung und Materialdisposition sowie den ausführenden Aufgaben der Arbeitssteuerung, Fertigung und dem Qualitätswesen (REINHART 1998A, S. 3-14). Die PPS verkörpert somit eine Hauptkomponente der Lo-

[3] diese Sachverhalte können an einer Betriebskennlinie leicht nachvollzogen werden (vgl. Abbildung 13, S. 47)

gistik im Unternehmen. Ihre Eingliederung in den Material- und Informationsfluß gewährleistet die Organisation und Koordination der parallel zum täglichen Geschehen im Unternehmen ablaufenden Vorgänge (vgl. Abbildung 5).

Zur Bewältigung der sich ergebenden Planungs- und Steuerungsaufgaben werden rechnergestütze Systeme (PPS-Systeme) eingesetzt, was die Produktionsplanung und -steuerung zu einem traditionellen Einsatzgebiet der elektronischen Datenverarbeitung macht (SCHEER 1990, S. 75).

Der *Schwerpunkt Produktionsplanung* derartiger Systeme umfaßt in Anlehnung an Scheer die Funktionen (vgl. Abbildung 6, oben)

- Verwaltung des Primärbedarfs,
- Materialwirtschaft,
- Zeit- und Kapazitätsplanung sowie
- Auftragsfreigabe.

Abbildung 6: Aufgaben eines typischen PPS-Systems

Die Aufgabe bei der *Verwaltung des Primärbedarfs* ist, den Bedarf an Endprodukten für einen konkreten Planungszeitraum zu bestimmen. Grundlage hierfür sind entweder Kundenaufträge oder Absatzprognosen.

Die *Materialwirtschaft* leitet aus dem Primärbedarf den Bedarf an untergeordneten Baugruppen und Einzelteilen ab. Ausgehend vom Primärbedarf wird hierzu eine Stücklistenauflösung vorgenommen. Der damit erhaltene Sekundärbedarf wird mit den vorhandenen Vorräten im Lager abgeglichen. Ergebnis sind Fertigungsaufträge für Teile, die im Unternehmen selbst gefertigt werden, sowie Beschaffungsaufträge für Kaufteile.

Im Rahmen der *Zeit- und Kapazitätsplanung* werden die Fertigungsaufträge den benötigten Produktionsmitteln (Kapazitäten) zugeordnet. Durch eine grobe Vorwärts-Rückwärts-Terminierung wird auf dieser Basis der periodenweise Bedarf an Kapazitäten ermittelt. Durch zeitliche *Verschiebung der Fertigungsaufträge*, *Kapazitätserhöhung* oder *Umplanung* auf andere Produktionsmittel (intern oder extern) werden auftretende Belastungsspitzen im Rahmen des *Kapazitätsabgleichs* nivelliert.

Die *Auftragsfreigabe* prüft im Anschluß, ob für die anstehenden Aufträge die benötigten Vorprodukte, Betriebsmittel und Kapazitäten zur Verfügung stehen. Im Erfolgsfalle werden die Fertigungsaufträge zur Bearbeitung freigegeben.

Mit der erfolgten Auftragsfreigabe übernimmt der *Schwerpunkt Produktionssteuerung* (vgl. Abbildung 6, unten)

- die Fertigungssteuerung,
- die Erfassung von Betriebsdaten und
- die Analyse der Produktionsdaten.

Aufgabe der *Fertigungssteuerung* ist es, die Reihenfolge der Arbeitsgänge an den Produktionsmitteln zu bestimmen. Hier stehen verschiedene Strategien wie First-In-First-Out (FIFO), Kürzeste Operationszeit (KOZ) oder Berücksichtigung der Restpufferzeit (SLACK) etc. zur Verfügung (vgl. JÜRGING 1995, S. 20).

Im Rahmen der *Betriebsdatenerfassung* werden unter anderem die realisierten Fertigstellungstermine, Liefer- und eventuelle Fehlmengen sowie auch Qualitätsinformationen erfaßt.

Die *Produktionsdatenanalyse* wertet die im Rahmen der Betriebsdatenerfassung erhobenen Daten aus und stellt die Ergebnisse der Planung und Steuerung wieder zur Verfügung.

Die Betriebsdatenerfassung und die Produktionsdatenanalyse sind wichtige Funktionen, die entscheidende Rückmeldungen aus der Produktion geben. Vielfach werden hierzu informationstechnische Lösungen, wie etwa Systeme zur Betriebs- und Maschinendatenerfassung (MDE/BDE-Systeme) eingesetzt. Gerade in kleinen und mittleren Betrieben werden diese Funktionen, insbesondere für ältere Maschinentypen, jedoch auch heute oftmals noch manuell durch die Mitarbeiter (Meister, Maschinenbediener) wahrgenommen bzw. finden im Extremfall überhaupt nicht statt.

Trotz der vielfältigen Wechselwirkungen zwischen den beschriebenen Planungs- und Steuerungsfunktionen stellen diese einen meist sukzessiven Prozeß dar (RUFFING 1991, S. 50), bei dem die einzelnen Planungsstufen auf unterschiedlichen Planungsfrequenzen und -horizonten stattfinden. Während die Primärbedarfsplanung mit einer Planungsfrequenz[4] von 3 bis 12 Monaten und einem Planungshorizont[5] von 6 bis 24 Monaten stattfindet, spielen sich die Aufgaben der Fertigungssteuerung täglich bis stündlich ab und besitzen einen Planungshorizont von etwa einer Woche (WEDEMEYER 1989, S. 17). Aufgrund der vielfältigen Wechselwirkungen zwischen den einzelnen Planungsschritten ist diese sukzessive Vorgehensweise problematisch. Daher wird zunehmend versucht, die beschriebenen Funktionen soweit wie möglich simultan ablaufen zu lassen und z.B. bereits bei Anfrage und Angebotserstellung die kapazitätsmäßige Realisierbarkeit zu prüfen (KURBEL 1995, S. 231).

Die dargestellten Aufgaben der PPS-Systeme lassen sich sowohl von zentraler als auch von dezentraler Warte aus ausführen. Demzufolge können zentrale PPS-Systeme von dezentralen PPS-Systemen unterschieden werden (vgl. Abbildung 7).

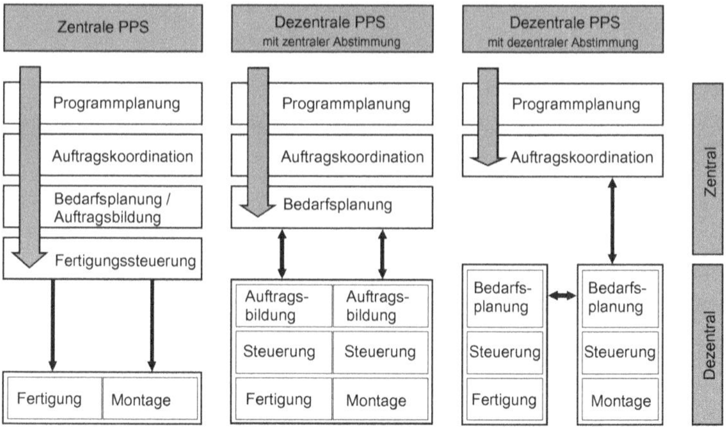

Abbildung 7: Funktionsstruktur der PPS-Systeme bei unterschiedlichem Dezentralisierungsgrad (SCHOLTISSEK 1995, S. 21)

[4] hier ist die Größenordnung relevant, die genauen Zeitangaben sind unternehmensspezifisch
[5] vgl. Fußnote 4

SCHOLTISSEK 1995 (S. 21) zeigt auf, daß mit zunehmender organisatorischer Dezentralisierung die Funktionen der Eigenfertigungsplanung und -steuerung mehr und mehr in die Verantwortung der dezentralen Bereiche übergehen müssen. Während einige dezentrale Fertigungsstrukturen noch eine zentrale Bedarfsplanung vorsehen, muß sich bei weitreichenden Dezentralisierungskonzepten die Bedarfsplanung in die dezentralen Bereiche verlagern, womit deren Entscheidungsautonomie deutlich erhöht wird (vgl. Abbildung 7, Mitte und rechts). Diese neueren Entwicklungen bestätigen eine Aussage von Scheer, der bereits 1986 eine stärkere Dezentralisierung der PPS-Funktionalitäten forderte (SCHEER 1986, S. 19).

2.1.2 Aufgaben von Leitsystemen

Die in Abschnitt 2.1.1 beschriebenen PPS-Systeme besitzen ihre Schwerpunkte in der Grunddatenverwaltung von Stücklisten und Arbeitsplänen sowie der Bedarfs- und Kapazitätsplanung (SCHEER ET AL. 1996, S.17-1). Zur Stärkung der Funktionen der *Feinplanung* und der *Steuerung* wurden sogenannte *Leitsysteme* entwickelt. Diese sind informationstechnisch mit den PPS-Systemen verbunden und stellen Arbeitsmittel für die fertigungsnahen Aufgaben der

- Datenverwaltung,
- Planung sowie
- Überwachung und Steuerung

bereit. Sie dienen damit als Durchsetzungsinstrumentarium zur Steuerung abgegrenzter Fertigungsbereiche (KATH 1992, S. 15).

Die Funktionen der *Datenverwaltung* umfassen die Auftragsübernahme aus dem PPS-System, die dezentrale Verwaltung von Auftrags- und von Stammdaten, die Verdichtung und Verwaltung von Betriebsdaten, die Erstellung von Schichtplänen und die Rückmeldung von Auftragszuständen (JÜRGING 1995, S. 19).

Die Funktion *Planung* erlaubt die Feinterminierung der Aufträge bzw. Arbeitsgänge, einschließlich auftragsbezogener Durchlaufterminierung, maschinenbezogener Belegungsplanung, Betriebsmittelplanung und personalbezogener Arbeitsverteilung. Aufgrund der bereits angesprochenen Kombinatorik[6] der Einflußfaktoren bieten analytische Verfahren bei der Planung, sofern die analytische Lösung für den jeweiligen Fall überhaupt existiert, in der Regel keine befriedigenden Lösungen. Deshalb werden in

[6] vgl. S. 10

der Praxis meist heuristische[7] Verfahren angewandt (z.B. Prioritätsregeln), die auf das Finden der optimalen Lösung zugunsten kürzerer Antwortzeiten bewußt verzichten (ZELL 1992, S. 19).

Die Funktionen *Überwachung und Steuerung* nutzen Schnittstellen zum betrieblichen MDE/BDE-System, um die Zustände von Maschinen und Anlagen zu überwachen. Über Schnittstellen zu Systemen zur Verwaltung von Betriebs- und Transportmitteln (z.B. Staplern) werden diese ebenfalls überwacht und gesteuert. Über weitere Schnittstellen zu Auftragsrückmeldesystemen wird zusätzlich der Auftragsfortschritt (Termine, Mengen, Qualität) überwacht, so daß die Notwendigkeit von Korrekturmaßnahmen erkannt werden kann. An dieser Stelle schließt sich der Kreis zur bereits zitierten Datenverwaltungsfunktion von Leitsystemen, die die erfaßten Daten weiterverarbeitet und für den nächsten Planungszyklus erneut bereitstellt.

Eine besondere Rolle spielen hier grafische Nutzeroberflächen, die den Bediener über den Bearbeitungsfortschritt der Aufträge, die Belegung der Ressourcen etc. informieren. Als besonders geeignet hat sich hier die sogenannte Gantt-Darstellung erweisen (vgl. Abbildung 8).

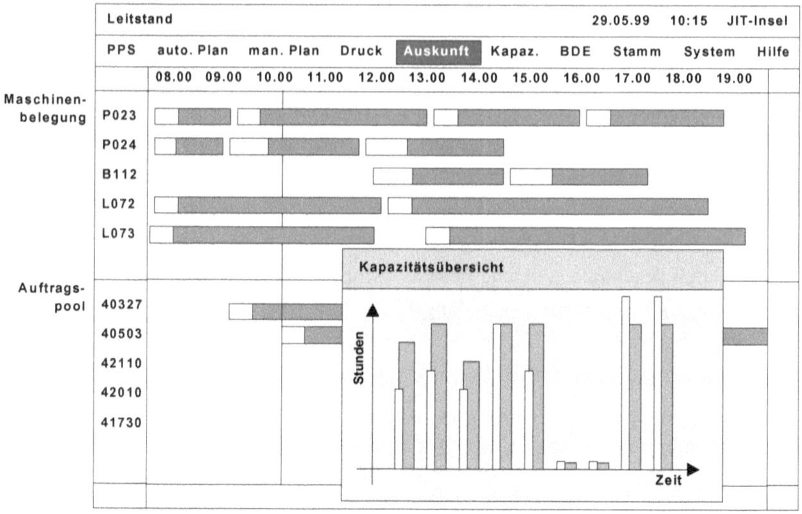

Abbildung 8: Einsatz des Gantt-Diagramms in einem Leitstand (Ruffing 1991, S. 155)

[7] aus dem Griechischen: „zum Finden geeignet". Im Gegensatz zur Willkür besteht bei der Heuristik die begründete Vermutung eines Erfolgs (WEDEMEYER 1989, S. 64)

Abhängig vom Grad der organisatorischen Dezentralisierung werden die oben beschriebenen Funktionen von Leitsystemen

- zentral (für den gesamten Betrieb) oder
- dezentral (von einzelnen Fertigungsbereichen)

wahrgenommen (SCHEER 1990, S. 231).

Bei zentral organisierten Leitsystemen werden die Aufgaben von einer zentralen Instanz für alle betrieblichen Bereiche durchgeführt. Die dezentral organisierten Leitsysteme können nochmals in bereichsweit organisierte und abgestufte Systeme unterschieden werden: erstere sind für jeweils den gesamten Fertigungsbereich bis hin zur Belegung einzelner Maschinen zuständig, während letztere ihre Leitfunktionen nur auf Ebene der Maschinengruppen wahrnehmen und die Aufteilung auf einzelne Maschinen den Mitarbeitern vor Ort überlassen.

2.1.3 Bedarf für weitergehende Ansätze

Auch wenn die Produktionsplanung und –steuerung der Unternehmen heute kaum mehr ohne die in den Abschnitten 2.1.1 und 2.1.2 beschriebenen Leistungsmerkmale der PPS- und Leitsysteme auskommen würde, so beinhalten die in der Praxis eingesetzten Systeme noch einiges Verbesserungspotential. Nach NOCHE & SCHOLTISSEK 1993 (S. 30) führen die eingesetzten Planungsverfahren zu hohen Beständen und damit zu hohen Durchlaufzeiten und schlechter Termintreue. Ebenso ist die Steuerungskomponente noch zu wenig ausgeprägt und erst nach und nach wird in den Betrieben die Betriebsdatenerfassung zu einem System ausgebaut, welches brauchbare Rückmeldung gibt. Auch ist die Handhabung der Systeme noch aufwendig und gestattet den Eingriff durch dezentrale Bereiche nur eingeschränkt. Für die Unterstützung der von den Unternehmen geforderten Wandlungsfähigkeit wird den auf dem Markt gängigen PPS- und Leitsystemen der Bedarf attestiert, das bestehende Leistungsspektrum zu erweitern (GEITNER 1997, S. 302; LUCZAK & HEIDERICH 1997, S. 9).

Demnach können die wesentlichsten Defizite mit den Schwerpunkten *Modellgrundlage*, *Nutzerorientierung* und *Unterstützung dezentraler Koordination* zusammengefaßt werden.

Ein besonders wichtiger Aspekt ist die *Modellgrundlage*. Die in den bisherigen Ausführungen beschriebenen Systeme basieren in der Regel auf statischen Modellgrundlagen, etwa dem Trichtermodell (WIENDAHL 1997, S. 264), dem Fortschrittszahlenkonzept oder MRP II[8] (RUFFING 1991, S. 49 FF.). Stochastische Effekte, etwa Schwankungen der Bearbeitungszeiten, Störungen von Maschinen und Transportmitteln sowie komplexe Wechselwirkungen zwischen Ereignissen im Produktionsablauf werden meist nicht abgebildet (RUFFING 1991, S. 54; JÜRGING 1995, S. 18).

Im Bereich der *Nutzerorientierung* ist festzustellen, daß in der Praxis gängige Systeme im wesentlichen die Zielgruppe der Planer bzw. der Disponenten ansprechen (ZELL 1992, S. 20). Die Mitarbeiter der dezentralen Organisationseinheiten werden in der Regel nur soweit adressiert, als daß ihnen mitgeteilt wird, welche Arbeitsgänge[9] eingeplant wurden. Eine Experimentierumgebung, in der die Mitarbeiter einfach und schnell dabei unterstützt werden, die Planungsvorgaben im Rahmen ihrer Freiheitsgrade[10] zu überprüfen und zu verbessern, ist meist nicht vorhanden.

Die dezentrale *Koordination* wird bei den meisten Systemen nur bedingt unterstützt. Zwar wurden eine Vielzahl von Leitsystemen entwickelt, mit deren Hilfe die Feinplanung in die Produktionsbereiche verlagert werden soll, jedoch konzentrieren sich diese Systeme vor allem auf den jeweils eigenen Fertigungsbereich. Informationen über benachbarte Fertigungsbereiche und deren Entscheidungsprozesse werden kaum zur Verfügung gestellt (KATH 1992, S. 24).

In den nachfolgenden Abschnitten 2.2.1 bis 2.2.3 soll daher untersucht werden, wie diese Anforderungen durch die Forschung aufgegriffen wurden.

2.2 Ansätze in der Forschung

2.2.1 Leit- und Koordinationssysteme

WEDEMEYER 1989 beschäftigte sich in seiner Arbeit mit der *Entscheidungsunterstützung in der Fertigungssteuerung mit Hilfe der Simulation*. Ziel war, sowohl die *Modellgrundlage* als auch die *Unterstützung der Entscheidungsprozesse* zu verbessern.

Die von Wedemeyer verwendete Simulation umfaßt im wesentlichen die verursachungsgerechte Zerlegung des Bestandes auf die Produktionsmittel. Zur Verbesserung der Modellgrundlage wurden die Methoden der Belastungsorientierten Fertigungssteuerung (BOA) weiterentwickelt, indem deren Parametern statistisch bedingte Va-

[8] MRP II - Manufacturing Ressource Planning
[9] abhängig vom Grad der Dezentralisierung auch Arbeitsfolgen
[10] auftrags- und maschinenübergreifende Optimierung der lokalen (meist logistischen) Zielgrößen, durch Reihenfolgebildung, Umplanung, Kapazitätsnivellierung, etc.

riationen aufgeprägt wurden. Zur verbesserten Unterstützung der Entscheidungsprozesse entwickelte Wedemeyer zudem eine Zielfunktion, in der die vier zentralen logistischen Zielgrößen[11] gewichtet und dimensionslos verknüpft sind.

Damit entstand ein System zur Entscheidungsunterstützung bei Fragen der *zentralen lang- bis mittelfristigen Fertigungssteuerung.* Die Modellgrundlage selbst wurde zwar um statistische Effekte verbessert, jedoch wurden die Systemdynamik und die komplexen Wechselwirkungen der Systemelemente nicht in die Modellgrundlage einbezogen. Über die lang- bis mittelfristigen Fragestellungen hinaus bleiben kurzfristig relevante Fragestellungen (etwa Reihenfolgeprobleme) und vor allem die Aspekte der dezentralen Koordination unberücksichtigt.

RUFFING 1991 stellt ein System zur *Fertigungssteuerung bei Fertigungsinseln* vor. Ziel der Arbeit von Ruffing war, die Aufgaben der inselinternen Feinsteuerung zu unterstützen.

Dazu werden die Methoden der Produktionsplanung und –steuerung untersucht und methodisch an die Anforderungen in teilautonomen Fertigungsinseln angepaßt. Darauf aufbauend wird eine funktionale und datentechnische Informationsarchitektur entwickelt, welche die Modellgrundlage für die leitstandsunterstützte, inselinterne Feinsteuerung darstellt. Ruffing geht zwar in seiner Arbeit auf die Potentiale der Simulation ein, verwendet in seinem Ansatz aber eine deterministische Vorgehensweise - Aspekte der Systemdynamik und Stochastik werden somit nicht berücksichtigt.

Positiv an der Arbeit von Ruffing ist die umfassende Darstellung der Abläufe bei der Fertigungssteuerung in Fertigungsinseln und deren Einbindung in das entwickelte Informationsmodell. Da er jedoch von einer deterministischen Betrachtung der Planungsabläufe ausgeht und die Systemdynamik sowie stochastische Effekte nicht explizit modelliert, kann das Informationsmodell die realen Abläufe nur zum Teil abbilden. Ein weiterer Aspekt ist, daß sich Ruffing auf einen Idealfall mit rein teilautonomen Inselstrukturen konzentriert. Aufgrund der Grundeigenschaft solcher Strukturen, (Teil-)Produkte komplett zu bearbeiten, ist der Koordinationsaufwand zwischen unterschiedlichen Inseln eher als gering einzustufen. Der Koordinationsbedarf des realistischeren Falls von Mischstrukturen (Koexistenz verrichtungsorientierter und objektorientierter Strukturen) wird nicht abgedeckt.

KATH 1992 entwickelte ein System zur *Horizontalen Abstimmung dezentraler Leitstandsysteme.* Ziel war es, die Potentiale dezentraler Leitstände, die für teilautonome Fertigungsinseln nicht zuletzt von Ruffing (s.o.) nachgewiesen wurden, auch für hete-

[11] Durchlaufzeit, Termintreue, Auslastung und Bestand

rogene Produktionsstrukturen (Mischformen aus Verrichtungsorientierung, z.B. Werkstatt, und Objektorientierung, z.B. Fertigungsinsel) zu nutzen.

Dazu schlägt Kath die „prädiktive Kooperation“ vor, bei der die Produktionseinheiten weitgehend eigenverantwortlich handeln. Sie treffen ihre lokalen Dispositionsentscheidungen so, daß sie die prognostizierte Interessenlage nachfolgender Einheiten einbeziehen. Im Ansatz von Kath existieren zwar sowohl vertikale (zwischen Produktionseinheit und Leitsystem) als auch horizontale Koordinationspfade (zwischen mindestens zwei Produktionseinheiten), jedoch wird letzteren eindeutig Vorzug gegeben.

Bei dem Ansatz von Kath ist die sorgfältige Ausarbeitung der Fragestellungen und Abläufe bei der dezentralen Koordination heterogener Produktionseinheiten hervorzuheben. Es werden insbesondere die Konfliktpotentiale zwischen globalen Unternehmenszielen und lokalen Zielen der Produktionseinheiten dargestellt und ein System entwickelt, welches diese Konfliktpotentiale ohne zentrale Instanz ausgleicht. Jedoch stützt sich auch Kath mit der Verwendung der Belastungsgeregelten Durchflußsteuerung (BGD)[12] auf ein statisches Modell der Produktionsabläufe. Damit werden stochastische Effekte und komplexe Wechselwirkungen, wie sie in realen Systemen permanent auftreten, im modellierten System vernachlässigt.

BURGER 1992 stellte ein System zur *Produktionsregelung auf Basis entscheidungsunterstützender Informationssysteme* vor. Ziel des Ansatzes war es, Wege aufzuzeigen, wie auf Basis zum Teil schon vorhandener betrieblicher Informationssysteme ein ganzheitliches System entwickelt werden kann, mit dessen Hilfe der Auftragsdurchlauf während der laufenden Produktion regelbar wird.

Die wesentlichen Komponenten des von Burger entwickelten verteilten Produktionsregelungssystems, sind ein *Auftragsmonitor* zur Überwachung des Auftragsforschrittes, ein *Anlagenmonitor* zur Beobachtung von Anlagenzuständen und Materialbeständen und ein *Statistikmonitor* zur Auswertung von Zeiten, Mengen und sonstigen Kennzahlen. Hinzu kommt eine *Datenbasis* zur Verwaltung von Anlagenparametern und von Statistiken. Die beiden Besonderheiten des Ansatzes von Burger sind eine *Simulationskomponente*, zur Vorhersage der Auswirkungen von Entscheidungen, und eine *Regelungskomponente*, die auf Basis eines Soll-Ist-Vergleiches von Daten in der Wissensbasis und Daten aus Simulationsergebnissen sowie realen Meßergebnissen einen Maßnahmenkatalog umsetzt.

---

[12] Ähnlich der Belastungsorientierten Auftragsfreigabe (BOA) zielt die Bestandsgeregelte Durchflußsteuerung (BGD) darauf ab, über Regelung der Bestände auch die Zielgrößen Durchlaufzeit, Termintreue und Auslastung zu optimieren. Während BOA vollständige Fertigungsaufträge betrachtet und damit eher einer mittelfristigen Steuerung zuzuordnen ist, erfolgt die Freigabe bei BGD auf Arbeitsgangebene und damit sehr kurzfristig.

Positiv am Ansatz von Burger ist der vollzogene Schritt in Richtung Produktionsregelung und die Anbindung betrieblicher Informationssysteme in ein entscheidungsunterstützendes System. Hinzu kommt die Verwendung der ereignisdiskreten Modellierung, womit er die Potentiale dieser Beschreibungsmethode nutzt, Systemelemente wie auch deren Zustände, Dynamik, Stochastik und Wechselwirkungen implizit[13] zu beschreiben (vgl. dazu im Vorgriff Abschnitt 4.3.4, S. 56). Dieser Vorteil bei der Systembeschreibung geht jedoch prinzipbedingt auf Kosten des Laufzeitverhaltens. Da die verwendeten Simulationsmodelle einen starren Abstraktionsgrad aufweisen, müssen diese Laufzeitnachteile für das gesamte Simulationsmodell in Kauf genommen werden - und zwar auch dann, wenn deren Potentiale gar nicht gebraucht werden bzw. sogar Nachteile bringen. Nachteile können z.B. lange Rechenzeiten bei kurzfristig relevanten Fragestellungen sein oder der Bedarf an genauen Daten, auch wenn nur abstrakte, langfristig-globale Fragestellungen untersucht werden sollen.

ZELL 1992 stellt ein System zur *Simulationsgestützten Fertigungssteuerung* vor. Ziel seiner Arbeit war, eine integrierte Simulationsumgebung zu erstellen, welche die Mitarbeiter der Fertigungssteuerung durch Experimentier- und Analysefunktionalitäten betriebsbegleitend bei der Erfüllung ihrer Aufgaben unterstützt.

Dazu verwendet Zell wie auch Burger ereignisdiskrete Modelle[14], die gegenüber statischen Modellbeschreibungen eine wesentlich detailliertere Beschreibung der Systemdynamik und -stochastik sowie der Wechselwirkungen zwischen Systemelementen erlauben. Zell berücksichtigt die Nutzungsaspekte beim Einsatz der Simulationsumgebung und entwickelt dazu eine Benutzerverwaltung mit verschiedenen Nutzer- und Auswertungssichten. Grundlage für Simulationsmodell und Benutzerverwaltung ist eine Datenbank mit entsprechenden Datenstrukturen. Zell beschreibt auch Möglichkeiten, das Simulationsmodell durch Abgriffe von PPS- und BDE-Daten zu initialisieren.

Von ganz besonderem Wert ist die von Zell entwickelte Datenstruktur, die nicht nur zur Beschreibung von Systemstruktur und Systemlast dient, sondern auch zur Definition und Verwaltung von Nutzer- und Entscheidungsprofilen herangezogen wird. Weiter kann an Zells Ansatz die Verwendung von ereignisdiskreten Simulationsmodellen hervorgehoben werden. Wie bei Burger handelt es sich jedoch auch hier um im Ab-

---

[13] implizite Formen beschreiben Systemverhalten, indem sie den einzelnen Systemelementen Eigenschaften (Struktur, Dynamik, Reaktion auf Ereignisse, ...) zuordnen. Das explizite Systemverhalten entsteht erst durch die Vielzahl von Ereignissen und Folgeereignissen der einzelnen Systemeelemente. Damit entspricht die implizite Beschreibungsform wesentlich eher der Realität, als die explizite Beschreibung eines Gesamtsystems, bei der viele Systemeigenschaften und Wechselwirkungen gar nicht vorhergesehen werden können.

[14] vgl. auch Abschnitt 4.3.4

straktionsgrad starre Simulationsmodelle, so daß der Vorteil der präziseren Systembeschreibung mit einem Nachteil im Laufzeitverhalten einher geht.

JÜRGING 1995 entwickelte ein System zur *Rechnergestützten Auftragsabwicklung in dezentralen Produktionsbereichen*. Ziel war es, die Mitarbeiter dezentral organisierter Produktionsbereiche bei der Auswahl von Werksaufträgen zu unterstützen.

Dazu entwickelte Jürging ein Informationssystem, welches auf Basis eines CIMOSA[15]-orientierten Informationsmodells der Auftragsabwicklung die terminliche Auswirkung der Auftragsauswahl berechnet und eventuelle Verspätungen prognostiziert. Die Auftragsauswahl überläßt Jürging im wesentlichen der situativen Entscheidung der Mitarbeiter. Diese werden, abgesehen von der Prognose möglicher Terminabweichungen, vom System nicht weiter unterstützt.

Ähnlich wie Zell entwickelt auch Jürging ein umfangreiches Daten- und Informationsmodell für die Modellierung der relevanten Produktionsbereiche, das verschiedene Sichtweisen auf und Fragestellungen an das Informationsmodell erlaubt. Im Gegensatz zu Zell werden Systemdynamik und Stochastik jedoch aufgrund des im wesentlichen statischen, deterministischen Modells nicht berücksichtigt.

WILHELM 1996 erarbeitete einen *Ansatz zur hierarchischen Produktionssteuerung vernetzter Produktionssysteme*. Ziel der Arbeit war es, neben einem Konzept zur Segmentierung der Produktion hauptsächlich ein Konzept zur Koordination der Auftragsabwicklung bereitzustellen.

Hauptansatzpunkt für Wilhelm waren segmentierte, jedoch heterogene Produktionsstrukturen, die über ein gewisses Maß an Teilautonomie verfügen. Seinem Ansatz folgend, nehmen diese Produktionsstrukturen eine dezentrale Feinplanung vor und können dabei die Maximierung ihrer Lokalziele verfolgen. Eine übergeordnete Koordinationsinstanz achtet auf Unzulässigkeiten zwischen den Teilplänen und versucht, diese Konflikte durch Modifikationen so aufzulösen, daß unternehmensweite Globalziele leichter erreicht werden können. Dabei bedient sich Wilhelm eines erweiterten, komplexen Warteschlangenmodells, um die Produktionsabläufe analytisch, aber stochastikbehaftet zu beschreiben[16]. Das Problem bei der Koordination der Produktionsabläufe, also beim Abgleich zwischen den lokalen Interessen einzelner Produktionseinheiten und dem globalen Interesse aller Produktionseinheiten, versucht Wilhelm durch die formulierte analytische Beschreibung unter der Einhaltung diverser Nebenbedin-

[15] CIMOSA – Computer Integrated Manufacturing Open System Architecture. Referenzarchitektur aus Methoden und Konstrukten für den Entwurf, die Entwicklung und Einführung von CIM-Systemen und Systemkomponenten (vgl. CIMOSA 1994; Jürging 1995, S. 57).

[16] vgl. hierzu Abschnitt 4.3.3 „Warteschlangenmodelle“

gungen zu minimieren. Das dabei erreichte Minimum betrachtet er als das erreichbare Koordinationsoptimum.

Interessant am Ansatz von Wilhelm ist die starke Betonung des Koordinationsaspekts und die bewußte Abstimmung der Lösungen auf die Situation heterogen organisierter Produktionsbereiche. Die Leistungsfähigkeit der analytischen Lösungen konnte Wilhelm in einer Reihe von Laborversuchen nachweisen, jedoch sind diese für den Praktiker ohne Kenntnisse im Bereich Operations Research (OR)[17] nur schwer anwendbar.

ZETLMAYER 1994 und MARTIN 1998 stellen gemeinsam entwickelte *Verfahren zur simulationsgestützten Produktionsregelung* vor. Im Vordergrund steht dabei vor allem die regelungstechnische Kompensation von Fehlteilstörungen.

Dabei setzen Zetlmayer und Martin ereignisdiskrete Simulationsmodelle sowohl zur Bewertung von Planungsmaßnahmen, als auch für die Planung selbst ein, indem Simulationsergebnisse als Vorgaben für den realen Produktionsprozeß herangezogen werden. Als Maßnahmen lassen Zetlmayer und Martin Änderungen an Auftragsparametern (z.B. Termine, Mengen, Arbeitsfolgen), Änderung des Kapazitätsangebotes (z.B. Überstunden, Schichten) sowie Änderungen an Entscheidungsregeln zu. In einem iterativen und zum Teil interaktiven Verfahren werden die dargestellten Parameter so lange variiert und simulativ überprüft, bis ein vorher definiertes Abbruchkriterium erreicht wird, wobei das Abbruchkriterium eine Zeitschranke oder ein Gütekriterium sein kann.

Hervorzuheben ist bei diesem Ansatz der Einsatz der ereignisdiskreten Simulation als Entscheidungsgrundlage. Auch der Ansatz der teilweisen automatischen Parametervariation und simulativen Überprüfung, kombiniert mit situativen Benutzereingriffen, läßt eine hohe Qualität sowie eine hohe Akzeptanz des Ansatzes erwarten. Aufgrund des gewählten Anwendungsbeispiels, einer hochautomatisierten, linienförmigen und bzgl. des Produktspektrums gleichförmigen Produktion, kommt der Ansatz mit der Koordination von Fehlteilstörungen aus. Daher genügen homogene und abstraktionsstarre Modelle, die im betriebsbegleitenden Einsatz in heterogenen, nicht linienförmigen Produktionsstrukturen jedoch an ihre Laufzeitgrenzen stoßen würden.

ARNOLD ET AL. 1997 entwickelten ein *System mit kooperativen Leitständen.* Ziel war es, die Planung und Steuerung der Produktionsabläufe in einem Stahlwerk zu verbessern.

[17]Operations Research (OR) ist der Einsatz mathematischer Methoden zwecks Erarbeitung quantitativer Grundlagen für betriebswirtschaftliche Entscheidungen und Vorhersagen (JOHNSON 1973, S. 12).

Das entwickelte System unterstützt die Planer in einem dreistufigen Vorgehen, beginnend bei der Durchsetzung globaler Unternehmensziele bis hin zur Optimierung lokaler Zielgrößen. In der ersten Stufe, im langfristigen Bereich, werden die Liefertermine für den Vertrieb anhand einfacher, statischer Kapazitätsbetrachtungen prognostiziert. In der zweiten Stufe, im mittelfristigen Bereich, wird eine Rahmenplanung vorgenommen, bei der in einer statischen Rückwärts- und simulationsbasierten Vorwärtsterminierung die Ecktermine für die verschiedenen Fertigungsstufen ermittelt werden. Auf Basis dieser Ecktermine kommt die dritte Stufe zum Einsatz, bei der lokale Planer aufgrund lokaler Zielgrößen eine Feinterminierung der anstehende Aufträge vornehmen. Besonderheiten des Ansatzes sind eine ereignisorientierte Echtzeitabstimmung mit vor- und nachgelagerten Anlagen, ein einheitliches Bewertungssystem und eine On-Line-Anbindung der dezentralen Leitstände an betriebliche Informationssysteme.

Der Vorteil dieses Ansatzes liegt in der stufenweisen Detaillierung von Planungsaufgaben mit unterschiedlichem Zeithorizont und unterschiedlichen Schlußfolgerungsmethoden. Die Kopplung der dezentralen Leitstände untereinander sowie mit den betrieblichen Informationssystemen läßt eine hohe Aktualität der Daten erwarten. Wie bei Zetlmayer und Martin geht der Ansatz jedoch von einer zentral durchgeführten Simulation aus, weshalb die Verwendung von homogenen, abstraktionsstarren Simulationsmodellen ausreichend ist.

WEBER 1998 beschäftigte sich mit der On-Line-Simulation in einer dezentral organisierten Produktion. Ziel der Arbeit war es, Ablaufsimulation sowohl lokal in dezentralen Produktionseinheiten zu nutzen, als auch zentral in einem übergeordneten Leitstand die Gesamtabläufe untersuchen zu können.

Dazu verwendet Weber lokal in den dezentralen Einheiten verteilte On-Line-Simulatoren, die er bei Bedarf über den CORBA[18]-Standard integriert und über eine zentrale Ablaufsteuerung synchronisiert. Dabei sind im wesentlichen zwei Simulationsmodi vorgesehen. Im ersten Modus wird das gesamte sogenannte „integrierte Simulationsmodell“ ausgeführt, wobei hier vor allem Fragen der bereichsübergreifenden Koordination im Vordergrund stehen. Im zweiten Modus werden einzelne Bereiche bzw. die zugehörigen verteilten Simulationsmodelle ausgeblendet (im Extremfall alle bis auf eines) und deren Verhalten über Vorgabedaten für Ecktermine, Übergangszeiten etc. approximiert.

[18]CORBA – Common Object Request Broker Architecture. Kommunikationsstandart, der 1991 von der Object Management Group (OMG) mit dem Ziel definiert wurde, die informationstechnische Integration von Anwendungen besser zu unterstützen.

Der wesentliche Vorteil von Webers Ansatz liegt in der vollständigen Modularisierung beliebig großer Simulationsmodelle in kleine, verteilte Teilmodelle. Dadurch wird die Modelltransparenz und die Wartung deutlich erleichtert. Hinzu kommt die Möglichkeit, lokale Steuerungsstrategien in den Teilmodellen zu implementieren, ohne das gesamte Modell ändern zu müssen. Darüber hinaus erlaubt es der CORBA-Ansatz, die Teilmodelle auf verschiedenen Rechnerarchitekturen zu betreiben. Hervorzuheben ist auch die Möglichkeit, Teilmodelle auszublenden und lokal begrenzte Untersuchungen (im Extremfall an einem Bereich) vorzunehmen. Der grundsätzliche Ansatz, in Teilmodellen lokale Steuerungsstrategien abzubilden und die Möglichkeit vorzusehen, das Verhalten von Teilmodellen zu approximieren, wird in der hier vorliegenden Arbeit aufgegriffen. Allerdings erfolgt die Approximation hier über die von Weber vorgeschlagenen, deterministisch vorgegebenen Ecktermine und Übergangszeiten hinaus mittels differenzierterer Modellierungsmethoden, die eine auf den betriebsbegleitenden Einsatz abgestimmte Approximation erlauben.

2.2.2 Hierarchische Simulationsmodelle

Grundsätzliche Überlegungen zum Abstraktionsgrad

Bei der Erstellung von Simulationsmodellen ist die Wahl des richtigen Abstraktionsgrades von entscheidender Bedeutung (VDI 3633, BLATT 1, S. 12). Wird der Abstraktionsgrad des Modells zu hoch gewählt, so ist mit einer zu geringen Aussageschärfe zu rechnen, auch wenn ein günstiges Laufzeitverhalten erwartet werden kann. Umgekehrt verhält es sich bei einem zu geringen Abstraktionsgrad (also bei einem zu hohen Detaillierungsgrad), wenn zwar eine hohe Aussageschärfe erwartet werden kann, jedoch das Laufzeitverhalten ungünstig wird. Der Abstraktionsgrad muß sich somit immer an der erwarteten Genauigkeit, dem Modellumfang und nicht zuletzt an der für die Ermittlung der Ergebnisse zur Verfügung stehenden Zeit orientieren. Ein weiterer begrenzender Faktor ist das Wissen über die zu modellierende Real- oder Vorstellungswelt, da beispielsweise ungenaue oder gar fehlende Ausgangsdaten durch eine detaillierte Modellierung nicht zu kompensieren sind.

Das Dilemma bei der Wahl des richtigen Abstraktionsgrades besteht darin, daß zwar der Bedarf bekannt ist, geeignet zu abstrahieren, jedoch darüber hinaus bei der konkreten Bestimmung des passenden Abstraktionsgrades wenig methodische Unterstützung gegeben wird (KOBYLKA & WIRTH 1997, S. 53; BALL 1997, S. 246).

Ein Ansatz, dieses Abstraktionsdilemma zu lösen, ist die Hierarchisierung von Simulationsmodellen. Mit dieser Fragestellung haben sich bereits eine Reihe von Autoren, zum Teil auf grundlagenorientierter, zum Teil aber auch auf anwendungsorientierter Ebene, beschäftigt. Durchgängig wird dabei die aus vielen Simulatoren bekannte *visuelle Abstraktion*, bei der nur die Darstellungsweise der Simulationskomponenten bzw. -bausteine auf unterschiedlich abstraktem Niveau vorgenommen wird, von der *funktionalen Abstraktion* unterschieden (JOHNSON & POORTE 1988, S. 30; FISHWICK 1988, S. 18; GODBOLE ET AL. 1994, S. 14; KOBYLKA & WIRTH 1997, S. 53; RAUH 1998, S. 69). Bei letzterer, der funktionalen Abstraktion, variiert der Detaillierungsgrad der unterschiedlichen Hierarchieebenen. In der Regel findet eine *Konkretisierung der übergeordneten Ebenen* in untergeordnete und umgekehrt eine *Aggregation untergeordneter Ebenen* in übergeordnete Ebenen statt (KISTNER & STEVEN 1991, S. 124).

Im deutschen Sprachraum hat sich dieser Fragestellung unter anderem der *VDI-ERFA-Kreis Hierarchische Simulationsmodelle* angenommen. Einer dort erfolgten Definition gemäß werden folgende vier Hierarchisierungsmöglichkeiten unterschieden[19]:

1. hierarchisch strukturierte Visualisierung → Modelle werden *graphisch* anhand hierarchischer Strukturen aufgebaut, um dem Anwender die Übersicht zu erleichtern
2. selektive Hierarchisierung → der Abstraktionsgrad von Modellen wird mit fortschreitendem Planungsstand der Aufgabenstellung angepaßt (vgl. auch VDI 3633)
3. hierarchisch strukturierte Modellierung → erlaubt einen iterativen und wahlweisen Wechsel des Abstraktionsgrades innerhalb des Modells
4. modellübergreifende Hierarchisierung → gegenüber der modellimanenten Hierarchisierung der Arten 1 bis 3 werden Modelle unterschiedlichen Abstraktionsgrades modellübergreifend gekoppelt

Die Hierarchisierungsart 1 berücksichtigt den Bedarf nach graphischer Ordnung in Simulationsmodellen und entspricht damit der o.g. visuellen Abstraktion. Die Hierarchisierungsart 2 adressiert den zunehmenden Erkenntnisgewinn im Verlauf von Simulationsprojekten und ist damit konform zu den Forderungen der VDI 3633. Sowohl bei Hierarchisierungsart 1 als auch bei Hierarchisierungsart 2 findet die rechentechnische Durchführung der Simulation jedoch einheitlich immer auf dem jeweils detailliertesten Modellierungslevel statt, also dem geringsten Abstraktionsgrad. Da dies der Forderung nach abstraktionsflexiblen Modellen nicht näher kommt, stehen diese bei-

[19] http://www.faps.uni-erlangen.de/vdi_h_sim/index.html (Link überprüft am 07.03.99)

den Hierarchisierungsarten nicht im Fokus der nachfolgenden Untersuchung des Standes der Forschung und auch nicht im Fokus dieser Arbeit.

Eine höhere Flexibilität erlaubt die Hierarchisierungsart 3, die einen Wechsel des Abstraktionsgrades wiederholt zuläßt. Dies ist bei der Hierarchisierungsart 4 ebenfalls möglich, jedoch steht hier vor allem die Verteilung der Modelle auf verschiedene Hard- und Software-Plattformen im Vordergrund. Unter anderem können dadurch Spezialsimulatoren miteinander gekoppelt werden bzw. die Rechenlast gleichzeitig auf mehrere Rechner verteilt werden (vgl. hierzu "Internet-basierte und verteilte Simulation" in Abschnitt 2.2.3, Fälle 3 und 4 ab Seite 32).

Relevante Ansätze

KOBYLKA & WIRTH 1997 liefern einen *Beitrag zur adaptiven Kopplung von statischer und dynamischer Fabrikplanungssoftware.* Ziel ist es, den Aufwand für Simulationsstudien zu reduzieren, indem auf Basis vorhandener Planungssysteme automatisch ein Basis-Simulationsmodell erstellt wird.

Dazu entwickelten Kobylka & Wirth ein sogenanntes Adaptions-Tool, welches die Daten aus statischen Planungswerkzeugen (z.B. PPS-Systemen) aufbereitet, mit zusätzlich erforderlichen Planungsdaten ergänzt und als vorparametrisiertes Simulationsmodell an ein dynamisches Planungswerkzeug, speziell ein Simulationswerkzeug, weitergibt. Neben der Entwicklung des Adaptions-Tools liefern die Autoren auch ein Vorgehensmodell zur Implementation einer adaptiven Kopplung. Darüber hinaus wird ausgehend von der strukturierten Benennung von Eingangs- und Ausgangsdaten eine Niveaustufenanalyse vorgenommen, die Hilfestellung zur Wahl der Abstraktionsebenen in Simulationsmodellen liefert.

Neben den Ergebnissen zur teilautomatischen Modellbildung ist der von den Autoren erarbeitete Ansatz zur Wahl von Abstraktionsebenen besonders erwähnenswert. Mit der erfolgten Niveaustufenanalyse liefern Kobylka & Wirth ein wichtigen Beitrag zur systematischen Hierarchisierung von Simulationsmodellen, der in dieser Arbeit bei der Entwicklung der Methode zur Auswahl der geeigneten Abstraktionsebene berücksichtigt wird.

WIECHERT 1997 beschäftigt sich mit der *Modellkonsistenz und Konfliktlösung bei hybriden*[20] *Modellansätzen.* Ziel ist es, ein methodisches Konzept zu finden, wie die verschiedenen Teilmodelle hybrid modellierter Systeme zueinander konsistent gehalten und insbesondere wie bestehende Widersprüche beseitigt werden können.

[20] hybride Modellansätze verwenden unterschiedliche Modellierungstechniken (vgl. Abschnitt 1.3)

Die grundlagenorientierten Überlegungen von Wiechert berücksichtigen verschiedene Modellierungstechniken, wie diskrete Systeme, Kennlinienfelder, Differentialgleichungen oder Petri-Netze. Dabei werden mögliche Überschneidungen von Teilmodellen ermittelt, die auf Basis der genannten (und weiterer) Modellierungstechniken erstellt sein können. Überschneidungen können z.B. durch gleichzeitigen Bezug (permanent oder nur in Übergangsphasen) von zwei Teilmodellen auf den selben Sachverhalt gegeben sein. Weitere Überschneidungen können sich ergeben, wenn untergeordnete Teilmodelle aggregiert werden, jedoch ein übergeordnetes Teilmodell gleichzeitig Gültigkeit besitzt. Zur Lösung der Überschneidungen entwickelt Wiechert für „einfache" Fälle ein Transformationskonzept, welches die Konsistenz zwischen Teilmodellen erlaubt. Für konfliktäre Fälle führt Wiechert ein Schiedsrichterkonzept ein, welches Strategien zur Konfliktlösung beinhaltet.

Die Arbeiten von Wiechert sind sehr grundlagenorientiert und zeigen Gefahrenpotentiale auf, die beim Aufbau hybrider Systeme, die zwangsweise unterschiedliche Abstraktionsgrade beinhalten, auftreten können. Die entwickelten Ansätze zur Konsistenzsicherung und Konfliktlösung geben wertvolle Hinweise zur Entwicklung derartiger Systeme. Aufgrund der Grundlagenorientierung ist es jedoch nicht ersichtlich, inwieweit die Ansätze für große und umfangreiche Modelle, etwa für reale Produktionssysteme, noch handhabbar bleiben.

FELDMANN ET AL. 1997B beschreiben ein *System zur Entscheidungsunterstützung auf strategischer Planungsebene*. Ziel ist es, den Entscheidungsträgern in Unternehmen maßgeschneiderte, für strategische Entscheidungen geeignet verdichtete Sichten auf Simulationsmodelle zu bieten.

Dazu entwickeln die Autoren ein sogenanntes Inter-Level-Konzept, bei dem auf Basis von Filtern verschiedene, strategisch orientierte Sichten auf detaillierte Simulationsdaten definiert werden. Die Simulationsdaten werden in sogenannten *aktiven Datenbanken* abgelegt, die für die Konsistenz der Daten mit den verwendeten Planungsinstrumenten (PPS, Leitstand, Simulationsmodell) sorgen.

Hervorzuheben ist die Möglichkeit, im Sinne eines auf die Simulation übertragenen integrierten Unternehmensdatenmodells jeweils verschiedene Sichten auf ein und denselben Datenbestand zu definieren. Der Datenbestand stammt dabei aus diversen Planungstools, z.B. aus Simulationssystemen, die von den Autoren zur strategischen Planung eingesetzt werden. Die Autoren sehen dabei vor, daß die jeweils definierten Sichten unterschiedliche Fragestellungen auf unterschiedlichem Abstraktionsgrad adressieren können. Die entwickelte Hierarchisierung von Daten wird im Rahmen dieser Arbeit bei der Verdichtung von Simulationsergebnisdaten aufgegriffen.

HALLER & NEMMER 1997 sowie GÜNTHNER ET AL. 1998 beschreiben die *hierarchische Modellbildung im Rahmen der projektbegleitenden Simulation.* Ziel ist es, durch entsprechende Modularisierung von Simulationsmodellen verschiedene, simultan arbeitende Teams in komplexen Projektstrukturen bei der Planungsarbeit und gegenseitigen Abstimmung zu unterstützen.

Ausgehend von einer nach Methoden des Projektmanagements ermittelten Projektstruktur, innerhalb derer verschiedene Projektteams arbeiten, wird ein modulares Simulationsmodell erstellt, bei dem sogenannte Job-Manager einzelne Bereiche repräsentieren. Die Job-Manager stehen zueinander in einer hierarchischen Beziehung, so daß übergeordnete Job-Manager mit untergeordneten über Aufgaben (von oben nach unten) und über Rückmeldungen (von unten nach oben) kommunizieren. Die einzelnen Job-Manager, die von den spezifizierten Projektteams im Rahmen ihrer Planungsarbeit definiert bzw. verändert werden, können aus ihrer ursprünglichen Umgebung herausgetrennt und auch von externen Projektteams verwendet werden. Dort definieren die nun externen Job-Manager die Randbedingungen für die lokale Planungsaufgabe des jeweiligen Projektteams.

Der von den Autoren entwickelte Ansatz richtet sich an das Management komplexer Projekte und liefert dort wertvolle Hilfestellung für den simultanen, durchgängigen und verteilten Einsatz der Simulationstechnik. Für den betriebsbegleitenden Einsatz der Simulation, wie er in der vorliegenden Arbeit fokussiert wird, kann die entwickelte Methode der Job-Manager Hinweise geben, wie stellvertretende Simulationsbausteine (hier die Job-Manager) das Verhalten größerer Einheiten abstrahieren und mit externen Simulationsmodellen kommunizieren können.

BRACHT & HAGMANN 1998 stellen ein *Ebenenkonzept zur horizontalen und vertikalen Integration von Simulationsmodellen* vor. Ziel ist es, den Erkenntnisprozeß bei der Anlagenplanung durch flexibel erweiterbare Simulationsmodelle zu unterstützen.

Das von Bracht & Hagmann vorgeschlagene Konzept sieht vor, im zeitlichen Projektverlauf und/oder bei detaillierteren Fragestellungen, ausgehend von einer Black-Box-Betrachtung, Einzelbereiche des Gesamtmodells immer feiner zu detaillieren. Aufgrund der Wahl der Systemgrenzen sowie Schnittstellen der Teilmodelle bleibt das Gesamtmodell dabei funktionsfähig, obwohl die Abstraktionsstufen im Modell sehr heterogen werden können. Der Ansatz berücksichtigt neben der Ablaufsimulation auch die Kinematiksimulation und die Simulation von Fertigungsprozessen.

Mit dem vorgestellten Ansatz können umfangreiche Produktionsanlagen aus heterogenen Modellbausteinen modelliert und im Rahmen der Planung gesamtheitlich simuliert werden. Die Systemgestaltung erlaubt es, einzelne Bereiche gezielt zu detaillieren, um den erweiterten Kenntnisstand bzgl. eines Betrachtungsbereichs zu berücksichtigen oder, um spezifische Fragestellungen genauer betrachten zu können. Für den in dieser Arbeit relevanten, betriebsbegleitenden Ansatz ist es jedoch erforderlich, den Wechsel der Abstraktionsebenen beliebig oft und ohne weiteren Modellierungsaufwand durchführen zu können (vgl. hierzu im Vorgriff Abschnitt 6.3.1, S. 69). Da der Ansatz von Bracht & Hagmann sich im wesentlichen an die Strukturplanung von Anlagen richtet, steht die im betriebsbegleitenden Einsatz erforderliche flexible und wiederholte Variation der Abstraktionsebenen nicht im Vordergrund.

BENJAMIN ET AL. 1998 stellen *Simulationsmodelle mit variablem Abstraktionsgrad* vor. Ziel ist es, Simulationsmodelle im jeweils passenden Abstraktionsgrad effizient zu erstellen.

Dazu beschreiben Benjamin et al. eine Methode, Modelle zunächst auf abstraktem Niveau modular aufzubauen und sie bei Bedarf an ausgewählten Stellen zu detaillieren. Der besondere Ansatz besteht dabei in den formulierten Methoden, zwischen Ebenen unterschiedlichen Abstraktionsgrades Konsistenz zu schaffen. Die beschriebenen Methoden enthalten Anleitungen zur Dekomposition der abstrakten sowie Regeln zur Aggregation der detaillierten Ebenen.

Beachtenswert an diesem Ansatz ist die grundlagenorientierte Herangehensweise an das Problem der Abstraktion von Simulationsmodellen. Die vorgestellten Anleitungen und Regeln ermöglichen es, Modelle in einem ersten Schritt abstrakt und daher aufwandsminimal zu erstellen, sowie in einem zweiten Schritt beliebige Modellelemente den Anforderungen bzw. dem erweiterten Wissensstand entsprechend konsistent zu detaillieren. Gegenüber des Ansatzes von Bracht & Hagmann ist es auch möglich, einzelne Modellelemente wahlweise und abwechselnd auf verschiedenem Abstraktionsgrad zu betreiben. Jedoch erscheint es aufgrund der Komplexität des Modellierungsansatzes erforderlich, die Variation der Abstraktionsebenen von Experten vornehmen lassen zu müssen.

BALL 1998 beschäftigt sich mit der *Güte der zwischen den Hierarchieebenen von Simulationsmodellen erfolgten Abstraktion.*

Dazu untersucht Ball anhand verschiedener Simulationswerkzeuge deren Möglichkeiten zur Hierarchisierung. An zwei Beispielen, einer Linienfertigung mit 10 Maschinen und einer Gruppenfertigung mit 19 Maschinen, abstrahiert er Teile des Gesamtmodells, in dem er für Schlüsselemente der Realwelt im Modell Stellvertreterelemente definiert. Typische Schlüsselemenete sind dabei Engpaßmaschinen. In einer zweiten Ausbaustufe nimmt Ball zusätzlich eine differenziertere Modellbildung vor, indem er abhängig von der Struktur des Auftragsspektrums für verschiedene Auftragsklassen jeweils eigene Stellvertreterbausteine definiert.

Die von Ball durchgeführten Arbeiten geben Hinweise auf die Abstraktionsgüte bei der Hierarchisierung von Simulationsmodellen. Interessant ist dabei die Aussage von Ball, wonach bei der Hierarchisierung zunächst nicht nur mit einer reduzierten Aussageschärfe, sondern auch mit einer höheren Sensibilität der Modelle gegen Unregelmäßigkeiten in den Ausgangsdaten zu rechnen ist. Die von Ball angesprochene differenzierte Modellbildung für verschiedene Auftragsklassen wird im Lösungsansatz dieser Arbeit aufgegriffen.

2.2.3 Internet-basierte und verteilte Simulation

Gerade beim betriebsbegleitenden Einsatz von Simulation kommt es darauf an, die Simulationsergebnisse vor Ort im Produktionsfeld nutzen zu können. Aufgrund der bisher vorherrschenden Expertenorientierung der Simulationstechnik erscheint es sinnvoll, zumindest die Nutzungsmöglichkeiten von Simulation einer breiten Nutzerschicht verteilt zugänglich zu machen. Die Bereiche der internet-basierten und der verteilten Simulation können hier einen Ansatz bieten. Daher wird nachfolgend der Stand der Forschung in diesen beiden Bereichen untersucht und anhand der Kriterien

- Ort der Visualisierung,
- Ort der Simulation und
- Ort der Informationsverteilung

in die Fälle 1 bis 4 strukturiert (vgl. Abbildung 9).

	Fall 1 Server-basiert		Fall 2 Client-basiert		Fall 3 Client-/Server-verteilt		Fall 4 Server-/Server-verteilt	
	A: Client	*B: Server*	*A: Client*	*B: Server*	*A: Client*	*B: Server*	*A: Server*	*B: Server*
Visualisierung	X		X		X		(X)	(X)
Simulation		X	X		X	X	X	X
Informations-verteilung		X		X		X	X	X

A, B Rechner A, Rechner B
X findet statt
(X) findet optional statt

Abbildung 9: Arten der internet-basierten und verteilten Simulation

Fall 1: Server-basierte Simulation

Im *Fall 1* wird die gesamte Simulationsleistung und Informationsverteilung von Rechner B übernommen, der demnach als Simulations-Server einzustufen ist. Rechner A, der Simulations-Client, visualisiert ausschließlich die Simulationsergebnisse des Simulationsservers B. Es findet keine eigene Simulation auf dem Client A statt. Als Vorteil der Server-basierten Simulation kann gewertet werden, daß bei der Erstellung der Simulationsmodelle bestehende Erfahrungen mit leistungsfähigen und kommerziell verfügbaren Simulationswerkzeugen genutzt werden können (WHITMAN ET AL. 1998, S. 335). Hinzu kommt, daß leistungsfähige Server-Hardware eingesetzt werden kann, während die Clients mit einfachster Ausstattung auskommen. Als Nachteil kann gewertet werden, daß die Animationsfähigkeit des Clients in diesem Fall nur schwach ausgeprägt ist – sie beschränkt sich im wesentlichen auf die graphische Anzeige der Simulationsergebnisse. FISHWICK 1995 bietet eine interaktive Web-Simulation, über die das Verhalten einer Rechner-CPU und -Festplatte untersucht werden kann. KLUßMANN ET AL. 1997 beschreiben eine Systemarchitektur zur Einbindung von Simulationsmodellen ins Intra- bzw. Internet. DORWARTH ET AL. 1997 konzipierten eine internet-basierte Entwicklungsumgebung für Simulationsmodelle. Wie Klußman et al. legten sie besonderen Wert auf die kooperative Modellentwicklung und -nutzung. ADAMSKI & HILLER 1998 beschreiben die Erstellung einer Simulationsumgebung aus Komponenten, bei der die Benutzeroberfläche über eine CORBA[21]-Schnittstelle mit dem Simulatorkern kommuniziert. LORENZ ET. AL 1998 setzen Web-Technologien in der Lehre ein, um Studenten Simulation und Animation in einem interaktiven Kurs näherzubringen. WIEDEMANN 1998 beschreibt das Konzept eines Simulationsservers für modulare Simulationsumgebungen, der über eine SQL[22]-ähnliche Abfragesyntax extern bedient werden kann.

Fall 2: Client-basierte Simulation

Im *Fall 2* wird demgegenüber die gesamte Visualisierung und Simulationsarbeit vom Simulations-Client (Rechner A) erbracht. Rechner B, der Server, hat lediglich die Aufgabe, Informationen und hier speziell lauffähige Simulationsmodelle an die Simulationsclients zu verteilten. Typischerweise sind die verteilten Modelle JAVA[23]-Applets von geringer Komplexität. Obwohl zum Teil schon kommerzielle java-

---

21 CORBA – Common Object Request Broker Architecture. Kommunikationsstandart, der 1991 von der Object Management Group (OMG) mit dem Ziel definiert wurde, die informationstechnische Integration von Anwendungen besser zu unterstützen.

22 SQL – Structured Query Language, weitgehend standardisierte Syntax zur Abfrage von (relationalen) Datenbanken

23 JAVA - von SUN Microsystems entwickelte, plattformunabhängige, objektorientierte Programmiersprache

basierte Simulatoren oder Modellierungsumgebungen entwickelt wurden (SimJAVA vgl. KREUTZER ET AL. 1997, SILK vgl. HEALY & KILGORE 1997, JSIM vgl. MILLER ET AL. 1998), sind die meisten bis heute entwickelten Beispiele kleinere Demonstrationsmodelle mit Laborcharakter (Anzahl der Simulationskomponenten < 20) aus den Bereichen Fahrzeuge (Züge, Flugzeuge, Autos), Rechnerkomponenten (CPU), physikalische Systeme (Schwingungen, Hysteresen etc.) und sonstige Bereiche, wie etwa der Umweltsimulation. Ansätze aus diesem Bereich wurden z.B. von HOWELL & MCNAB 1998 am Beispiel einer CPU- und Cache-Simulation sowie von RABENSTEIN 1998 am Beispiel des Wärmetransports in Gebäuden und der Akustik vorgestellt.

Fall 3: Client- / Server-verteilte Simulation

Im *Fall 3* übernimmt der Client-Rechner A wie in den Fällen 1 und 2 die komplette Visualisierung. Die Simulationsarbeit jedoch wird zugleich von Client A und von Server B übernommen. Hingegen wird die Informationsverteilung (Verteilung von Daten und Simulationsmodellen) wie in den Fällen 1 und 2 ausschließlich vom Server-Rechner B durchgeführt. Gegenüber den Fällen 1 und 2, welche die internet-basierte Nutzung von Simulation betreffen, handelt es sich bei Fall 3 um verteilte Simulation. Dabei wird in erster Linie auf die Verkürzung der Rechenzeit durch die Verwendung mehrerer Prozessoren abgezielt (ADAMSKI & HILLER 1998, S. 101). Bei der Modellbildung muß grundsätzlich überlegt werden, wann eine Aufteilung der Modelle in modulare Teilmodelle und eine Verteilung der Simulationsarbeit auf verschiedene Rechner möglich bzw. sinnvoll ist. In der Regel sind die Abstimmungsprozesse zwischen Teilmodellen und verschiedenen Simulatoren wesentlich zeitaufwendiger als die Kommunikationsprozesse innerhalb eines Simulators, was insbesondere für kommerziell verfügbare Ablaufsimulatoren gilt (HANF 1998, S. 84). Hanf hat ein verteiltes Simulationssystem für die Modellierung und Simulation dynamischer Systeme vorgestellt, wobei er insbesondere methodische Unterstützung bei der wichtigen Frage der Modularisierung der Modelle bietet. Ein weiterer, interessanter Ansatz stammt von LORENZ ET AL. 1997A und LORENZ ET AL. 1997B , die ein Konzept für eine modulare Simulationsumgebung beschreiben. Hierbei werden einzelne Modellteile bei Bedarf über das Internet beschafft und zu einem lauffähigen Modell zusammengeschaltet. Eine kommerziell verfügbare Lösung wurde von JENSEN 1998 mit *SimServer* vorgestellt, die es erlaubt, Simulationsmodelle und deren Ausführung auf verschiedene Rechner zu verteilen.

Fall 4: Server-/Server-verteilte Simulation

Im *Fall 4* verfügen sowohl Rechner A als auch B über jeweils eigene Simulationsmodelle und Komponenten zur Informationsverteilung, über die Daten und Ereignisse mit dem jeweils anderen Rechner ausgetauscht werden. Beim Fall 4 handelt es sich demnach wie im Fall 3 um verteilte Simulation, bei dem die „Rechenlast“ auf zwei oder mehrere Rechner aufgeteilt wird. Hierfür ist eine komplette Interoperabilität der Simulatoren und der Modelle erforderlich, weil die jeweiligen Rechner durch den Austausch von Daten und Ereignissen in den Simulationsablauf der jeweils anderen Rechner eingreifen können. Hierunter ist etwa der bereits zitierte Ansatz von WEBER 1998 einzuordnen (vgl. Abschnitt 2.2.1, S. 23), der verteilte Simulations-Teilmodelle über den CORBA-Standard integriert. Mit dem Erscheinen der High Level Architecture (HLA) des amerikanischen Defense Modeling & Simulation Office (DMSO)[24] wurde der Entwicklung von Ansätzen für den hier definierten Fall 4 erheblichen Schub verliehen. Grundlegende Vergleiche von HLA mit dem Einsatz von RMI[25] oder CORBA bei der verteilten Simulation werden von BUSS & JACKSON 1988 beschrieben. Während bereits eine Reihe von Ansätzen aus dem militärischen Bereich existieren (MCLEAN ET AL. 1998, MURPHY & ASWEGAN 1998), besitzen die aus der Produktionstechnik bisher bekannt gewordenen Arbeiten eher Laborcharakter. RITTER ET AL. 1998 entwickelten auf Basis von HLA Ansätze zur web-basierten Animation verteilter Simulationen. SCHULZE ET AL. 1998 setzen HLA-basierte verteilte Simulationsmodelle für die Fertigung ein. Trotzdem ist mit fortschreitender Entwicklung der Simulatoren und Verbreitung des HLA-Standards eine erhebliche Verbreiterung der Anwendungen aus Fall 4 zu erwarten.

2.3 Zusammenfassung der lösungsrelevanten Ansätze

In den vorangegangenen Abschnitten wurde der Stand bei PPS- und Leitsystemen, wie er sich in der Praxis darstellt, untersucht (Abschnitt 2.1) und anschließend darüber hinausgehende Forschungsarbeiten verschiedener Autoren diskutiert (Abschnitt 2.2). Schwerpunkte waren hier Leit- und Koordinationssysteme, hierarchische Simulationsmodelle sowie internet-basierte und verteilte Simulation.

Im Bereich der *Leit- und Koordinationssysteme* zeigten die untersuchten Forschungsansätze einen eindeutigen Trend in Richtung Dezentralisierung der Nutzung, Integration von planenden und ausführenden Tätigkeiten, Beteiligung der Mitarbeiter und Kooperation teilautonom operierender Produktionsstrukturen. Während der Aspekt der übergreifenden Koordination im Laufe der Entwicklung von den unterschiedlichen

[24] http://hla.dmso.mil (Link überprüft am 07.03.99)

[25] RMI - Remote Method Invocation. Ist Teil der Standard-JAVA-Bibliothek und wurde entwickelt, um verteilte Objekte in der gleichen Weise adressieren zu können wie lokale Objekte.

Autoren immer stärker betont wurde, besteht bei der Modellgrundlage noch erheblicher Handlungsbedarf. Zwar verwenden einige der Ansätze dynamische Modelle in Form von Simulationsmodellen, jedoch sind diese Modelle in ihrem Abstraktionsgrad starr. Dadurch wird der Vorteil der realistischeren Abbildung der Realwelt durch generell längere Antwortzeiten erkauft. Bei umfangreichen Modellen, die gesamte Produktionsbereiche abdecken und betriebsbegleitend Simulationsergebnisse liefern sollen, wird dieser Laufzeitnachteil von den Nutzern nicht toleriert.

Im Bereich der *hierarchischen Simulationsmodelle* beschäftigen sich daher diverse Autoren mit der Frage, wie die Realwelt geeignet abstrahiert werden kann. Gelänge es, dieses Problem für den betriebsbegleitenden Einsatz befriedigend zu lösen, so könnten auch die im obigen Absatz zitierten Laufzeitprobleme herkömmlicher, starrer Simulationsmodelle beseitigt werden. Bei der Untersuchung der vorhandenen Arbeiten konnten hierfür eine Reihe vielversprechender Ansätze für hierarchische Simulationsmodelle mit variablem Abstraktionsgrad ermittelt werden. Die Autoren beschäftigen sich zum einen auf grundlegend theoretischer Ebene mit dieser Fragestellung, zum anderen wurden anwendungsorientierte Lösungsansätze für längerfristige Fragestellungen des Projektmanagements bzw. der strategischen Planung vorgestellt. Die untersuchten Ansätze liefern eine wichtige Basis für die konzeptionellen Überlegungen dieser Arbeit und tragen damit zum Gesamtkonzept der zu entwickelnden hybrid-hierarchischen Simulationsmodelle bei.

Im Bereich der *internet-basierten und verteilten Simulation* greifen die Ansätze den Bedarf auf, Informationstechnik und insbesondere Simulationstechnik unabhängig von zeitlichen, örtlichen und technischen Randbedingungen (Rechnerplattformen, Betriebssystemen) effizienter einzusetzen und einfacher zu nutzen. Hierzu wurden eine Reihe von Ansätzen zur Server-basierten- und Client-basierten- sowie Client-Server-verteilten- und Server-Server-verteilten-Simulation untersucht. Auf einen einfachen Nenner gebracht, besitzen die Ansätze mit steigendem Grad der Verteiltheit zunehmend laborhaften Charakter. Allerdings lassen die aktuellen Forschungsarbeiten im Bereich der *verteilten Simulation*, vor allem im Umfeld von HLA, erwarten, daß hier in Zukunft anwendbare Lösungen verfügbar sein werden. Im Bereich der internet-basierten Simulation, in der oben erfolgten Untersuchung mit *Server-basierte-Simulation* bezeichnet (Fall 1), sind anwendbare Lösungen noch greifbarer. Insbesondere ist es hier möglich, die Vorteile der verteilten Nutzung von Simulation zu erschließen und gleichzeitig ausgereifte, leistungsfähige Simulatoren einzusetzen.

3 Anforderungen an die Lösung

Für die vorliegende Arbeit wurde in Abschnitt 1.2 (S. 4) das Ziel formuliert, die dezentralen Entscheidungsprozesse der Mitarbeiter in teilautonomen Produktionsstrukturen bei der operativen Planung und Steuerung der Auftragsabwicklung mit Hilfe eines Assistenzsystems betriebsbegleitend zu unterstützen. Um dieses Ziel zu erreichen, wurden in Verbindung mit den Potentialen und den Defiziten der in Kapitel 2 untersuchten Ansätze folgende Anforderungen formuliert:

1. Einsatz dynamischer und eigenschaftsflexibler Modelle
2. Berücksichtigung des Koordinationsbedarfes teilautonomer, heterogener Produktionsstrukturen
3. Einbindbarkeit betrieblicher Informationssysteme
4. Einfache, ortsverteilte Bedienbarkeit

Der *Einsatz dynamischer Modelle* berücksichtigt die in realen Produktionssystemen in Form stochastischer Effekte bei Transport-, Handhabungs-, Rüst- und Bearbeitungszeiten sowie bei der Verfügbarkeit von Produktionsmitteln etc. vorhandene Dynamik. Die eigenschaftsflexiblen Modelle erlauben eine flexible Einstellbarkeit der Eigenschaften der Simulationsmodelle hinsichtlich Modellumfang, Detaillierungsgrad und zu erwartender Antwortzeit.

Die *Koordination teilautonomer Produktionsstrukturen* erfordert neben der lokalen Bereitstellung von beurteilungsrelevanten Kennzahlen auch die globale Bewertung der Güte des Gesamtsystems. Dies ist insbesondere bei heterogenen Strukturen relevant, wie sie in der Praxis in Form von Mischstrukturen aus Verrichtungsorientierung (z.B. Werkstätten) und Objektorientierung (z.B. Fertigungsinseln) vorkommen, da dort zwischen den einzelnen Produktionseinheiten im Rahmen der Auftragsabwicklung vielfache Wechselbeziehungen bestehen.

Die *Einbindbarkeit betrieblicher Informationssysteme* richtet sich an den betriebsbegleitenden Einsatz des Systems, der stets auf aktuellen Daten bzgl. Systemstruktur und Systemlast aufsetzen muß. Da diese Daten in vielen Betrieben zum Großteil in Informationssystemen (z.B. PPS-, Leit-, BDE-Systemen etc.) bereits gespeichert und gepflegt werden, ist die Einbindbarkeit dieser Datenbestände vorzusehen.

Die *einfache Bedienbarkeit* ist notwendig, damit Produktionsexperten auch ohne simulationsspezifisches Know-how in der Lage sind, das Assistenzsystem nutzbringend einzusetzen. Dies bedeutet, daß im Rahmen des Systemeinsatzes keine modellierungstechnischen Eingriffe notwendig sein dürfen. Hingegen ist es erforderlich, daß der Lauf der Entscheidungsprozesse möglichst zielgruppengerecht abgebildet und unterstützt wird.

Bevor sich die vorliegende Arbeit auf Basis dieser Anforderungen dem konzeptionellen Entwurf des Assistenzsystems widmet, befaßt sich das *unmittelbar folgende* Kapitel 4 mit den Grundlagen zur Modellierung von Produktionssystemen, insofern sie für diese Arbeit wichtig sind.

Die eigentliche Konzeption des Assistenzsystems beginnt im *übernächsten* Kapitel 5, in dem das Rahmenkonzept für Systemnutzung und Systemstruktur skizziert wird. Die vertiefte Darstellung der Konzepte für die beiden wichtigsten Systemkomponenten, dem Simulations-Server und den Simulations-Clients, erfolgt in den Kapiteln 6 und 7.

4 Ausgewählte Grundlagen zur Modellierung von Produktionssystemen

4.1 Vorüberlegungen zur Modellierung von Produktionssystemen

Die VDI 3633, BLATT 1 (S.3) definiert ein ***Modell*** als „... eine vereinfachte Nachbildung eines geplanten oder real existierenden Original*systems* und *-prozesses* in einem anderen begrifflichen oder gegenständlichen System.“ Da der Prozeß sich, dem Text der VDI 3633 folgend, aus der Gesamtheit von aufeinander einwirkenden Vorgängen[26] *ergibt*, besitzt das modellierte *System* als Quelle dieser Vorgänge eine zentrale Bedeutung.

Ein ***System*** wiederum ist „...eine abgegrenzte Anordnung von Komponenten, die miteinander in Beziehung stehen.“ Wesentliche Kennzeichen eines Systems sind die *Festlegung seiner Systemgrenze* und seine *Systemkomponenten*[27]. Letztere wiederum werden nach SPUR ET AL. 1993 (S. 13) charakterisiert durch

- die technische Struktur, bestehend aus
  - Aufbau — z.B. Relationen, die die Systemkomponenten miteinander verbinden
  - Zuständen — z.B. konstante und variable Attribute
- das technische Verhalten, bestehend aus
  - Abläufen — z.B. Vorranggraphen, Regeln
  - Zustandsübergängen — z.B. kontinuierliche oder diskrete Änderungen mindestens eines Attributs

Aus der Erkenntnis heraus, daß bei der Modellierung technischer Systeme zwar unterschiedliche Fragestellungen relevant werden, diese sich jedoch immer auf dasselbe Grundmodell beziehen, wurden für die Modellierung eine Reihe von integrierenden Rahmenwerken entwickelt. Bekannte Rahmenwerke zur Unternehmensmodellierung sind etwa der CIMOSA-Ansatz, mit seinen unterschiedlichen Modellsichtweisen, Architektur- und Modellierungsebenen (CIMOSA 1994; JÜRGING 1995, S. 57) oder das Y-CIM-Modell, welches von Scheer zur integrierten Informationsverarbeitung für betriebswissenschaftliche und technische Aufgaben von Industriebetrieben entwickelt wurde (SCHEER 1987).

---

[26] Vorgänge, durch die Materie, Energie oder Informationen verändert, transportiert oder gespeichert werden

[27] diese können wieder Subsysteme sein; bei nicht weiter teilbaren Subsystemen spricht man von Elementen

Nachfolgend werden in den Abschnitten 4.2 „Modellierung von Strukturen“ und 4.3 „Modellierung von Verhalten“ zu den beiden o.g. Schwerpunkten jeweils wesentliche Grundlagen betrachtet.

4.2 Modellierung von Strukturen

4.2.1 Wesentliche Basiskonzepte zur Modellierung von Strukturen

Für die Modellierung von technischen Strukturen stehen eine Reihe von Methoden zur Verfügung, bzgl. derer SPUR ET AL. 1993, MERTINS ET AL. 1993 sowie BALZERT 1996 einen guten Überblick geben. Die für die Produktionstechnik wichtigsten Basiskonzepte entstammen

- der relationalen und
- der objektorientierten

Modellierungswelt. Nachfolgend werden aufgrund ihrer zentralen Stellung innerhalb der jeweiligen Basiskonzepte die *Entity-Relationship-Methode (E/R)* als Vertreter relationaler Modellierung und die *Unified-Modeling-Language (UML)* als Vertreter objektorientierter Modellierung herausgegriffen. Weitere Basiskonzepte sowie Vertreter von Basiskonzepten können in BALZERT 1996 vertieft werden.

4.2.2 Relationale Modellierung mit der Entity-Relationship-Methode

Die *Entity-Relationship-Methode (E/R)*[28] wurde 1976 von Chen (CHEN 1976, CHEN 1977, CHEN 1980, CHEN & KNÖLL 1991) für die Entwicklung von Informationssystemen entwickelt (SPUR ET AL 1993; S. 37, BALZERT 1996, S. 138). Die E/R-Methode nutzt zur Abbildung die Konstrukte Entity und Relationship.

Eine *Entity* ist ein individuelles und identifizierbares Exemplar von Dingen, Personen oder Begriffen der Real- oder Vorstellungswelt und wird durch ihre Eigenschaften beschrieben (BALZERT 1996, S. 138). Ein synonym verwendeter Begriff ist *Objekt*. Hingegen ist ein *Entity Set* die Zusammenfassung von Entities mit gleichen Eigenschaften unter einem eindeutigen, gemeinsamen Oberbegriff. Gemeinsame Eigenschaften einzelner Entities werden im Entity Set mit Attributen beschrieben:

---

[28] im Deutschen Sprachraum zum Teil auch „Gegenstands-Beziehungsmodell“ genannt, im Angelsächsischen Sprachraum existiert auch die gegenüber „E/R“ weniger treffende Bezeichnung „Information Modeling“

Beispielsweise gehört die Entity "Herr Müller" mit der Eigenschaft "schwarze Haare" zum Entity Set "Mensch" mit den Attributen Geschlecht (hier "männlich"), Name (hier "Müller") und Haarfarbe (hier "schwarz").

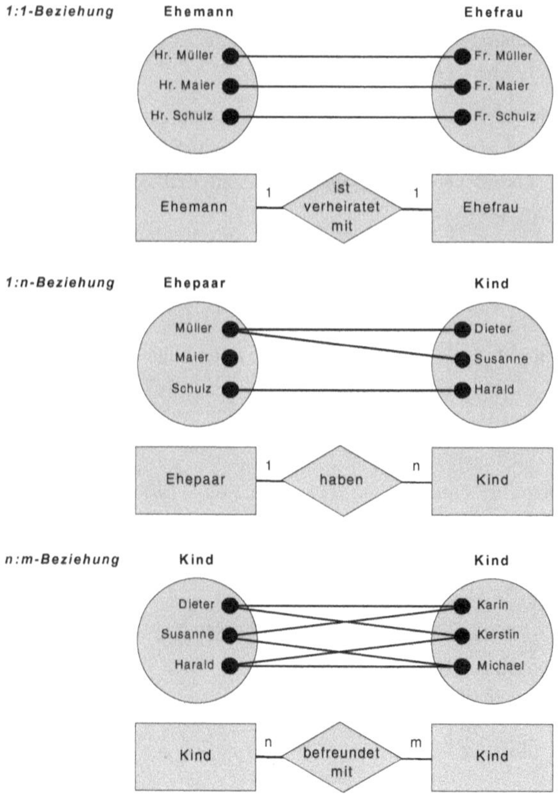

Abbildung 10: Wesentliche Beziehungstypen der E/R-Methode

Eine *Relationship* hingegen beschreibt Beziehungen zwischen verschiedenen Entities bzw. Entity Sets. Dabei unterscheidet E/R im wesentlichen die drei Beziehungstypen *1:1*, *1:n* und *n:m*.

Ein Beispiel für eine 1:1-Beziehung ist "Ein Ehemann ist verheiratet mit genau einer Ehefrau". Daraus folgt eine typische 1:n-Beziehung mit "ein Ehepaar hat[29]

[29]die Kardinalität "kann haben" gilt ebenfalls als 1:n-Beziehung

ein oder mehrere Kinder". Während "ein oder mehrere Kinder haben ein oder mehrere Freunde" in diesem Zusammenhang n:m Beziehungen repräsentieren (vgl. Abbildung 10).

Darüber hinaus existieren noch weitere Beziehungstypen mit Kardinalitäten (muß/kann), Rekursionen (A enthält B) und Rollen, die in BALZERT 1996 (S. 143 FF.) ausführlich beschrieben werden.

Auf diese Weise ist es möglich, umfassende Unternehmensdatenmodelle zu erstellen, die, ausgehend von einer Fülle von Detailsichten, durch wiederholte Aggregation und Rekursion zu komplexen Weltmodellen führen (z.B. AMBROSY ET AL. 1996; KLUßMANN ET AL. 1996).

Ihre Stärken besitzt E/R bei der Modellierung statischer, struktureller Zusammenhänge, wobei Abläufe nicht ohne weiteres abgebildet werden können. Große Verbreitung hat E/R bei der Modellierung relationaler Datenbanken erfahren, wie sie etwa unter den Produktnamen *Informix*, *Oracle* oder *Access* und vielen weiteren bekannt sind.

4.2.3 Objektorientierte Modellierung mit der Unified Modeling Language

Die *Unified Modeling Language (UML)* ist eine objektorientierte Notation, in der die Ansätze von Booch (BOOCH 1994), Jacobsen (JACOBSEN ET AL.1992) und Rumbaugh (RUMBAUGH ET AL. 1993) zu einer gemeinsamen Beschreibungsform integriert sind (JACOBSEN ET AL. 1997; OESTEREICH 1997).

Wie alle objektorientierten Notationen basiert UML auf den in Tabelle 1 benannten sieben Grundkonzepten (BALZERT 1996, S. 202).

Grund-konzept	**Erklärung**
Objekt	Ein Objekt ist, ähnlich zur E/R-Methode, ein Exemplar von Dingen, Personen sowie Begriffen der Real- oder Vorstellungswelt und besitzt eine eindeutige Objekt-Identität.
Attribut	Ein oder mehrere Attribute kennzeichnen die Eigenschaften des Objekts.
Methode	Eine oder mehrere Methoden beschreiben das Verhalten der Objekte. Dabei kann die Methode sowohl auf die Umwelt des Objektes, also andere Objekte, als auch auf sich selbst bzw. auf die eigenen Attribute wirken.
Klasse	Klassen fassen, ähnlich zu den Entity-Sets von E/R, gleichartige Objekte

	zusammen. Dabei ist wesentlich, daß aufgrund der Kapselung der Klassen objekteigene Attribute nur durch objekteigene Methoden adressiert werden können.
Vererbung	Die Vererbung führt zu einer Klassenhierarchie, in der Attribute und Methoden von Klassen an Unterklassen weitergegeben werden.
Botschaft	Die Botschaften übernehmen die Kommunikation der Objekte und Klassen untereinander.
Polymorphismus	Mittels des Polymorphismus ist es möglich, gleiche Botschaften an Objekte unterschiedlicher Klassen zu versenden. Aufgrund der objekteigenen und gegebenenfalls je Klasse differierender Methoden können die Botschaften in jedem Objekt dabei verschieden interpretiert werden.

Tabelle 1: Grundkonzepte objektorientierter Notationen

UML stellt mit sogenannten *Anwendungsfall- bzw. Use-case-* (a), *Klassen- bzw. Class-* (b), *Verhaltens- bzw. State-transition-* (c) und *Implementierungs- bzw. Deployment-Diagrammen* (d) umfangreiche Sichten auf ein und dasselbe objektorientierte Modell bereit (vgl. jeweils Abbildung 11).

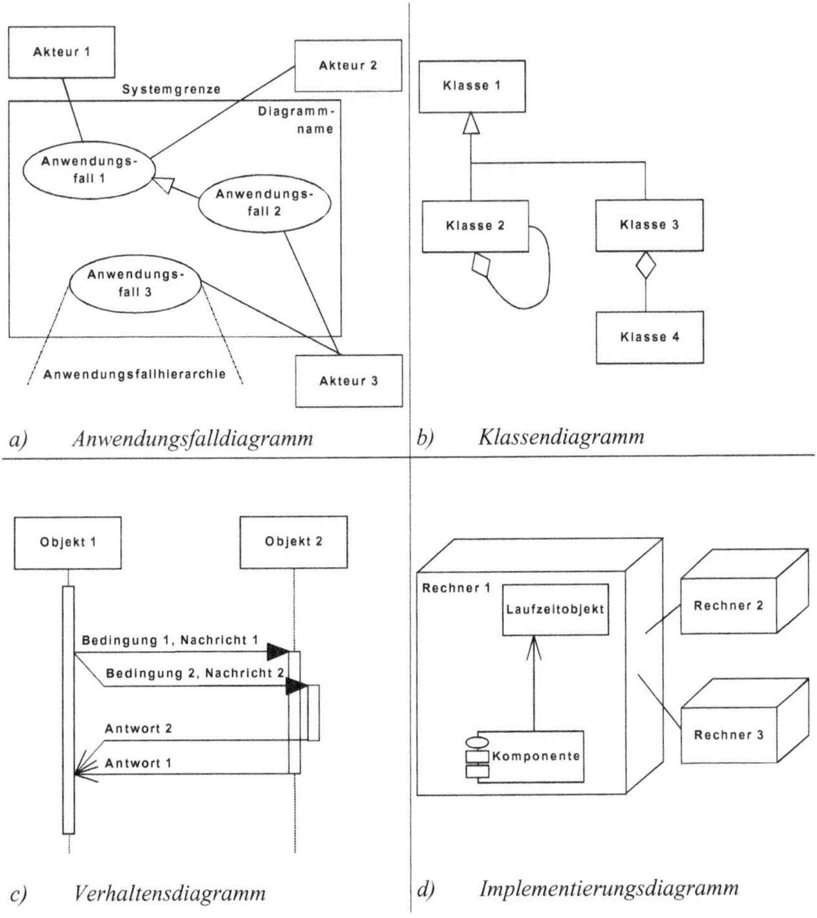

Abbildung 11: Diagrammtypen von UML (OESTEREICH 1997, S. 141 FF.)

Gegenüber der E/R-Methode ist UML somit nicht nur in der Lage statische, strukturelle Zusammenhänge darzustellen, sondern bietet auch die Möglichkeit, dynamische Sachverhalte abzubilden. Typisches Einsatzgebiet ist die Software-Entwicklung, wobei in neuerer Zeit auch objektorientierte Datenbanken bekannt werden, etwa unter den Produktnamen *O2, Objectstore* oder *Versant.*

4.2.4 Nachbetrachtung zur Verwendung der Modellierungsmethoden

Mit UML steht eine umfangreiche, objektorientierte Modellierungsmethode zur Verfügung, mit der sowohl statische bzw. strukturelle als auch dynamische Zusammenhänge abgebildet werden können. Jedoch wird die objektorientierte Modellierung in den Systemen, die im Umfeld des in dieser Arbeit zu lösenden Problems relevant sind, heute noch wenig unterstützt. Es existieren zwar bereits leistungsfähige objektorientierte Simulatoren, jedoch basiert die Speicherung von Massendaten in den Produktionsunternehmen meist noch auf relationalen Strukturen (GEITNER 1997, S. 302). Dieser Sachverhalt und der damit verbundene große Verbreitungsgrad der relationalen Welt spricht wiederum für die Verwendung der E/R-Methode. Hinzu kommt die Tatsache, daß die Unterschiede zwischen E/R und den Klassendiagrammen von UML, wenn es nur um die Modellierung statischer, struktureller Zusammenhänge geht, lediglich graphischer Natur sind (BALZERT 1996, S. 202). Erst bei der Darstellung von Dynamik entfaltet UML ihr volles Potential. Diese Ähnlichkeit bei der Modellierung von Strukturen ermöglicht eine manuelle und zum Teil durch entsprechende Software-Werkzeuge auch automatisch unterstützte Übersetzung von in UML modellierten *Strukturen* nach E/R.

Als Resumée der erfolgten Vorstellung von Vertretern relationaler und objektorientierter Modellierung gilt, daß im Falle der Modellierung *technischer Strukturen* beide Methoden durchaus gleichwertig[30] sind. Die Auswahl der Methode kann sich demnach an methodischen Fragestellungen orientieren, wie etwa welche Weiterentwicklungsmöglichkeiten (z.B. durch Integration von Systemdynamik) offengehalten werden müssen, und nach werkzeugspezifischen Fragestellungen richten, wie etwa welche Beschreibungsformen die in den Unternehmen bereits vorhandenen Informationssysteme besser unterstützen.

[30] dies gilt in keiner Weise für die Softwareentwicklung, wo sich UML mittlerweile zum Standard herausgebildet hat.

4.3 Modellierung von Verhalten

4.3.1 Vorüberlegungen zur Modellierung von Verhalten

Das Verhalten von Systemen wird, wie bereits in Abschnitt 4.1 skizziert,

- von den Abläufen im Gesamtsystem und
- von den Zustandsänderungen der Systemkomponenten

bestimmt.

Bei der Beschreibung der *Abläufe des Gesamtsystems* ist zum Beispiel interessant, welche logischen[31] und chronologischen[32] Abhängigkeiten zwischen den Teilabläufen der Systemkomponenten bestehen. Diese logischen und chronologischen Abhängigkeiten können gebunden, wie etwa bei Fertigungs- und Montagelinien, oder ungebunden sein, wie etwa bei der Werkstatt- und Inselfertigung. Typische Methoden, gebundene Abläufe zu beschreiben, sind z.B. Vorranggraphen, Netzpläne oder Petri-Netze. Typische Vertreter zur Beschreibung von ungebundenen Abläufen hingegen sind z.B. Arbeitspläne. Da bei dem hier vorgestellten Ansatz logisch und chronologisch *ungebundene Produktionsabläufe* im Bereich der *Werkstatt-* und *Inselfertigung* im Vordergrund stehen, ist vor allem die Beschreibung mittels Arbeitsplänen relevant. Arbeitspläne jedoch besitzen in der Produktionstechnik einen so hohen Bekanntheitsgrad, daß sie hier nicht weiter vorgestellt werden müssen.

Die Beschreibung des *Verhaltens einzelner Systemkomponenten* hingegen ist im Zusammenhang mit dieser Arbeit wesentlich interessanter. Die Systemkomponenten sind es letztlich, die durch ihre Zustandsübergänge das Verhalten des Gesamtsystems bestimmen, unabhängig davon, ob die Abläufe zwischen den Systemkomponenten gebunden oder ungebunden sind.

Die Produktionssysteme der Stückgutproduktion sind dadurch gekennzeichnet, daß sich diese Zustandsübergänge über diskrete Ereignisse darstellen[33] (z.B. eine Anzahl n eines Produkts wurde zum Zeitpunkt t fertiggestellt), wobei die quantitative Ausprägung der Ereignisse (früher/später, mehr/weniger, etc.) stochastischen Effekten unterliegen (zufallsbehaftete Bearbeitungszeiten, Fertigungsqualitäten, Maschinenstörungen, Materialengpässe etc.). Der Detaillierungsgrad, mit dem diese Zustandsübergänge beschrieben werden, kann demnach schwanken zwischen der völligen Ver-

[31] logisch: auf Teilablauf A folgt Teilablauf B (immer oder unter bestimmten Bedingungen)
[32] chronologisch: Teilablauf A folgt unmittelbar bzw. mit positiver oder negativer Verzögerung auf Teilablauf B
[33] dies ist ein signifikanter Unterschied zu Produktionssystemen der Verfahrenstechnik mit häufig kontinuierlichen und analytisch beschreibbaren Zuständsübergängen

nachlässigung einzelner Ereignisse und stochastischer Effekte[34], bis hin zur detaillierten Beschreibung kleinster Einzelereignisse und stochastischer Effekte[35].

Die nachfolgenden Abschnitte konzentrieren sich daher innerhalb dieser Bandbreite unterschiedlicher Detaillierung mit der Beschreibung von

- Betriebskennlinien (Abschnitt 4.3.2)
- Warteschlangenmodellen (Abschnitt 4.3.3) und
- ereignisdiskreten Modellen (Abschnitt 4.3.4)

auf drei wichtige Methoden zur Modellierung des technischen Verhaltens der Systemkomponenten.

4.3.2 Betriebskennlinien

4.3.2.1 Grundsätzliche Beschreibung der idealen Betriebskennlinie

Betriebskennlinien stellen den funktionalen Zusammenhang zwischen den logistischen Kenngrößen *Auslastung*, *Durchlaufzeit*, *Termintreue* und dem jeweiligen *Bestand* her (WIENDAHL & NYHUIS 1981, S. 5; WIENDAHL 1997, S. 269).

In Abbildung 12 a) ist das ideale[36] Durchlaufdiagramm eines Produktionssystems dargestellt. Zu erkennen sind jeweils die Zu- und die Abgangskurve[37]. Der horizontale Abstand zwischen den Kurven stellt die mittlere Durchlaufzeit dar, während der vertikale Abstand den mittleren Bestand repräsentiert. Die Steigung der Abgangskurve (der Abgangsgeraden), die sich als der Quotient aus Bestand und Durchlaufzeit darstellt, repräsentiert die mittlere Leistung des Arbeitssystems.

[34] z.B. Arbeitssysteme werden als einfache Zeitverbraucher beschrieben
[35] z.B. Spannvorgang einer Drehmaschine wird abgebildet
[36] ideal, d.h. Arbeitsinhalte klein und gleichmäßig, keine Reihenfolgevertauschungen
[37] hier: Zu- und Abgangsgerade, da Annahme eines idealen Verlaufs

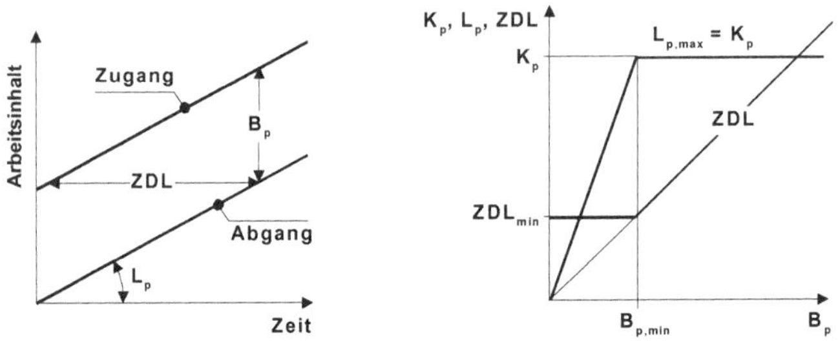

a) Durchlaufdiagramm

b) Betriebskennlinie

$$ZDL = \frac{B_P}{L_p}$$

$$ZDL_{\min} = ZDF_{mittel} + ZT_{\min}$$

$$B_{p,\min} = ZDL_{\min} * K_p$$

ZDL = Durchlaufzeit

B_p = Bestand im Produktionssystem

L_p = Leistung des Produktionssystems

ZDL_{min} = Minimale Durchlaufzeit

ZDF_{mittel} = Mittlere Durchführungszeit

ZT_{min} = Minimale Transportzeit

$B_{p,min}$ = Mindestbestand im Produktionssystem

K_p = Kapazität des Produktionssystems

Abbildung 12: Ableitung der idealen Betriebskennlinie aus dem idealen Durchlaufdiagramm (nach WIENDAHL & KUPRAT 1990, S. 206)

In Abbildung 12 b) ist die ideale Betriebskennlinie des Produktionssystems dargestellt. Einen Ansatz zu deren einfachen Berechnung geben WIENDAHL & NYHUIS 1993. Wesentliche Eckdaten sind dabei die Kapazität des Produktionssystems, die Mindestdurchlaufzeit und der Mindestbestand (vgl. Abbildung 12). Aus diesen Eckdaten kann wiederum die ideale Betriebskennlinie gemäß der in Tabelle 2 angegebenen funktionalen Zusammenhänge konstruiert werden.

	$B_p < B_{p,\min}$	$B_p > B_{p,\min}$
L_P	$L_P = a * B_P$ $a = \frac{K_P}{B_{p,\min}}$	$L_P = K_P$
ZDL	$ZDL = ZDL_{\min}$	$ZDL = b * B_p$ $b = \frac{ZDL_{\min}}{B_{p,\min}}$

Tabelle 2: Funktionaler Zusammenhang bei der idealen Betriebskennlinie

4.3.2.2 Abweichungen an der realen Betriebskennlinie

Wie in Abbildung 13 dargestellt, weicht die reale Betriebskennlinie vom idealen Verlauf etwas ab. Diese Abweichungen ergeben sich z.B. aufgrund von Streuungen der Auftragszeiten, Diskrepanzen zwischen Kapazitätsbedarf und -angebot, Mindestübergangszeiten und wechselnden Engpässen (WIENDAHL & KUPRAT 1990, S. 208). Gegenüber der konstruierten idealen Betriebskennlinie erhält man den realen Verlauf aus Auswertungen von realen Betriebszuständen bzw. aus Berechnungen sowie aus Simulationen der Produktionsabläufe mit jeweils verschiedenem Bestandsniveau.

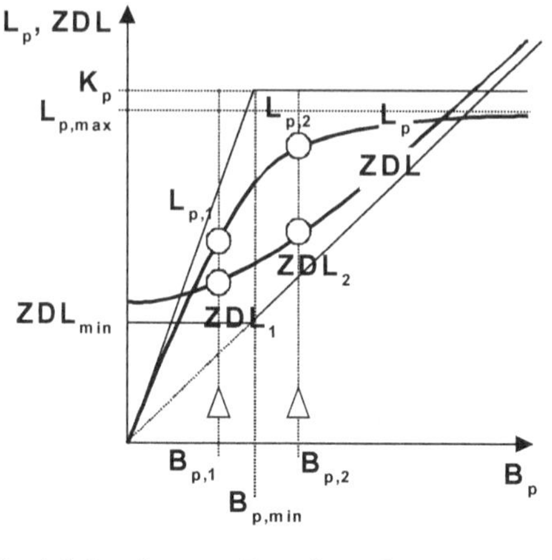

Abbildung 13: Reale Betriebskennlinie mit Betriebspunkten $B_{p,1}$ und $B_{p,2}$

Abbildung 13 zeigt den Verlauf einer realen Betriebskennlinie, deren maximale Kapazität aufgrund der o.g. Effekte auf eine theoretische maximale Leistung von $L_{p,max}$ abgesenkt und deren minimale Durchlaufzeit ZDL_{min} erhöht ist. Insbesondere sind die beiden Betriebspunkte $B_{p,1}$ und $B_{p,2}$ dargestellt, bei denen jeweils durch Abgriff an den Graphen auf die erreichbaren Durchlaufzeiten ZDL_1 und ZDL_2 sowie auf die sich ergebende Leistung $L_{p,1}$ und $L_{p,2}$ geschlossen werden kann.

4.3.2.3 Anwendung der Betriebskennlinie

Unabhängig davon, ob eine reale Betriebskennlinie zur Verfügung steht oder ob nur eine idealisierte Betriebskennlinie vorhanden ist, ergeben sich eine Reihe von Anwendungsmöglichkeiten für diese Beschreibungsform von Systemverhalten.

So können anhand von Betriebskennlinien Durchlaufzeiten und Bestände bei vorliegenden strukturellen Randbedingungen ermittelt werden. Weiterhin kann z.B. analysiert werden, mit welchen Beständen man operieren muß, um hohe Auslastungen bzw. keinen Materialabriß bzw. um niedrige Durchlaufzeiten zu erhalten (WIENDAHL 1997).

In der hier vorliegenden Arbeit werden Betriebskennlinien dazu herangezogen, ausgehend von einem im jeweiligen Produktionssystem gemessenen Bestandsniveau, *Durchlaufzeit* und *Leistung* des Produktionssystems abzuleiten. Die funktionalen Zusammenhänge bei der Betriebskennlinie bilden damit eine Basis für einen Teilbereich der noch zu beschreibenden hybrid-hierarchischen Simulationsmodelle (vgl. Abschnitte 6.3.2 und 6.3.2.4).

4.3.3 Warteschlangenmodelle

4.3.3.1 Grundsätzliche Beschreibung von Warteschlangenmodellen

Jedes System (z.B. Telefon-Vermittlungszentrale, Verkehrskreuzung, Produktionssystem), in dem ankommende Elemente (Telefonanrufe, Verkehrsteilnehmer, Aufträge) Anforderungen an eine knappe Ressource (z.B. Vermittlungsstellen, Grünphasen der Ampelanlage, Maschinen) stellen, kann man als *Warteschlangen-* oder *Stauungssystem* bezeichnen (vgl. ZIMMERMANN 1992, S. 229).

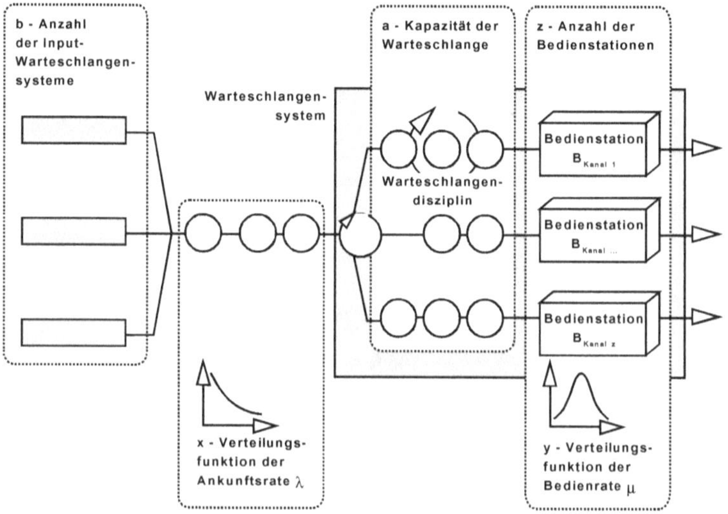

Abbildung 14: Elemente eines Warteschlangensystems

Die theoretischen Grundlagen zur Beschreibung von Warteschlangensystemen wurden zum ersten Mal im Jahre 1909 von Erlang veröffentlicht, der sich mit Stauungserscheinungen in den damals noch neuen Telefonnetzen beschäftigte (vgl. ERLANG 1909). Mit den Arbeiten von Erlang beginnend, wurden im Bereich der Warteschlangentheorie eine Reihe von Ansätzen entwickelt, deren gemeinsame Eigenschaft es ist, die in den Warteschlangen auftretenden zufälligen Ereignisse durch stochastische Modelle analytisch zu beschreiben. Wesentliche Beschreibungsobjekte sind *Ankunftsrate, Bedienrate, Systemgröße (= Anzahl der Bedienstationen und Warteschlangenplätze)* sowie die *Warteschlangendisziplin* (LAW & KELTON 1991, S. 119; LORENZ 1994, S. 13). Die Beschreibungssystematik folgt dabei einer von Kendall *(*KENDALL 1953, S. 338FF.*)* entwickelten 5-tupligen Nomenklatur

$$x / y / z / a / b,$$

bei der jedes Element (*x bis z* sowie *a und b*) ein Beschreibungsobjekt kennzeichnet (ZIMMERMANN 1992, S. 229). In Tabelle 3 sind auf Basis dieser Nomenklatur die Elemente eines Warteschlangenmodells dargestellt.

Nr.	Element	Beschreibungsobjekt	Formel bzw. Wert	Beschreibungsform
1.	x	Ankunftsverhalten mit Ankunftsrate λ	$\lambda = \frac{1}{t_a}$ $t_a = \frac{\sum_{i=1}^{n} ZANK_i}{n}$	Verteilungsfunktion
2.	y	Bedienverhalten mit Bedienrate μ	$\mu = \frac{1}{t_b}$ $t_b = \frac{\sum_{i=1}^{n} ZABF_i}{n}$	Verteilungsfunktion
3.	z	Anzahl der Bedienstationen	$z = 1$ *bis* ∞	Absolutangabe
4.	a	Kapazität der Warteschlangen	$a = 1$ *bis* ∞	Absolutangabe
5.	b	Anzahl der relevanten Input-Elemente	$b = 1$ *bis* ∞	Absolutangabe

Legende $ZANK_i$ Zwischenankunftszeit des i-ten Auftrags

t_a Mittelwert der Zwischenankunftszeiten

$ZABF_i$ Zwischenabfertigungszeit bzw. Bedienzeit für den i-ten Auftrag

t_b Mittelwert der Bedienzeiten

n Anzahl der Ereignisse (Ankünfte, Bedienungen)

Tabelle 3: Elemente eines Warteschlangensystems

Oft gehen Warteschlangenmodelle bei der Kapazität von a → ∞ bzw. bei der Anzahl der relevanten Input-Elemente von b → ∞ aus, was die Nomenklatur auf 3-Tupel der Form $x / y / z$ verkürzt. Viele Warteschlangenmodelle gehen auch von einer „unendlichen" Schlangendisziplin aus, wie sie etwa bei FIFO (First-In-First-Out) gegeben ist. Abweichungen von diesem Idealfall, wie sie etwa durch Prioritätsregeln

- bei der Auswahl der Warteschlange, in der sich die Elemente einreihen (etwa die kürzeste oder die erstbeste Schlange), oder
- bei der Auswahl der zu bedienenden Elemente (etwa nach der kürzesten Bedienzeit, geringste Restpufferzeit, spezifische Eigenschaften der Elemente[38] etc.)

---

[38] z.B. in der Produktion: große Blechteile auf großen Pressen, kleine Blechteile auf kleinen Pressen

gegeben sind, erhöhen die Komplexität der beschreibenden Modelle ganz erheblich, so daß die Theorie von Warteschlangen noch lange nicht vollständig ist (ZIMMERMANN 1987, S. 229).

4.3.3.2 Bestimmung von Verteilungsfunktionen für Ankunft- und Bedienprozesse

Gegenüber der in Abschnitt 4.3.2 beschriebenen Betriebskennlinien handelt es sich bei den Warteschlangenmodellen um keine deterministische Beschreibung, bei der auf Basis definierter Abszissenwerte (dort der Bestand) die Ordinatenwerte (dort z.B. die Durchlaufzeit) abgegriffen werden können. Vielmehr werden diese Größen, speziell sind es die Ankunftsprozesse x und Bedienprozesse y, mit Verteilungsfunktionen (Verteilungstyp mit Parametrisierung) belegt, wobei grundsätzlich diskrete und kontinuierliche Verteilungen unterschieden werden können (vgl. auch Abbildung 15):

Diskrete Verteilungen

Die *Binomial-Verteilung* approximiert die Eintrittswahrscheinlichkeit von Ereignissen bei endlicher Anzahl von Versuchen und konstanter Wahrscheinlichkeit der Einzelereignisse (KENDALL & STUART 1977, S. 127; ZÖFEL 1988, S. 68).

Die *Poissonverteilung* bietet eine gute Approximation von zufälligen Ereignissen mit geringer Eintrittswahrscheinlichkeit (ZIMMERMANN 1992, S. 240).

Stetige Verteilungen

Die *Gauß-Normal-Verteilung* stellt eine grundlegende Modellvorstellung in der theoretischen Statistik dar, ist in der Praxis jedoch nur bedingt anwendbar (SACHS 1970, S. 31).

Die *Exponential-Verteilung* wird in vielen Bereichen der Technik zur Darstellung realer Zusammenhänge angewandt und ist Basis für diverse Warteschlangenmodelle (LORENZ 1984, S. 15).

Die *Weibull-Verteilung* ist eine verallgemeinerte Exponentialverteilung und kann die Gaußverteilung approximieren. Sie besitzt besondere Bedeutung bei Fragestellungen zu Lebensdauer und Zuverlässigkeit (LORENZ 1984, S. 15).

	Verteilung	Dichtefunktion f(x)	Verteilungsfunktion P(x)	Erwartungswert	Varianz
diskret	Binomial	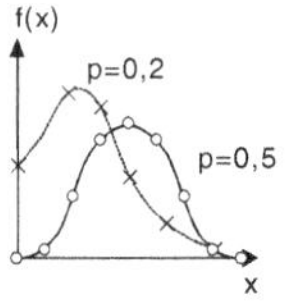	$\frac{n!}{x!(n-x)!}p^x q^{n-x}$ n : Anzahl der Versuche p : Erfolgswahrscheinlichkeit q : Irrtumswahrscheinlichkeit mit q = 1-p	$n\,p$	$n\,p\,q$
	Poisson	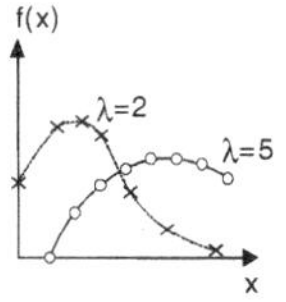	$\frac{\lambda^x e^{-\lambda}}{x!}$ λ: Erwartungswert	λ	λ
kontinuierlich	Gauß-Normal	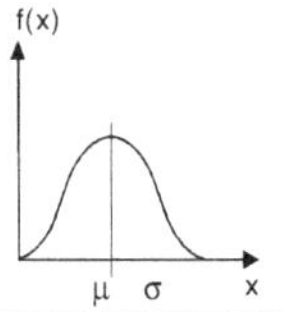	$\frac{1}{\sqrt{2\pi\sigma^2}}\int_0^x e^{-\frac{(\xi-\mu)^2}{2\sigma^2}}d\xi$ μ: Erwartungswert σ^2: Varianz	$\int_{-\infty}^{\infty}\frac{xe^{-\frac{(x-\mu)^2}{2\sigma^2}}}{\sqrt{2\pi\sigma^2}}dx$	$\int_{-\infty}^{\infty}\frac{(x-\mu)^2 e^{-\frac{(x-\mu)^2}{2\sigma^2}}}{\sqrt{2\pi\sigma^2}}dx$
	Exponential	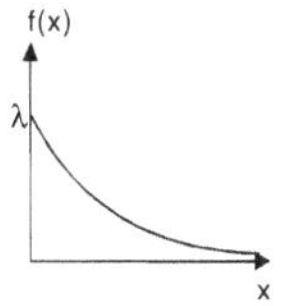	$1-e^{-\lambda x}$ 1/λ: Erwartungswert	$\frac{1}{\lambda}$	$\frac{1}{\lambda^2}$
	Weibull	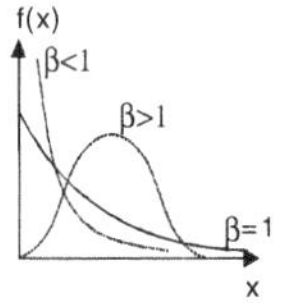	$1-e^{-\left(\frac{x}{\alpha}\right)^{\beta}}$ α: Maßstabparameter β: Formparameter	$\alpha\left(\frac{1}{\beta}\right)!$	$\alpha^2\left[\left(\frac{2}{\beta}\right)!-\left(\frac{1}{\beta}\right)!^2\right]$

Abbildung 15: Bedeutsame Verteilungsformen (nach Lorenz 1984, S. 14)

Die Bestimmung der o.g. Verteilungstypen sowie der zugehörigen Parameter auf Basis einer Stichprobe nimmt in der Warteschlangentheorie eine bedeutende Stellung ein. Hierfür stehen eine Reihe von Verfahren bereit, von denen nachfolgend der Kolmogoroff-Smirnoff- (KS) und der Chi-Quadrat- (CQ) Test beschrieben werden.

Folgender Ablauf liegt den beiden Tests zu Grunde (SACHS 1970, S. 23 FF.; LORENZ 1984, S. 16 FF.; ZIMMERMANN 1992, S. 229 FF.; ZÖFEL, 1988, S. 203):

Für beide Tests

1. Nullhypothese aufstellen

   Annahme des Vorhandenseins eines bestimmten Verteilungstyps (z.B. Poisson, Exponential etc.)

2. Stichprobenumfang n festlegen

   $50 < n < 1000$

3. Klassenanzahl k festlegen

   Lienert 1975 $k = \sqrt{n}$

   Bertram 1974 $k = 2 * n^{\frac{1}{3}}$

   Sturges $k = 1 + 3{,}32 \log n$

   Brooks und Carruther $k = 5 * \log n$

   mit $5 < k < 30$

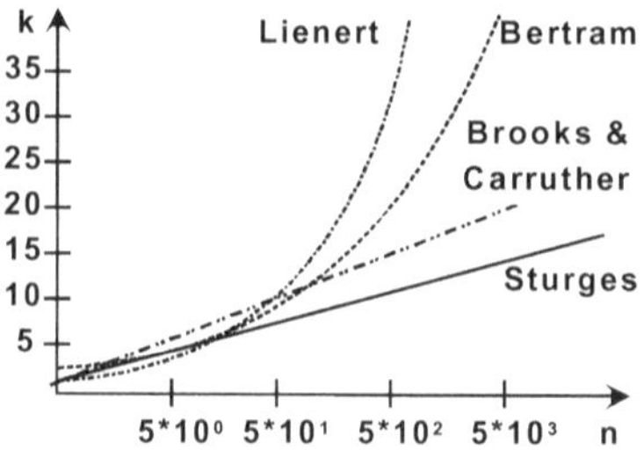

4. Signifikanzniveau ξ festlegen
5. Stichproben ziehen
6. Prüfgrößen berechnen

für KS

$$\hat{D} = \frac{\max | S_B - S_E |}{n}$$

$\hat{D}$ = Prüfgröße für KS

S_B = beobachtete Summenhäufigkeit

S_E = erwartete Summenhäufigkeit

für CQ

$$\hat{X}^2 = \sum_{i=1}^{k} \frac{(B_i - E_i)^2}{E_i}$$

$\hat{X}^2$ = Prüfgröße für CQ

B_i = beobachtete Häufigkeit in Klasse i

E_i = erwartete Häufigkeit in Klasse i

7. Freiheitsgrade berechnen

für KS	**für CQ**
- entfällt -	$FG = k - 1 - u$
	u : Anzahl der unbekannten Parameter der theoretischen Verteilungsfunktion

8. Prüfgröße mit kritischem Wert vergleichen

für KS	**für CQ**
$\hat{D}$ und D	$\hat{X}^2$ und X^2
mit $D = f(\xi)$	mit $X^2 = f(\xi, FG)$

mit D und X^2 jeweils aus Tabellen (z.B. SACHS 1970, TAFELANHANG; KENDALL & STUART 1977, APPENDIX TABLES; ZÖFEL 1988, S. 382 FF.)

9. Annahme bzw. Ablehnung der Nullhypothese

für KS		**für CQ**	
Annahme:	$\hat{D} < D$	Annahme:	$\hat{X}^2 < X^2$
Ablehnung:	$\hat{D} \geq D$	Ablehnung:	$\hat{X}^2 \geq X^2$

Der Kolmogoroff-Smirnoff-Test wird in der Praxis vor allem bei geringen Datenmengen angewendet, da er bei Stichproben mit mehr als etwa 100 Elementen zu langen Rechenzeiten führt. Der Chi-Quadrat-Test hingegen versagt bei zu kleinen Datenmengen, da er für jede Klasse eine Mindestanzahl von Beobachtungen (etwa 5) erfordert.

4.3.3.3 Warteschlangenmodelle in der Produktion

Bei der Beschreibung von Produktionsprozessen faßt man spezielle Verteilungsformen zu Prozeßtypen zusammen. Die nachfolgende Tabelle stellt einige für die Produktion wesentliche Prozeßtypen mit den dazugehörigen Verteilungstypen zusammen.

Prozeßtyp	**Ankunftshäufigkeit**	**Zwischenereigniszeit**
Markov (M)	poissonverteilt	exponentialverteilt
Generell (G)	beliebig verteilt, voneinander abhängig	
Generell, independent (GI)	beliebig verteilt, voneinander unabhängig	
Deterministisch (D)	konstant	

Tabelle 4: Typische Prozeßtypen

In der *x / y / z* – Nomenklatur von Kendall werden diese Prozeßtypen durch die konkrete Belegung der Buchstaben *x* und *y* gekennzeichnet. Z.B. steht *M / M / 1* für ein System mit Markov-Prozessen bei Ankunft *(x=M)* und Bedienung *(y=M)*, einer Bedienstation *(z=1)* und einer unendlichen Kapazität (a→∞, daher nicht aufgeführt) sowie beliebig vielen Input-Elementen (b→∞, daher nicht aufgeführt).

LORENZ 1984 (S. 28 FF.) untersuchte anhand des Produktionstyps *Werkstattfertigung* 25 Warteschlangenmodelle. Dabei wurde generell angenommen, daß

- die Prozesse stationär sind, d.h. (Zugangsrate λ) < (Bedienrate μ) und
- die Warteschlangendisziplin unendlich, also FIFO, ist.

Für Systeme mit Markov-Prozessen, d.h. $x = M$ und/oder $y = M$, galten zusätzlich die Annahmen, daß

- die Prozesse
  - ordinär, d.h. ohne Gruppenankünfte, und
  - nachwirkungsfrei sind, d.h. vergangene Ereignisse keine Auswirkungen auf zukünftige Ereignisse haben, sowie
- ein Poisson-Strom gegeben ist, bei dem
  - die Ankunftshäufigkeit poissonverteilt und
  - die Zwischenereigniszeiten exponentialverteilt sind.

Lorenz konnte nachweisen, daß herkömmliche Warteschlangenmodelle, ohne weitere Anpassung an die Gegebenheiten der Werkstattfertigung, zunächst zu hohe Abweichungen liefern, etwa zwischen den gemessenen und berechneten Durchlaufzeiten.

Daher erweiterte Lorenz die vorhandenen Warteschlangenmodelle zu einem "dynamischen Warteschlangenmodell ". Der wesentliche Ansatz ist, die *Warteschlangenmodelle aus einzelnen Teilmodellen* aufzubauen. Diese Teilmodelle sollen die in den herkömmlichen Ansätzen erforderliche Berücksichtigung der o.g. Annahmen auffangen, indem die verwendeten Warteschlangenmodelle „dynamisch“ an den Zustand des Systems angepaßt werden. Sobald sich wesentliche Größen (beim Ansatz von Lorenz sind es der Bestand, die Durchlaufzeit und der Fertigungsabgang) im System so ändern, daß sie im herkömmlichen Ansatz eine wesentliche Randbedingung verletzen würden, wird die Beschreibung im Warteschlangenmodell entsprechend angepaßt.

Die Verletzung der o.g. Annahmen ist je nach Produktionstyp unterschiedlich. Während z.B. eine verkettete Linienfertigung oder -montage einzelne Annahmen (z.B. FIFO) in der Regel überhaupt nicht verletzt, sind die Ergebnisse von Lorenz z.B. auf *Fertigungsinseln* durchaus übertragbar. Daher wird das von Lorenz entwickelte Konzept „dynamischer Warteschlangenmodelle“ in der vorliegenden Arbeit in die Konzeption der hybrid-hierarchischen Simulationsmodelle integriert und erweitert (vgl. Abschnitte 6.3.2, S. 72 und 6.3.2.4, S. 80).

4.3.4 Ereignisdiskrete Modellierung

Die in den Abschnitten 4.3.2 und 4.3.3 beschriebenen Betriebskennlinien und Warteschlangenmodelle sind *explizite Beschreibungsformen*, die das Verhalten eines Systems im Grunde funktional als $y = f(x)$ beschreiben.

Demgegenüber wird bei der in diesem Abschnitt darzustellenden *ereignisdiskreten Modellierung* das technische Verhalten des Gesamtsystems bzw. der modellierten Systemkomponenten dadurch bestimmt, daß den Komponenten definierte Zustandsänderungen zugeordnet sind, die unter genau spezifizierten Bedingungen eintreten. Diese Bedingungen sind von der (den) Zustandsänderung(en) einer oder mehrerer anderer Komponenten abhängig (LAW & KELTON 1991, S. 7; ZEIGLER 1985, S. 125).

Somit ergibt sich das gesamte technische Verhalten erst im nachhinein als Kettenreaktion des Einzelverhaltens der Systemkomponenten und ist demnach eine *implizite Beschreibungsform*, zu der es keinen von vorneherein bekannten funktionalen Zusammenhang $y = f(x)$ gibt.

In Anlehnung an ein Beispiel von ZEIGLER 1985 (S. 127) zeigt Abbildung 16 das schematische Modell eines Geschäftes mit ...

... der beweglichen Komponente

- Kunde — mit dem Namen *n* und dem Einkaufsbedarf *e* sowie

... den statischen Komponenten

- Eingang — mit der Begrüßungsformel *b*
- Einkaufsbereich — mit der Einkaufszeit *t* (vom Einkaufsbedarf *e* abhängig) und der Anzahl *a* an Lebensmitteln, die der Kunde üblicherweise einzukaufen vergißt
- Kasse — mit der Länge der Schlange *l*
- Ausgang — mit der Verabschiedungsformel *v*

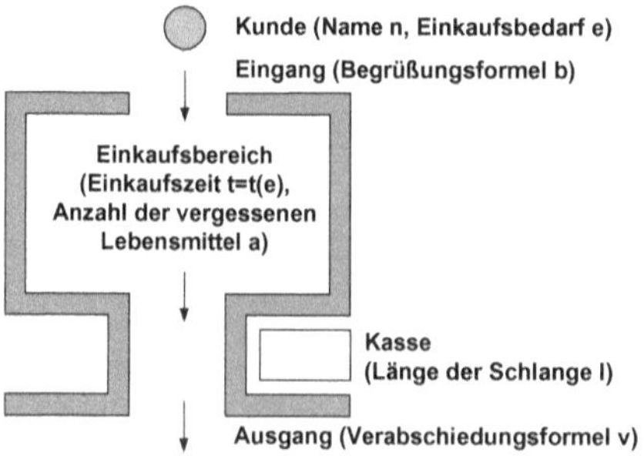

Abbildung 16: Schematisches Modell eines Lebensmittelgeschäftes

Das ereignisdiskrete Verhalten dieses Modells kann wie folgt beschrieben werden:

Komponente	**Bedingung**	**Aktion**
Eingang	Kunde *n* befindet sich im Eingang	Wende Begrüßungsformel „Guten Tag Kunde *n*" an. Leite Kunde *n* in den Einkaufsbereich.
Einkaufs bereich	Kunde *n* befindet sich im Einkaufsbereich	Versorge den Kunden in der Zeit *t* mit den benötigten Lebensmitteln. Dabei ist *t=t(e)* eine Funktion des Einkaufsbedarfes *e*. Sorge dafür, daß eine zufällig bestimmte Anzahl *a* von Lebensmitteln vergessen wird. Leite Kunde *n* zur Kasse.
Kasse	Kunde *n* befindet sich im Kassenbereich und Kunde *n* hat nichts vergessen	Ermittle die Kosten für jeden wartenden Kunden. Buche jedem Kunden für jedes eingekaufte Lebensmittel einen gewissen Geldbetrag ab. Leite den abgefertigten Kunden zum Ausgang.
	Kunde *n* befindet sich im Kassenbereich und Kunde *n* hat etwas vergessen	Leite den Kunden zurück in den Einkaufsbereich.
Ausgang	Kunde *n* befindet sich im Ausgangsbereich	Verabschiede den Kunden *n* mit der Formel „Auf Wiedersehen, Kunde *n*".

Schon auf diesem einfachen Niveau erkennt man das implizit beschriebene Verhalten des Gesamtsystems und die Realitätsnähe[39] der Modellbeschreibung über Zustände, Zustandsänderungen und Bedingungen für diese Zustandsänderungen:

[39] die hohe Realitätsnähe der ereignisdiskreten Modellierung ist nur bei der Abbildung ereignisdiskreter Prozesse, wie es Produktionsprozesse in der Stückgutfertigung sind, gegeben. Für kontinuierliche Prozesse, etwa aus dem Bereich der Verfahrenstechnik, gilt dies keineswegs.

- Der Eingangsbereich wendet abhängig davon, ob durch den Kundeneintritt sein Zustand von „leer“ auf „belegt“ wechselt, eine Begrüßungsformel an, wobei er diese spezifisch auf den Namen des Kunden abstimmt.
- Im Einkaufsbereich wird die Verweildauer des Kunden nicht von vorneherein vorhergesagt, vielmehr ergibt sich diese durch den vom Kunden mitgebrachten Bedarf an Lebensmitteln sowie durch die Anzahl zufällig vergessener Lebensmittel.
- Hinzu kommt die Wartezeit des Kunden in der Schlange an der Kasse, die sich sowohl unmittelbar aus der Anzahl der Kunden im System und aus deren Einkaufsmenge als auch mittelbar aus der von den Kunden vergessenen Anzahl an Lebensmitteln ableitet.
- Der Ausgang wiederum wartet, wie schon der Eingang, auf eine Zustandsänderung von „leer“ auf „belegt“ und wendet dann seine spezifische Verabschiedungsformel an.

Ein Nachteil der ereignisdiskreten Modellierung ist jedoch, daß aufgrund der fehlenden funktionalen Beziehung im Sinne von $y = f(x)$ die Bestimmung des Systemverhaltens erst nach dem Ablauf der "Kettenreaktion" von Einzelereignissen möglich ist. Dies macht es notwendig, das Gesamtmodell bis zur gewünschten Abbruchbedingung (z.B. "Simulationszeitraum ist zu Ende") ablaufen zu lassen, was in aller Regel deutlich zeitaufwendiger ist, als die Bestimmung einer funktionalen Beziehung.

Die Ausführungen des Kapitels 4 beschäftigten sich mit ausgewählten Grundlagen zur Modellierung technischer Systeme. Die nun folgenden Kapitel 5 bis 7 beschreiben das Konzept für das zu entwickelnde Koordinationssystem. Dabei verarbeitet insbesondere Kapitel 6 in Abschnitt 6.2.2 "Datenstruktur" sowie in Abschnitt 6.3.2 "Hybridhierarchische Modellierung" die hier in Kapitel 4 geschaffenen Grundlagen.

5 Rahmenkonzept des simulationsbasierten Koordinationssystems

5.1 Rahmenkonzept des Systemeinsatzes

Auf Basis des in Kapitel 3 formulierten Handlungsbedarfes und der in Kapitel 4 beschriebenen Grundlagen zur Modellierung von Produktionssystemen stellt Kapitel 5 das Rahmenkonzept des simulationsbasierten Koordinationssystems überblickshaft vor und bildet damit die Klammer um die Kapitel 6 und 7, in denen die wesentlichen Schwerpunkte des Ansatzes vertieft werden.

Grundsätzliches Ziel des zu entwickelnden Koordinationssystems ist es, die Entscheidungsabläufe bei der Auftragsabwicklung in teilautonomen Produktionsstrukturen betriebsbegleitend zu unterstützen.

Wesentliche Schritte, dieses Ziel zu erreichen, sind (vgl. Abbildung 17)

- der Aufbau und die Pflege des Systems sowie getrennt davon
- die eigentliche Nutzung des Systems.

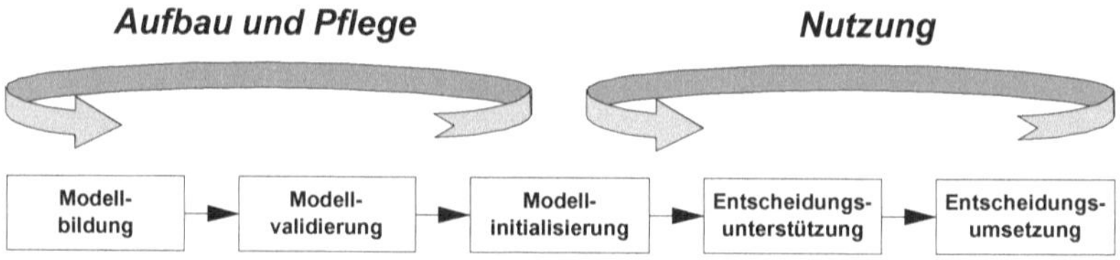

Abbildung 17: Einsatz des Koordinationssystems

Beim *Systemaufbau und der –pflege* (Abbildung 17, links) geht es darum, eine Modellgrundlage zu erstellen und zu validieren, die in der Lage ist, die für die Koordinationsaufgabe notwendige Entscheidungsunterstützung zu liefern. Dazu müssen umfangreiche Produktionsbereiche sowie die vielfältigen Wechselwirkungen und deren Elemente ausreichend detailliert abgebildet werden. Dies führt demnach zu *Komplexität*, weshalb bei *Systemaufbau und -pflege* die Zielgruppe der

- Simulationsexperten

gefordert ist.

Bei der betriebsbegleitenden *Systemnutzung* (Abbildung 17, rechts) spricht Blatt 5 der VDI 3633 in diesem Zusammenhang von *primär betriebswirtschaftlichen Aufgaben* der Simulation. Im wesentlichen werden dabei die drei Zielgruppen

- operative Mitarbeiter (Werker),
- operativer Führungskreis (Werkstatt-, Segment- oder Inselleiter) und
- Planungskreis (Disponent, Produktionsleiter)

angesprochen.

Bei den Zielgruppen der Systemnutzung handelt es sich um Produktionsexperten mit jeweils unterschiedlichem Produktions- und Planungs-Know-how sowie variierenden Kompetenzen. In der Regel jedoch wird es sich nicht um Simulationsexperten handeln, weshalb komplexe Modellierungs- und Konfigurationsvorgänge die Nutzer überfordern würden. Vielmehr muß den Nutzern eine Experimentierumgebung geboten werden, welche deren üblichen „Sehgewohnheiten“ berücksichtigt. Dies spricht für *Einfachheit*, sowohl was die Gestaltung der Bedienoberflächen als auch was die Anforderungen an Hard- und Software angeht.

Der nachfolgende Abschnitt zeigt, wie der hier skizzierte Rahmen für den Einsatz des Koordinationssystems und insbesondere die konkurrierenden Anforderungen von komplexer Systemgrundlage und einfacher Systemnutzung umgesetzt werden können.

5.2 Rahmenkonzept der Systemkomponenten

Zur Lösung des in Abschnitt 5.1 formulierten Anforderungskonflikts zwischen *Komplexität bei Systemaufbau und -pflege* und *Einfachheit bei Systemnutzung* werden beide Schwerpunkte in der Systemstruktur explizit in die Bereiche

- Expertenwelt mit der Systemkomponente Simulations-Server (Abbildung 18, rechts) sowie
- Nutzerwelt mit der Systemkomponente Simulations-Clients (Abbildung 18, links)

getrennt.

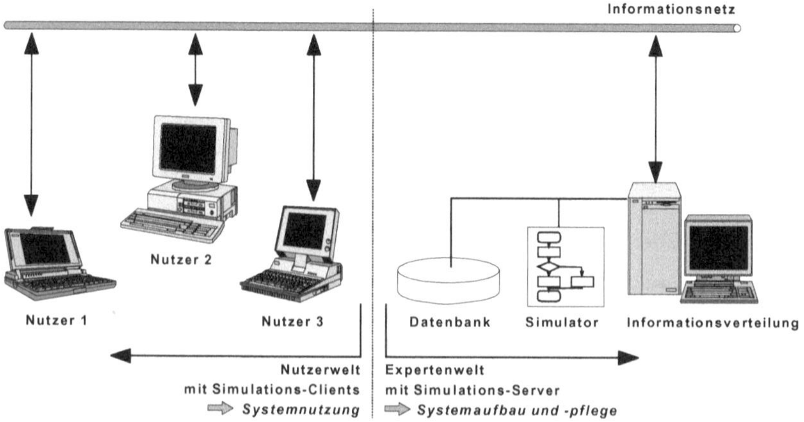

Abbildung 18: Rahmenkonzept zur Systemstruktur des Koordinationssystems

Simulations-Server

Der Simulations-Server der Expertenwelt besteht im wesentlichen aus den Systemkomponenten *Datenbank*, *Simulator* und *Informationsserver*.

Die *Datenbank* enthält Modelldaten (Systemstruktur, Systemlast), deren besondere Struktur die Grundlage für umfangreiche Sichten auf die Simulationsexperimente bildet. Insbesondere werden sowohl lokale Sichten auf die ermittelten Kennzahlen, bei denen die Ziele der einzelner Produktionseinheiten im Vordergrund stehen, als auch globale Sichten auf diese Kennzahlen zugelassen, bei denen die Effizienz des Gesamtsystems relevant ist. Darüber hinaus stellt die Datenbank die Schnittstellen zu den betrieblichen Informationssystemen (PPS, BDE) bereit. Hiermit werden die in Kapitel 3 (S. 35) formulierten Anforderungen Nr. 2 "Berücksichtigung des Koordinationsbedarfes teilautonomer, heterogener Produktionsstrukturen" und Nr. 3 "Einbindbarkeit betrieblicher Informationssysteme" erfüllt. Das Detailkonzept der Datenbank wird in Abschnitt 6.2 (S. 63) vorgestellt.

Im *Simulator* sind die gesamten Simulationsmodelle abgelegt, deren Eigenschaften aufgrund des in dieser Arbeit entwickelten hybrid-hierarchischen Aufbaus bzgl. Modellumfang, Detaillierungsgrad und Antwortzeit besonders flexibel eingestellt werden. Hierbei handelt es sich um den wichtigsten Ansatz dieser Arbeit, mit dem die Anforderung Nr. 1 "Einsatz dynamischer und eigenschaftsflexibler Modelle" erfüllt wird. Das Detailkonzept des Simulators wird in Abschnitt 6.3 (S. 69) beschrieben.

Der *Informations-Server* übernimmt die Informationsverteilung zwischen Simulations-Server und den noch zu beschreibenden Simulations-Clients. Dieser verteilt die Anfragen der Simulations-Clients an Datenbank und Simulations-Server, stößt Simulationsläufe an und verteilt die Simulationsergebnisse wieder an den Nutzer. Hiermit wird die Anforderung Nr. 4 "Einfache, ortsverteilte Bedienbarkeit" erfüllt. Abschnitt 6.4 (S. 97) geht auf das Detailkonzept des Informations-Servers ein.

Simulations-Clients

In der Nutzerwelt können beliebig viele Simulations-Clients auf den Simulations-Server zugreifen. Die grafischen Oberflächen der *Simulations-Clients* werden so aufgebaut, daß sie plattformunabhängig auf einfachen Rechnern lauffähig sind und keine weiteren Anforderungen an spezielle Hard- oder Software stellen. Der Nutzungsablauf orientiert sich dabei an dem Vorgehen der kurz- bis mittelfristigen Produktionsplanung und -steuerung, wie es den Produktionsmitarbeitern vertraut ist. Somit wird der Einsatz der Bedienoberflächen, die aus Sicht der Nutzer als das „eigentliche“ Koordinationssystem wahrgenommen werden, sowohl bzgl. Bedienung als auch hinsichtlich Systemvoraussetzungen erheblich vereinfacht. Zusammenwirkend mit den bereits zitierten, besonderen Lösungsansätzen von Datenbank und Informationsserver werden hiermit die die Anforderungen Nr. 2 "Berücksichtigung des Koordinationsbedarfes teilautonomer, heterogener Produktionsstrukturen" und Nr. 4 "Einfache, ortsverteilte Bedienbarkeit" berücksichtigt. Die Simulations-Clients werden in den Abschnitten 7.1 bis 7.3 (S. 101 ff.) im Detail dargestellt.

Mit Bezug auf die in Abschnitt 2.2.3 besprochenen Ansätze zur internet-basierten bzw. verteilten Simulation, handelt es sich bei dem hier gewählten Ansatz um „Server-basierte-Simulation“ (Fall 1). Bei diesem Fall liegt sowohl die Verwaltung der Simulationsmodelle als auch die Informationsverteilung an die verschiedenen Clients beim Simulations-Server (vgl. Abbildung 18, rechts). Die Simulations-Clients sind lediglich für die Interaktion mit dem System zuständig, wozu sie die passenden Informationen und Stellschrauben zur Konfiguration von Experimenten sowie die Visualisierung von Auswertungen bereitstellen. Mit diesem Ansatz ist es möglich, leistungsfähige und kommerziell verfügbare Simulatoren einzusetzen und die Nutzeroberflächen in Bedienung und Systemanforderungen einfach zu halten.

6 Konzept der Systemkomponente „Simulations-Server“

6.1 Aufgaben des Simulations-Servers

Die wesentliche Aufgabe des Simulations-Servers ist es, Anfragen an eine Entscheidungsunterstützung mit Hilfe von Simulationsläufen zu bewerten und zu beantworten. In diesem Zusammenhang ergeben sich drei wesentliche Teilaufgaben:

• Datenhaltung	für	Repräsentation und Strukturierung der simulationsrelevanten Daten
• Simulation	für	Durchführung der Simulationsexperimente und Ermittlung der Ergebnisse
• Informationsverteilung	für	Anbindung von Datenhaltung und Simulation an die Simulations-Clients und damit Kommunikation mit der Nutzerwelt

Für diese drei Teilaufgaben wurde in Kapitel 5 anhand von Abbildung 18 (S. 61) das strukturelle Rahmenkonzept entworfen und die Verwendung der jeweiligen Lösungsansätze (z.B. hybrid-hierarchische Simulationsmodelle) vor dem Hintergrund der in Kapitel 3 formulierten Anforderungen begründet. Die detaillierte Darstellung der Lösungsansätze für *Datenbank*, *Simulator* und *Informationsverteilung* erfolgt nun nachfolgend in den Abschnitten 6.2 bis 6.4.

6.2 Teilaufgabe „Datenhaltung“

6.2.1 Einbindung relevanter Daten

In Abschnitt 5.1 wurde das Rahmenkonzept für den Einsatz des Koordinationssystem beschrieben. Für diesen Einsatz sind Daten und Informationen notwendig, die sowohl umfangreich sind als auch über vielfältige Beziehungen zueinander verfügen. Die Benennung dieser Daten basiert auf Erfahrungen eigener, industrienaher Simulationsprojekte, wobei auf den in Blatt 5 der VDI 3633 erfolgten Vorarbeiten zur Einbindung von PPS- und Leitstandsdaten aufgebaut werden konnte. Ergänzend dazu wurden die erweiterten Ansätze von ZELL 1992 (S. 85 FF.) zur datentechnischen Struktur von betriebsbegleitend erforderlichen Simulationsdaten berücksichtigt.

Abbildung 19 zeigt die notwendigen Daten und deren Bedeutung für den Einsatz im Koordinationssystem.

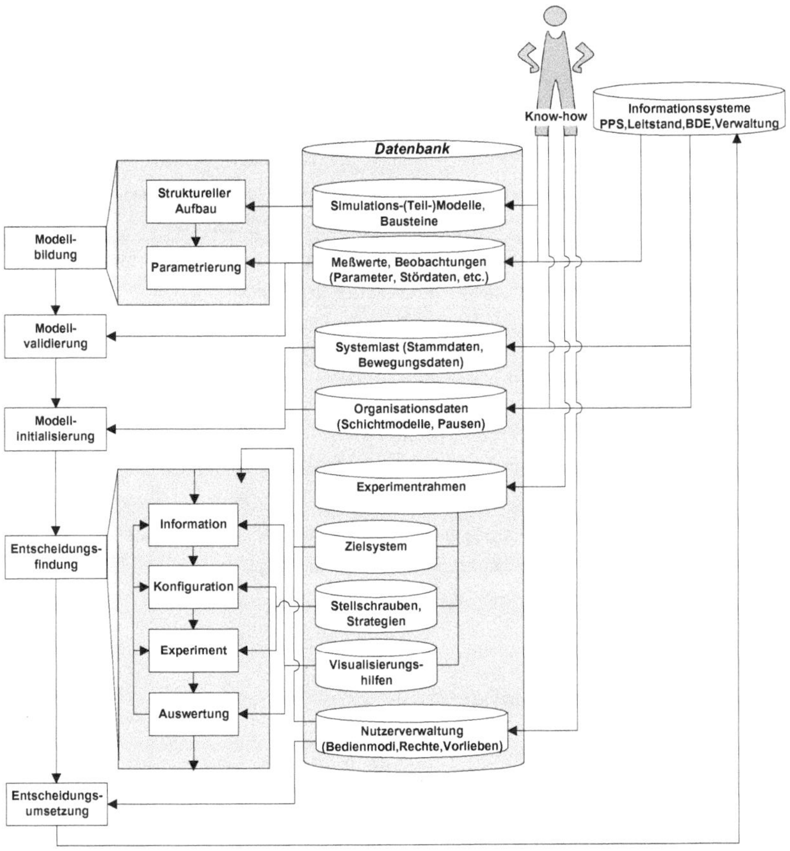

Abbildung 19: Einbindung relevanter Daten in das Koordinationssystem

In der Phase der *Modellbildung* (vgl. Abbildung 19), etwa für den strukturellen Aufbau des Modells und dessen Parametrisierung, sind Simulations(Teil-)modelle bzw. entsprechende Bausteine sowie Meßwerte und Beobachtungsdaten erforderlich. Zum einen können die notwendigen Daten den betrieblichen Informationssystemen (PPS, MDE/BDE, CAQ) entnommen werden. Zum anderen muß das Know-how der Mitarbeiter abgerufen werden. Dies gilt insbesondere für Informationen bzgl. Strategien bei der Einlastung von Aufträgen sowie Kapazitätsnivellierung und Engpaßmanagement bei Produktionsmitteln etc.

Gleiches gilt für die Phase der *Modellvalidierung*, in der Meßwerte und Beobachtungsdaten dazu herangezogen werden, das Modell mit Vergangenheitsdaten so abzugleichen, daß von den durchzuführenden Experimenten verläßliche Aussagen erwartet werden können. Auch hier stützt man sich auf Daten von betrieblichen Informationssystemen, wobei insbesondere der Vergleich logistischer Kenngrößen, wie Durchlaufzeit, Termintreue, Bestand und Auslastung, genaue Aussagen über die Modellgüte zuläßt.

Bei der *Modellinitialisierung* wird das Modell mit der Systemlast beaufschlagt. Dazu gehören Bewegungsdaten, wie etwa Auftragsdaten bzgl. Art, Menge und Termine der zu produzierenden Teile und Baugruppen, sowie Stammdaten, wie etwa Arbeitspläne und Stücklisten. Gerade bei der betriebsbegleitenden Simulation müssen sowohl die Aufträge berücksichtigt werden, die sich bereits in der Produktion befinden, als auch jene, die erst für die Produktion eingeplant wurden. Je nach der informationstechnischen Ausstattung der Unternehmen finden sich erstere in BDE-Systemen bzw. Systemen zur Auftragsrückmeldung, während letztere PPS-Systemen entnommen werden können. Darüber hinaus muß auch die Möglichkeit vorgesehen werden, die Modellinitialisierung manuell durch die Nutzer vornehmen zu lassen, etwa für nicht erfaßte Zusatzaufträge oder für den Fall, daß die zitierten Informationssysteme in den Produktionseinheiten nicht verfügbar sind.

Nach den drei Phasen Modellbildung, -validierung und –initialisierung befindet sich das Modell grundsätzlich im „simulationsfähigen Zustand". Nun ist zu gewährleisten, daß die Nutzer ihre Experimente mit dem richtigen Ziel und in geeigneter Weise durchführen, wobei die Interpretation von „richtig" und „geeignet" zwischen unterschiedlichen Nutzergruppen (Werker vs. Disponent) variiert.

Daher wird in der Phase der *Entscheidungsfindung* der Experimentrahmen mit Zielsystem, Stellschrauben und Strategien definiert. Visualisierungshilfen, wie etwa geeignete Auswertungsmethoden ergänzen den Experimentrahmen. Hinzu kommt der Aspekt der Nutzerverwaltung. Hier wird festgelegt, welche Freiheitsgrade einzelne Nutzer(gruppen) besitzen und welche Bedienmodi bzw. Informationstiefen für die Nutzer(gruppen) erforderlich sind bzw. gewünscht werden. Darüber hinaus stellt die Definition des Experimentrahmens sicher, daß verschiedene Nutzer sich nicht gegenseitig beim Experimentieren stören. Dies erfordert neben der strukturellen Gestaltung der Datenverwaltung eine entsprechende Interoperabilität des Systems, in dem die Daten gehalten werden. Die Informationen über die Gestaltung von Experimentrahmen und

Nutzerverwaltung müssen bei den Mitarbeitern, von der Ebene der Entscheidungsträger bis hin zum Werker, abgefragt werden.

Um diese Daten und Informationen in ihrem Umfang und ihren vielfältigen wechselseitigen Beziehungen zu repräsentieren, wird in dem hier vorgestellten Ansatz eine *simulatorexterne* Datenbank verwendet. Damit wird der noch zu beschreibende Simulator von der Datenhaltung entlastet und eine simulatorneutrale Schnittstelle zur Anbindung betrieblicher Informationssysteme geschaffen. Der folgende Abschnitt stellt die Datenstruktur vor, wie sie zur Modellierung der dargestellten Daten verwendet wurde.

6.2.2 Datenstruktur

Einerseits haben sich auf dem Markt der betrieblichen Informations- und Steuerungssysteme (PPS-, BDE-, CAQ-Systeme etc.) objektorientierte Software-Architekturen derzeit noch nicht ausreichend durchgesetzt, so daß die meisten, in den Unternehmen vorhandenen Systeme heute noch relationale Datenstrukturen aufweisen (WEBER 1998, S. 21; GEITNER 1997, S. 302). Andererseits ist im Bereich der Softwareentwicklung ein eindeutiger Trend in Richtung Objektorientierung zu verzeichnen, so daß in diesem Feld zukünftig durchgreifende Veränderungen zu erwarten sind (BALZERT 1996, S. 202).

Um dieses Dilemma aufzulösen, sowohl die Kompatibilität zu vorhandenen Systemen und damit die schnelle Umsetzbarkeit des entwickelten Ansatzes sicherzustellen, als auch die Offenheit für zukünftige Entwicklungen zu gewährleisten, wurde in dieser Arbeit folgender Weg gewählt: die Datenstruktur repräsentiert nur die strukturellen Zusammenhänge der im vorangegangenen Abschnitt 6.2.1 beschriebenen relevanten Daten und beinhaltet damit kein dynamisches Verhalten, da hierfür die in Abschnitt 6.3 erklärte „Teilaufgabe Simulation“ zuständig ist. Aufgrund der somit im Vordergrund stehenden strukturellen Beziehungen wird für die Modellierung der Datenstruktur die in Abschnitt 4.2.2 vorgestellte *Entity-Relationship-Methode (E/R)* verwendet. Damit können die nach wie vor vorhandenen Stärken dieser Methode bei der Modellierung technischer Strukturen genutzt und die Kompatibilität zu vorhandenen, relationalen Datenstrukturen betrieblicher Informationssysteme gewährleistet werden. Zur Sicherstellung der Offenheit für zukünftige, objektorientierte Systeme wurde die Datenstruktur in enger Abstimmung mit einem von AMBROSY ET AL. 1996 (S. 607) beschriebenen, objektorientierten Unternehmensdatenmodell entwickelt, so daß die spätere Umsetzung in eine objektorientierte Notation leicht möglich ist (vgl. Abbildung 20).

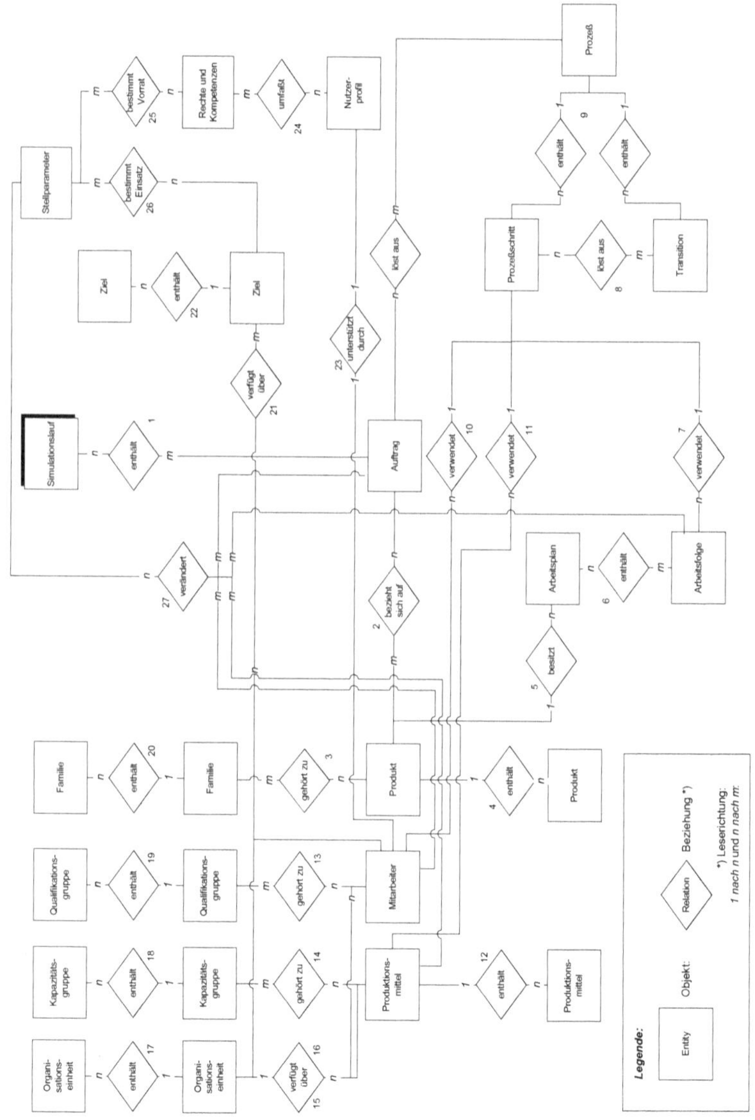

Abbildung 20: E/R-Modell der entwickelten Datenstruktur

Die wichtigsten modellierten Objekte bzw. Entities sind *Produkt, Personal bzw. Mitarbeiter, Produktionsmittel* und *Prozeß*. Zwischen diesen sowie weiteren Entities bestehen vielfältige Beziehungen.

Folgende Lesehilfe erleichtert es, die Datenstruktur schneller zu erfassen, wobei die in [Klammern] gefaßten Zahlen auf *Entities* und *Relationships* in Abbildung 20 referenzieren:

> *Ein Simulationslauf enthält einen oder mehrere Aufträge [1]*[40]*, die sich auf ein oder mehrere Produkte [2]* [41] *beziehen können. Ein Produkt gehört zu einer (Produkt-)Familie [3] und kann wiederum aus einem oder mehreren Produkten (z.B. Einzelteilen) aufgebaut sein [4]. Die Produkte besitzen einen oder mehre-re*[42] *Arbeitspläne[5], die wiederum eine oder mehrere Arbeitsfolgen [6] enthalten können. Die Arbeitsfolgen werden in Prozeßschritten [7] verwendet, welche eine oder mehrere Transitionen [8] auslösen. Gemeinsam definieren Prozeßschritte und Transitionen den Prozeß [9]. Der Prozeßschritt verwendet, neben den bereits benannten Arbeitsfolgen, auch einen oder mehrere Mitarbeiter [10] und Produktionsmittel [11], wobei letztere wiederum aus weiteren Produktionsmitteln aufgebaut sein können [12]. Die Mitarbeiter gehören zu einer oder mehreren Qualifikationsgruppen [13], analog gehören die Produktionsmittel zu einer oder mehreren Kapazitätsgruppen [14]. Organisationseinheiten verfügen sowohl über Mitarbeiter [15] als auch über Produktionsmittel [16]. Sowohl Organisationseinheiten [17] als auch Kapazitätsgruppen [18], Qualifikationsgruppen [19] und (Produkt-)Familien [20] können aus weiteren Unterobjekten vom gleichen Typ aufgebaut sein.*
>
> *Die Mitarbeiter und gesamte Organisationseinheiten verfügen über ein oder mehrere Ziele [21], die wiederum aus einem oder mehreren (Unter-) Zielen [22] aufgebaut sein können. Mitarbeiter werden darüber hinaus durch jeweils ein individuelles Nutzerprofil [23] unterstützt. Nutzerprofile umfassen unter anderem ein oder mehrere Rechte (= Dürfen) und Kompetenzen (= Können) [24], die den Vorrat an Stellparametern bestimmen [25]. Die bereits genannten Ziele (= Wollen) bestimmen wiederum deren tatsächlichen Einsatz [26]. Insgesamt verändert die Anwendung der Stellparameter jeweils ein oder mehrere Aufträge,*

---

[40] für diese und weitere *n:m*-Beziehungen gilt sinngemäß: *Entity A kann eine oder mehrere Entities B enthalten und B kann eine oder mehrere Entities A enthalten.* Aus Platzgründen wird jedoch der zweite Satzteil jeweils weggelassen.

[41] vgl. Fußnote 40

[42] im Falle von Alternativarbeitsplänen

Arbeitsfolgen, Produktionsmittel und Mitarbeiter [27], die gemeinsam letztlich die Ergebnisse des Simulationslaufs bestimmen.

Trotz der in Abbildung 11 aus Darstellungsgründen vorgenommenen strukturellen Vereinfachungen, vor allem im Bereich des Experimentrahmens (Ziele, Nutzerprofile etc.), und trotz der nicht erfolgten Abbildung sämtlicher Objektattribute, sind der Umfang und die Komplexität des Datenmodells zu erkennen. Diese Komplexität erlaubt es erst, die hohen Anforderungen zu erfüllen, die an Datenhaltung, Anbindung externer Informationssysteme sowie an den Informationsaustausch mit Simulationsmodell und Nutzern gestellt werden. Die Umsetzung des Datenmodells in einer Datenbank ist Abschnitt 8.2.2.2 (S. 125 ff.) zu entnehmen.

6.3 Teilaufgabe „Simulation“

6.3.1 Bedarf für eigenschaftsflexible Modelle

Neben der in Abschnitt 6.2 beschriebenen Modellierung der Systemstrukturen muß speziell für die Durchführung von Simulationsexperimenten noch deren Systemverhalten modelliert werden. Die nachfolgenden Abschnitte beschäftigen sich mit der Modellierung des Systemverhaltens und stellen dabei insbesondere die entwickelten Ansätze zur hybrid-hierarchischen Modellierung vor. Aufgrund der damit geschaffenen Eigenschaftsflexibilität eignen sich die hybrid-hierarchischen Modelle in besonderer Weise für den betriebsbegleitenden Einsatz in einem Koordinationssystem.

Zur betriebsbegleitenden Nutzung des Koordinationssystems ist es notwendig, über umfangreiche Modelle zu verfügen, die auch große Unternehmensbereiche abdecken können. Um eine brauchbare Entscheidungsunterstützung zu leisten, ist es außerdem nötig, daß die Modelle detaillierte Untersuchungen (=geringer Abstraktionsgrad) erlauben. Nicht zuletzt müssen die von den Simulationsmodellen durchgeführten Untersuchungen über kurze Antwortzeiten verfügen, so daß die Ergebnisse tatsächlich betriebsbegleitend eingesetzt werden können.

Grundsätzlich können aus der Anschauung für den Modellumfang m, den (Gesamt-) Abstraktionsgrad a und den Zeitaufwand t die nachfolgend dargestellten Abhängigkeiten festgestellt werden:

Gegeben	**Abszisse (x)**		**Ordinate (y)**
Modellumfang m :	Abstraktion $a \uparrow$	$\Rightarrow$	Zeitaufwand $t \downarrow$
Abstraktion a :	Modellumfang $m \uparrow$	$\Rightarrow$	Zeitaufwand $t \uparrow$
Zeitaufwand t :	Modellumfang $m \uparrow$	$\Rightarrow$	Abstraktion $a \uparrow$

Bei der Annahme eines nicht-linearen Verhaltens führen diese Abhängigkeiten zu der in Abbildung 21 dargestellten theoretischen Eigenschaftsfläche E.

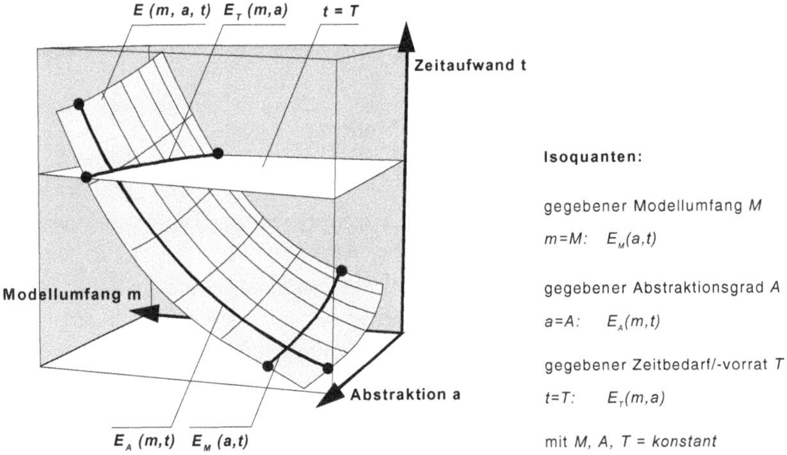

Abbildung 21: Theoretische Eigenschaftsfläche E

Die skizzierte Eigenschaftsfläche veranschaulicht den Konflikt der bisher vorhandenen Methoden zur Modellierung technischen Verhaltens, wie sie etwa in Abschnitt 4.3 vorgestellt wurden, wonach die Anforderungen an *Modellumfang*, *Detaillierungsgrad* und *Zeitaufwand* nur alternativ zu erfüllen sind.

- Die *ereignisdiskreten Modellierungstechniken* sind in der Lage, reale Strukturen detailliert abzubilden. Insbesondere bei großen Modellumfängen sowie komplexen Abläufen und Wechselwirkungen werden die Modelle jedoch häufig sehr langsam und die darin stattfindenden Abläufe schwer durchschaubar.
- Bedient man sich statt dessen abstrakterer Abbildungsmethoden, wie etwa der dargestellten *Warteschlangenmodelle* oder *Betriebskennlinien*, so erhält man zwar

auch bei umfangreichen Modellen schnell Ergebnisse - die untersuchbaren Fragestellungen sind jedoch für die betriebsbegleitende Nutzung zu wenig detailliert.

Selbstverständlich ist es auch bisher möglich, innerhalb eines Modells unterschiedliche Bereiche der realen Welt (=unterschiedliche Produktionsbereiche etc.) mit unterschiedlich abstrakten Modellen abzubilden (vgl. Abschnitt 2.2.2, S. 25 "hierarchisch strukturierte Visualisierung" und "selektive Hierarchisierung"). Das Problem hierbei ist, daß die Simulation immer auf dem jeweils detailliertesten Niveau abläuft und der bei der Modellierung einmal gewählte Abstraktionsgrad ohne zusätzlichen Modellierungsaufwand nicht mehr verändert werden kann. Dies ist zum Beispiel dann notwendig, wenn sich die Anforderungen an unterschiedlich abstrakte Sichtweisen bei der betriebsbegleitenden Nutzung verschieben, etwa

- wenn für Produktionsbereiche P_i das eigene Verhalten detailliert und das Verhalten angrenzender Bereiche P_k ($i \neq k$) abstrakt modelliert und umgekehrt
- wenn für Produktionsbereiche P_k ($i \neq k$) das eigene Verhalten detailliert und das Verhalten angrenzender Bereiche (z.B. P_i) abstrakt abgebildet

werden soll.

Oft wird dieser Zielkonflikt dadurch umgangen, daß das Verhalten externer Bereiche ausgeblendet wird. Es wird dabei davon ausgegangen, daß Material sowie Vorgänger- und Nachfolger-Ressourcen verfügbar und liefertreu sind. Während dieses Vorgehen bei längerfristigen Fragestellungen (Produktionsstrukturplanung, Projektmanagement, strategische Planung) brauchbare Ergebnisse liefert, handelt es sich beim betriebsbegleitenden Einsatz um eine zu grobe Vereinfachung, die zu ungenauen Ergebnissen führt (WEBER 1998, S. 24).

Zur Lösung der dargestellten Zielkonflikte bei der Wahl der Modellierungstechniken werden in dieser Arbeit demgegenüber hybrid-hierarchische Modelle konzipiert, deren Eigenschaften flexibel an die jeweils gestellten Anforderungen angepaßt werden können. In den nachfolgenden Abschnitten wird das hierzu entwickelte Konzept weiter detailliert.

6.3.2 Hybrid-hierarchische Modellierung

6.3.2.1 Leitidee bei der vertikalen und horizontalen Modularisierung

Die Leitidee bei der Entwicklung *hybrid-hierarchischer Modelle* ist die horizontale und vertikale Modularisierung und Kapselung (Abbildung 22).

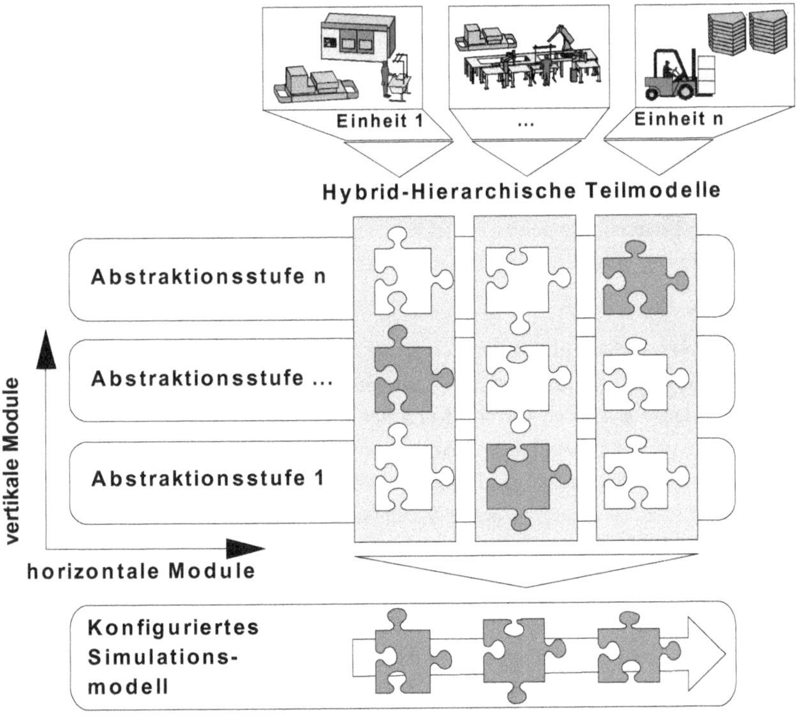

Abbildung 22: Leitidee bei der hybrid-hierarchischen Modellierung

In den *horizontalen Modulen* sind wesentliche Bereiche der Realwelt, unabhängig davon, ob es sich dabei um gesamte Produktionsbereiche (z.B. Fertigung, Montage), ausgewählte Organisationseinheiten (z.B. Werkstatt, Fertigungsinsel) oder Einzelmaschinen (Laseranlage, Bearbeitungszentrum) handelt, über ein eigenes Teilmodell repräsentiert. Diese horizontale Modularisierung in einzelne Teilmodelle erleichtert die Modellerstellung und die Interpretation der Ergebnisse.

Die *vertikalen Module* jedes Teilmodells wiederum werden jeweils unterschiedlich abstrakt modelliert (Abstraktionsstufen 1 bis n). Mit zunehmender Abstraktion nimmt der Detaillierungsgrad der untersuchbaren Fragestellungen selbstverständlich ab, jedoch besteht der Gewinn in einer Zunahme der Simulationsgeschwindigkeit bzw. in der Möglichkeit, auch mit weniger genauen Ausgangsdaten simulieren zu können.

Diese Art der Hierarchisierung unterschiedlich abstrakter Modellebenen unterscheidet sich somit ganz erheblich von der aus vielen Simulatoren bekannten graphischen Hierarchisierung. Letztere erlauben es zwar, Ebenen in graphisch detailliertere Sichtweisen „aufzufächern“, jedoch wird die Simulation immer auf der detailliertesten Ebene durchgeführt, was zu den im Abschnitt 6.3.1 bereits erwähnten Nachteilen unter anderem in der Laufzeit führt.

Das Besondere bei diesem Ansatz ist, daß die einzelnen Module nach der Erstellung der hybrid-hierarchischen Simulationsmodelle zu einem lauffähigen Simulationsmodell bedarfsorientiert konfiguriert werden. Damit erhält man eigenschaftsflexible Simulationsmodelle, deren Modellumfang, Detaillierungsgrad und Antwortzeiten im betriebsbegleitenden Einsatz individuell eingestellt werden können.

Gründe für die Wahl unterschiedlicher Abstraktionsebenen sind z.B. der Detaillierungsgrad der Fragestellung, die logische Entfernung der jeweils modellierten Einheiten (logisch nah: z.B. eigene Einheit; logisch fern: z.B. Zwischenlager), die Qualität der Ausgangsdaten und die zur Verfügung stehende Zeit. Für weitere Erklärungen zur geeigneten Wahl von Abstraktionsebenen sei auf die Ausführungen des Abschnittes 6.3.3 "Geeignete Wahl der Abstraktionsebenen" (S. 95) verwiesen.

Dazu ist es erforderlich, daß die Abstraktionsebenen des jeweils selben Teilmodells zueinander konsistent sind. Um das Gesamtmodell im Rahmen der Konfiguration aus verschiedenen Teilmodellen "zusammenstecken" zu können, müssen unterschiedliche Teilmodelle[43] untereinander kompatibel sein. Dies entspricht der Forderung nach einer Transformationsmatrix, deren Matritzenelemente als Transformationsfunktionen das Verhalten einzelner Abstraktionsebenen ineinander umsetzen (vgl. Abbildung 23, links).

[43] respektive deren verschiedenen Abstraktionsebenen

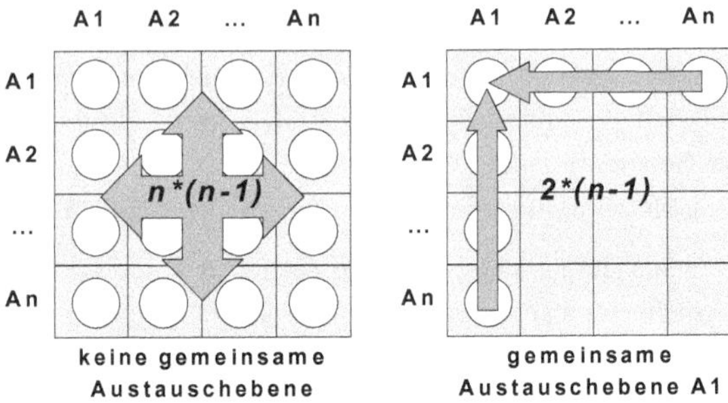

Abbildung 23: Transformationsmatrix ohne und mit gemeinsamer Austauschebene

Bei *n* Abstraktionsebenen kommt dies der Forderung nach *n*(n-1)* Transformationsfunktionen gleich, was deren Erstellung sehr aufwendig (da umfangreich) machen würde. Eine Möglichkeit, diesen Aufwand zu reduzieren, ohne die Eigenschaft der Kompatibilität zu verlieren, ist, die Abstraktionsebene als gemeinsame Austauschebene zu definieren, die in ihrem dynamischen Verhalten der Realität am nächsten kommt (vgl. Abbildung 23, rechts). Damit wird die Anzahl der notwendigen Transformationen ganz erheblich auf *2*(n-1)* reduziert. Wie in Abschnitt 6.3.2.4 noch dargestellt wird, erfüllt die Abstraktionsebene 1 die Anforderung an eine gemeinsame Austauschebene am besten. Daher werden sämtliche noch zu beschreibenden Konsistenz- bzw. Kompatibilitätsabgleiche der höheren Abstraktionsebenen immer über die Abstraktionsebene 1 vorgenommen.

Die hier vorgestellte Leitidee bei der vertikalen und horizontalen Modularisierung von hybrid-hierarchischen Simulationsmodellen wirft nun folgende Fragen auf:

a) Wie sind die Eigenschaften der Abstraktionsebenen definiert ?

b) Wie werden die Abstraktionsebenen modelliert ?

c) Wie werden die Abstraktionsebenen zueinander konsistent und kompatibel gehalten ?

Frage a) wird im nachfolgenden Abschnitt 6.3.2.2 beantwortet. Auf Frage b) wird gemeinsam für alle Abstraktionsebenen in den Abschnitten 6.3.2.3 und 6.3.2.4 eingegangen. Darüber hinaus wird Frage b) zusammen mit Frage c) in den Abschnitten 6.3.2.5 bis 6.3.2.7 für jede Abstraktionsebene nochmals einzeln vertieft.

6.3.2.2 Definition der Eigenschaften der Abstraktionsebenen

Eine wesentliche Eigenschaft der hybrid-hierarchischen Modelle ist, daß in den verschiedenen vertikalen Modulen jeweils unterschiedliche Abstraktionsebenen bereitgehalten werden. Die jeweiligen Abstraktionsebenen unterscheiden sich dabei

- in der Berücksichtigung der Systemdynamik und
- im abgebildeten Detaillierungsgrad.

Auf Basis dieser Merkmale werden die Eigenschaften der verschiedenen Abstraktionsebenen spezifiziert (vgl. Tabelle 5)

	Systemdynamik	**Detaillierungsgrad**
Abstraktion1	ja, stochastische Einflüsse bei Auftragszeiten, Verfügbarkeit von Produktions- und Transportmitteln sowie Steuerstrategien	explizite Beschreibung von Steuerung (Reihenfolgeplanung, Kapazitätsnivellierung etc.), Transport, Handhabung, Bearbeitung und Speicherung einzelner Aufträge auf einzelnen Maschinen
Abstraktion 2	ja, stochastische Einflüsse bei Ankunfts- und Bedienrate	Stochastik der Ankunfts- und Bedienprozesse in gesamten Arbeitssystemen, wie Einzelmaschinen, Organisationseinheiten und Produktionsbereichen
Abstraktion 3	nein, keine stochastischen Einflüsse	deterministischer Zeitverbrauch in Arbeitssystemen, wie Einzelmaschinen, Organisationseinheiten und Produktionsbereichen

Tabelle 5: Eigenschaften der Abstraktionsebenen

Ausgehend von dieser Spezifikation wird in Abschnitt 6.3.2.3 das Grundmodell für die hybrid-hierarchische Modellierung aufgebaut, und zwar unabhängig von den später zu verwendenden Modellierungstechniken. Im Anschluß daran erfolgt in den Abschnitten 6.3.2.4 bis 6.3.2.7 auf Basis der in Abschnitt 4.3 vorgestellten Grundlagen die tatsächliche Zuordnung von Modellierungstechniken zu den jeweiligen Abstraktionsebenen.

6.3.2.3 Grundmodell hybrid-hierarchischer Modellierung

Nachdem mit Abschnitt 6.3.2.1 die Leitidee der hybrid-hierarchischen Modelle vermittelt und in Abschnitt 6.3.2.2 die Eigenschaften der Abstraktionsebenen definiert wurden, kann nun auf die Modellierung der hybrid-hierarchischen Modelle eingegangen werden, wobei zuvor noch auf die besondere Zweideutigkeit des Begriffes „Hierarchie“ hingewiesen werden muß:

- Zum einen wird hier von Unternehmenshierarchien gesprochen, bei denen der Begriff „Hierarchie“ die strukturellen Beziehungen im Unternehmen im aufbauorganisatorischen Sinne zum Inhalt hat.
- Zum anderen ist von hybrid-hierarchischen Modellen die Rede, bei denen der Begriff „Hierarchie“ die Modellhierarchie mit mehreren Abstraktionsebenen innerhalb der Teilmodelle ausdrückt.

Letzterer Hierarchiebegriff steht bei der hybrid-hierarchischen Modellierung im Vordergrund und nicht die Unternehmenshierarchie. Der besondere und zu Mißverständnissen verleitende Aspekt dabei ist, daß jede Unternehmenshierarchie oder -ebene (Produktionsbereich, Organisationseinheit, Einzelmaschine) als jeweils eigenes hybrid-hierarchisches Modell abgebildet und dabei jeweils die Abstraktionen 1 bis 3 enthalten kann. Das Grundmodell für die hybrid-hierarchische Modellierung eines Arbeitssystems in einer beliebigen Unternehmensebene ist in Abbildung 24 dargestellt.

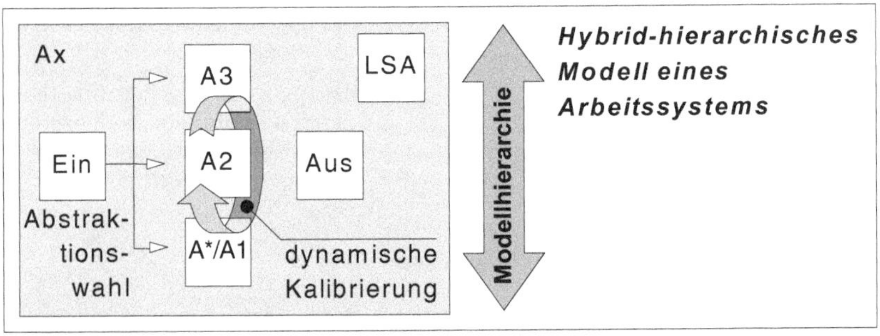

Abbildung 24: Grundmodell hybrid-hierarchischer Modellierung

Unabhängig davon, welche Unternehmenshierarchie bzw. -ebene mit einem hybrid-hierarchischen Modell abgebildet wird, besteht jedes hybrid-hierarchische Modell aus folgenden Komponenten (vgl. jeweils Abbildung 24):

1. **Lokale Steuerungskomponente LSA[44]**

   Hier werden für jedes Arbeitssystem die lokale Steuerlogik des hybrid-hierarchischen Modells bereitgehalten sowie Aufgaben der lokalen Datenhaltung und –verwaltung wahrgenommen.

2. **Eingang (Ein)**

   Dieser stellt die Schnittstelle zu den vorgelagerten Input-Elementen dar. Hier kommen die Aufträge sowie die zu ihrer Bearbeitung notwendigen Informationen an. Es findet hier gleichzeitig eine Wahl der Abstraktionsebene statt, wobei der Steuerparameter hierzu in LSA abgelegt ist.

3. **Abstraktionen A3, A2, A*/A1**

   Diese Modellelemente geben jeweils das technische Verhalten der betrachteten Unternehmensebene (Produktionsbereich, Organisationseinheit, Einzelmaschine) wieder – dabei entsprechen Systemdynamik und Detaillierungsgrad der in Abschnitt 6.3.2.2 (Tabelle 5, S. 75) vorgenommenen Definitionen.

   Eine Ausnahme bildet A*/A1. Gegenüber der anderen Abstraktionen A2 und A3, die sich auf Basis der genauesten Abstraktion (hier A1) jeweils *automatisch* kalibrieren (vgl. Transformationsmatrix in Abbildung 23, S. 74), erfordert die Modellierung von A1 manuellen Aufwand. Obwohl die Systematik der Abstraktion A1 prinzipiell für jede Unternehmensebene gültig ist, wird A1 aufgrund dieses manuellen Aufwandes nur auf eine Unternehmenshierarchie angewendet, und zwar auf die Ebene der Einzelmaschinen. Somit stellt A* im Falle des Produktionsbereichs bzw. der Organisationseinheit die Subsumtion jeweils untergeordneter Modelle dar (im Sinne von: ein Produktionsbereich kann mehrere Organisationseinheiten enthalten; eine Organisationseinheit kann mehrere Einzelmaschinen enthalten – vgl. hierzu im Vorgriff Abbildung 25, S. 79).

4. **Dynamische Kalibrierung (A*/A1→ A2) und (A*/A1→ A3)**

   Eine wesentliche Eigenschaft der hybrid-hierarchischen Modelle ist, daß die einzelnen Abstraktionsebenen A1, A2 und A3 jeweils dasselbe reale Objekt bzw. dessen Verhalten wiedergeben, zumindest im Rahmen der ihnen eigenen Genauigkeit. Dazu müssen die einzelnen Ebenen zueinander konsistent sein, speziell müssen die weniger detaillierten Abstraktionen A2 und A3 konsistentes Ver-

[44] die Definition lokaler Steuerungskomponenten erfolgt in Einklang mit dem von HEITMANN 1999 definierten modularen Bausteinkonzept.

halten gegenüber der detaillierteren Abstraktionen A1 bzw. A* zeigen. Diese Konsistenz wird über sogenannte Kalibrierungsfunktionen gewährleistet, die das Verhalten der genauesten Modellierungsebene bzw. das der Realität in die abstraktere Beschreibung umsetzen (vgl. Abschnitte 6.3.2.6 bis 6.3.2.7).

5. Ausgang (Aus)

Dieser stellt die Schnittstelle zu den nachgelagerten Elementen dar. Hier werden die Aufträge sowie die Informationen übergeben, die in der jeweiligen Einheit produziert oder verändert wurden.

Durch die erfolgte Definition der Komponenten und insbesondere der Schnittstellen entsprechen die hybrid-hierarchischen Modelle den Anforderungen von ZEIGLER 1987 (S. 222) an Modularität und Kapselung. Demnach

- darf ein Modul nicht direkt den Zustand anderer Module verändern und
- muß ein Modul klare Schnittstellen in Form von definierten Ein- und Ausgängen besitzen, über die sämtliche Interaktionen mit dem Modul vonstatten gehen.

Wie bereits angedeutet, können die hybrid-hierarchischen Modelle von Produktionsbereich und Organisationseinheit in Zwischenebenen jeweils weitere hybrid-hierarchische Modelle enthalten, was vereinfacht zu der Darstellung in Abbildung 25 führt.

Im oberen Teil der Abbildung ist das hybrid-hierarchische Modell eines Produktionsbereichs mit den Modellhierarchien A3, A2 und A* zu erkennen, die die in Abschnitt 6.3.2.2 definierten Eigenschaften besitzen. Beim Eintritt eines Auftrags in das hybrid-hierarchische Modell eines Produktionsbereichs wird anhand des in LSP abgelegten Steuerparameters entschieden, welche der Abstraktionsebenen A3, A2 oder A* gewählt wird. Die Abstraktionsebene A* ist jedoch keine für sich modellierte Abstraktionsebene, sondern subsumiert lediglich weitere hybrid-hierarchische Modelle, speziell von Organisationseinheiten.

Die von A* subsumierten hybrid-hierarchischen Modelle, in diesem Falle die von Organisationseinheiten, enthalten analog zum Produktionsbereich ebenfalls die Abstraktionsebenen A3, A2 und A*, wobei A* wieder hybrid-hierarchische Modelle von Einzelmaschinen subsumiert. Für die Abstraktionswahl beim Eintritt in das hybrid-hierarchische Modell der Organisationseinheit gilt dasselbe wie beim Produktionsbereich.

Erst die hybrid-hierarchischen Modelle von Einzelmaschinen enthalten alle drei Abstraktionsebenen A3, A2 und A1, wobei A1 jetzt im Gegensatz zu A* eine für sich modellierte Abstraktionsebene darstellt. Für die Wahl der Abstraktionsebene beim Eintritt gilt dasselbe wie bei Organisationseinheit und Produktionsbereich.

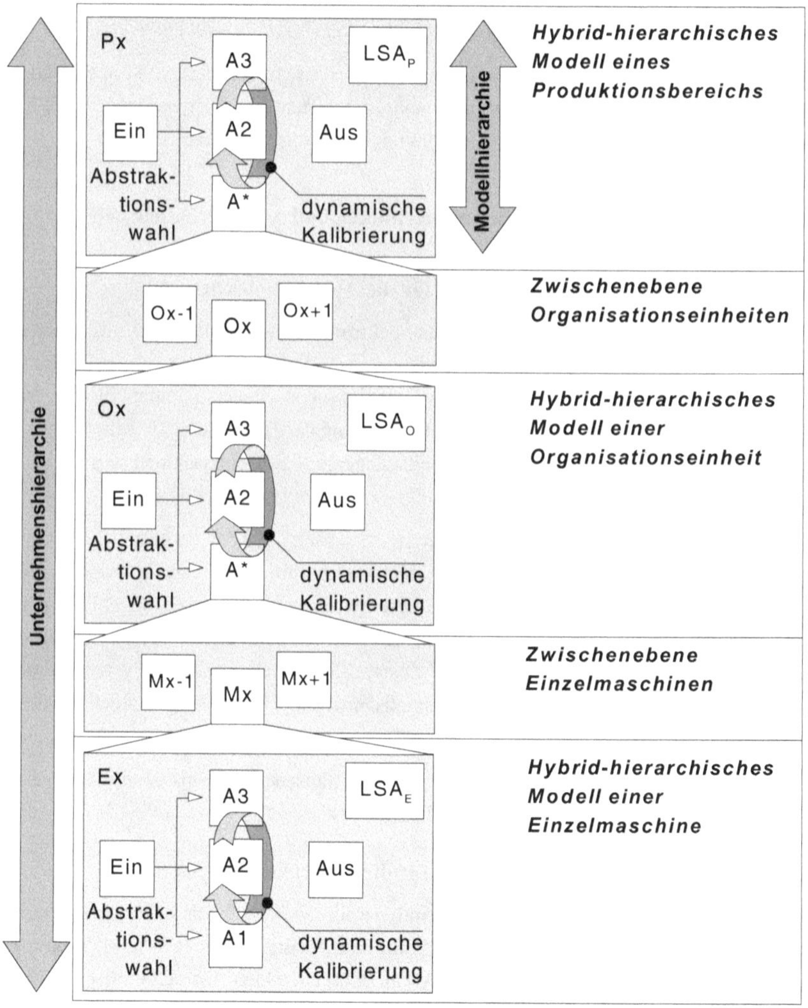

Abbildung 25: Zusammengesetztes hybrid-hierarchisches Modell für drei Unternehmensebenen (Produktionsbereich, Organisationseinheit, Einzelmaschine)

In diesem Abschnitt wurde das Grundmodell der hybrid-hierarchischen Modelle dargestellt. Insbesondere wurde darauf eingegangen, wie diese entsprechend der Unternehmenshierarchie ineinander verschachtelt werden können (Unternehmensebene „Produktionsbereich“ enthält Unternehmensebenen „Organisationseinheit“ etc.).

Im weiteren Verlauf der Abschnitte 6.3.2.4 bis 6.3.2.7 wird erläutert, wie die einzelnen Abstraktionsebenen modelliert und zueinander konsistent gehalten werden, womit die in Abschnitt 6.3.2.1 gestellten Fragen b) und c) beantwortet werden.

6.3.2.4 Zuordnung von Modellierungstechniken und Abstraktionsebenen

Zuordnung der Modellierungstechnik für die Abstraktionsebene A1

Die Abstraktionsebene 1 bildet ein breites Spektrum von stochastischen Einflüssen ab, etwa bei der Schwankung von Auftragszeiten, dem Störungsverhalten von Produktionsmitteln und Transportmitteln, der Anwendung von Steuerstrategien bis hin zur Streuung von Qualitätsmerkmalen. Die Detaillierung der Betrachtung orientiert sich an einzelnen Aufträgen bzw. einzelnen Arbeitsgängen auf Einzelmaschinen (vgl. Tabelle 5, S.75).

Wie im Rahmen der Grundlagenbetrachtung in Abschnitt 4.3.4 dargestellt, steht mit der *ereignisdiskreten Modellierung* eine Methode bereit, mit der reale Systeme und deren Zustandsänderungen in der gerade beschriebenen Detaillierung abgebildet werden können. Die einzelnen Zustandsänderungen können implizit modelliert werden und reagieren in komplexer Weise auf Zustandsänderungen anderer Systemkomponenten. Darüber hinaus kann jeder Zustandsänderung ein beliebiges stochastisches Verhalten aufgeprägt werden.

Aufgrund dieser Eigenschaften wird die Abstraktionsebene A1 als *ereignisdiskretes Modell* ausgeführt (vgl. Abbildung 26, Mitte unten).

Zuordnung der Modellierungstechnik für die Abstraktionsebene A2

Die Abstraktionsebene 2 bildet die Systemdynamik insofern ab, als daß stochastisches Verhalten bei der Ankunft und der Bedienung von Aufträgen gegeben ist. Die Detaillierung orientiert sich im Gegensatz zu A1 nicht an einzelnen Aufträgen oder Arbeitsgängen, sondern betrachtet gesamte Arbeitssysteme, wie Einzelmaschinen, Organisationseinheiten oder Produktionsbereiche (vgl. Tabelle 5, S.75).

Wie im Rahmen der Grundlagenbetrachtung in Abschnitt 4.3.3 dargestellt, steht mit den *Warteschlangenmodellen* eine Modellierungstechnik bereit, die es erlaubt, stochastisches Verhalten von Systemen mittels Verteilungsfunktionen zu beschreiben. Da sie dabei das Verhalten mehrerer Objekte (Maschinen, Aufträge) zu einer gemeinsamen analytischen Beschreibung zusammenfassen, können selbst umfangreichere Bereiche abgebildet werden, ohne daß die erforderliche Laufzeit zu sehr ansteigt.

Aufgrund dieser Eigenschaften wird die Abstraktionsebene A2 als *Warteschlangenmodell* ausgeführt (vgl. Abbildung 26, links Mitte).

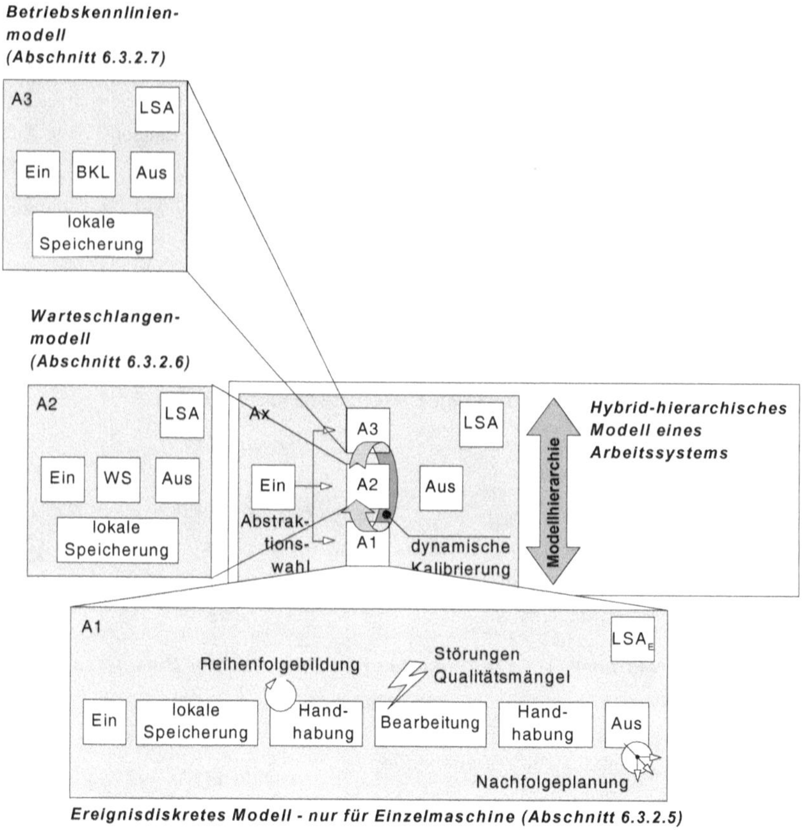

Abbildung 26: Zuordnung von Modellierungstechniken zu Abstraktionsebenen

Zuordnung der Modellierungstechnik für die Abstraktionsebene A3

Die Abstraktionsebene 3 beschränkt sich auf die deterministische Beschreibung des Zeitverbrauchs im jeweiligen Arbeitssystem, etwa in Produktionsbereichen, Organisationseinheiten oder Einzelmaschinen (vgl. Tabelle 5, S.75).

Wie im Rahmen der Grundlagenbetrachtung in Abschnitt 4.3.2 dargestellt, beschreiben Betriebskennlinien in statischer, funktionaler Form den Zusammenhang zwischen den logistischen Kenngrößen. Sie können dazu verwendet werden, ausgehend von einem gemessenen Bestandsniveau, die Durchlaufzeit bzw. die Leistung des jeweils betrachteten Produktionssystems zu ermitteln. Dabei kann sich der Aussagebereich der Betriebskennlinie ohne weiteres auf einen größeren, abgeschlossenen Bereich erstrecken, wie es etwa eine Organisationseinheit bzw. ein Produktionsbereich darstellt, ohne daß sich dies negativ auf das Laufzeitverhalten der Modelle auswirkt.

Aufgrund dieser Eigenschaften wird die Abstraktionsebene A3 als *Betriebskennlinie* ausgeführt (vgl. Abbildung 26, links oben).

Die nachfolgenden Abschnitte 6.3.2.5 bis 6.3.2.7 gehen im Detail auf die Modellierung der jeweiligen Abstraktionen A1 bis A3 ein.

6.3.2.5 Modellierung der Abstraktion 1 – ereignisdiskretes Modell

Grundaufbau der Abstraktion 1

Die Abstraktionsebene 1 kann sich, wie in Abschnitt 6.3.2.3 unter Punkt 3 (S. 77) dargestellt, nur auf Einzelmaschinen beziehen und wird gemäß der in Abschnitt 6.3.2.4 vorgenommenen Begründung als *ereignisdiskretes Modell* ausgeführt (vgl. Abbildung 27).

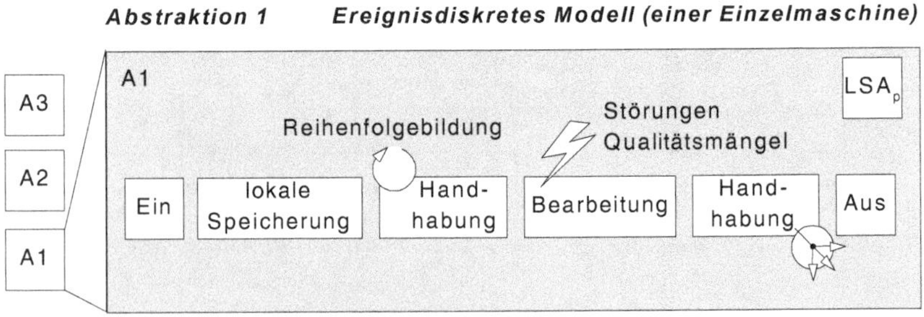

Abbildung 27: Abstraktion 1 als ereignisdiskretes Modell (wird unmittelbar nur auf Einzelmaschinen angewendet)

Der Eingang *Ein* der Abstraktionsebene A1 stellt die Schnittstelle zu vorgelagerten Input-Elementen dar. Hier liefern die Transportelemente (Stapler etc.) die Aufträge (Rohmaterial, Baugruppen etc.) an und werden entladen. Jeder Auftrag enthält zugleich einen Arbeitsplan, der unter anderem die Bearbeitungsfolge und die Bearbeitungszeiten des jeweiligen Auftrags repräsentiert. Dies entspricht einer modellierungstechnischen Parallelisierung des Materialflusses der Aufträge und des Informationsflusses der Arbeitspläne. Nach dem Entladen werden die Transportelemente zu ihrem nächsten Ziel (Einzelmaschine, Staplerpark etc.) weitergeleitet.

Nach deren Entladung erfolgt eine *lokale Speicherung*, die die lokale Bereitstellungsfläche (Materialpuffer etc.) an der Einzelmaschine darstellt. Bei der anschließenden *Handhabung* wird der nächste zur *Bearbeitung* anstehende Auftrag ausgewählt. Dabei werden lokale Steuerstrategien angewandt, die in der lokalen Steuerung der Einzelmaschine *LSE* abgelegt sind. Lokale Steuerstrategien sind *quantifizierbare Regeln*, wie etwa FIFO, KOZ[45], SLACK[46] etc. bzw. *nicht quantifizierbare Regeln*, wie "Messeauftrag", "Ersatzteil" oder der gar nicht seltene Fall "wichtiger Kunde hat Geschäftsleitung alarmiert".

Im Rahmen der *Bearbeitung* wird dem Auftrag anschließend modelltechnisch ein Zeitverbrauch in Höhe der Durchführungszeit des Arbeitsschrittes aufgeprägt. Diese Zeitangaben werden auftragsindividuell dem vom Auftrag jeweils mitgeführten Arbeitsplan entnommen. Die Bearbeitung wird zugleich mit einem Störungsverhalten belegt, etwa in Form von Maschinenausfällen oder Qualitätsmängeln am Produkt, was in letzterem Fall zu einer Ausschußrate führt.

Bei der anschließenden *Handhabung* wird die Maschine von dem fertiggestellten Auftrag ent- und mit dem nächsten Auftrag beladen, wobei wieder die zitierten Prioritätsregeln angewandt werden. Gleichzeitig wird ein Transportelement (Stapler etc.) angefordert. Dabei erfolgt eine Nachfolgeplanung, bei der etwa im Rahmen der Steuerstrategie "Kapazitätsnivellierung" oder bei gestörter Nachfolgemaschine die tatsächliche Nachfolgemaschine bestimmt wird. Dabei orientiert sich die Nachfolgeplanung an dem mitgeführten Arbeitsplan, an darin eventuell vorgeschlagenen Ersatzmaschinen oder an der in diesem Ansatz ergänzend verwendeten Ähnlichkeitsmatrix[47].

---

[45] Kürzeste Operationszeit

[46] Geringste Restpufferzeit

[47] in der Praxis zeigt sich, daß Ersatzmaschinen zwar prinzipiell in vielen Arbeitsplänen vorgesehen werden können, diese Daten faktisch aber nicht verläßlich sind. Daher wurde der Weg über die Ähnlichkeitsmatrix gewählt. Diese wird zusammen mit Mitarbeitern der Fertigungssteuerung erstellt und gibt deren meist nicht dokumentiertes Verhalten bei der Umplanung von Aufträgen wieder (vgl. Abbildung 38, S. 105).

Im Ausgang *Aus* wird das Transportelement nach der erfolgten Nachfolgeplanung beladen und erhält den Transportauftrag, den Auftrag zur nächsten, im Rahmen der Nachfolgeplanung bestimmten Bearbeitungseinheit zu bringen. Erst in der nächsten Bearbeitungseinheit wird anhand der dortigen lokalen Steuerung entschieden, welche Abstraktionsebene der Auftrag tatsächlich durchläuft (z.B. A1, A2 oder A3 der Einzelmaschine bzw. A2, A3 von Organisationseinheit und Produktionsbereich).

Modellierung und Kalibrierung des ereignisdiskreten Modells

Im weiteren Verlauf der Abschnitte 6.3.2.6 und 6.3.2.7, in denen es um die Modellierung der Abstraktionsebenen 2 und 3 geht, wird jeweils die dynamische Kalibrierung der Abstraktionsebenen beschrieben. Dabei ist die Betonung auf "dynamisch" zu setzen, d.h., die weitgehend automatische Anpassung der abstrakteren Hierarchieebenen an die gemeinsame Austauschebene steht im Vordergrund.

In dem *hier* anstehenden Fall der Abstraktionsebene 1 geschieht die Kalibrierung auf klassische, manuelle Weise, da es sich bei der Abstraktionsebene 1 schon um die gemeinsame Austauschebene handelt.

Da die hybrid-hierarchischen Modelle im objektorientierten Sinne als *Klasse* ausgeführt sind, können abhängig von der Anzahl der real vorhandenen Objekte sowie deren Topologie diese Klassen zu realen Produktionsbereichen, Organisationseinheiten und Einzelmaschinen *instanziiert* bzw. deren Eigenschaften an andere Objekte *vererbt* werden. Damit wird ein automatischer Aufbau der Modellstruktur auf Basis von Systemlastdaten unterstützt, der im Rahmen der Entwicklung dieses Ansatzes wiederholt praktiziert wurde.

Darüber hinaus bleibt die weitere Modellierung von Modellstruktur und Steuerstrategien, sofern sie nicht von den Eigenschaften der Klassen (Auftragshandling, Auftragspriorisierung, Kapazitätsnivellierung, Engpaßmanagement, Transportlogistik) abgedeckt werden, Aufgabe des Simulationsexperten. Dieser muß, in Zusammenarbeit mit den Produktionsfachleuten vor Ort, Daten und Informationen erheben, die ihm die Modellerstellung und -validierung erlauben (vgl. VDI 3633).

An dieser Stelle sei auf Ansätze zur teilautomatischen Modellgenerierung verwiesen, die Simulationsmodelle nicht wie hier nur *topologisch* oder *layouttechnisch* aufbauen, sondern aus detaillierten Analysen von PPS- sowie MDE/BDE-Daten versuchen, die praktizierten *Strategien bei Disposition und Auftragssteuerung* abzulesen. Diese Ansätze sind eindeutig nicht Fokus dieser Arbeit, können aber z.B. bei SELKE 1998 (S. 207) nachgelesen werden.

6.3.2.6 Modellierung der Abstraktion 2 – Warteschlangenmodell

Grundaufbau der Abstraktionsebene 2

Die Abstraktionsebene 2 kann sich, wie in Abschnitt 6.3.2.3 unter Punkt 3 dargestellt, auf *Einzelmaschinen*, *Organisationseinheiten* und gesamte *Produktionsbereiche* beziehen. Wie in Abschnitt 6.3.2.4 begründet, wird die Abstraktionsebene 2 als *Warteschlangenmodell* ausgeführt (vgl. Abbildung 28).

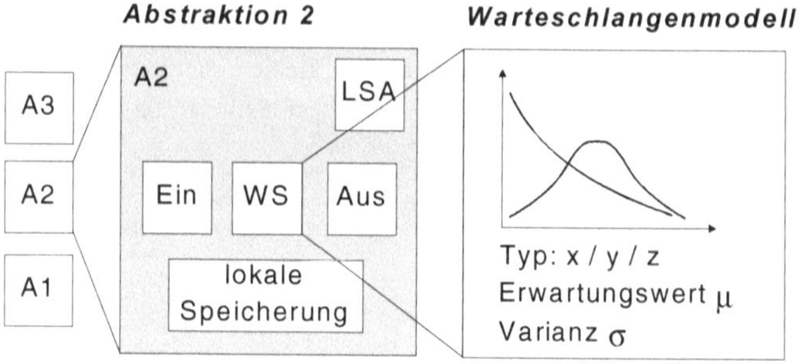

Abbildung 28: Abstraktion 2 als schematisiertes Warteschlangenmodell

Wie LORENZ 1984 (vgl. Abschnitt 4.3.3.3, S. 54) nachweisen konnte, treten jedoch bei pauschaler Anwendung der Warteschlangenmodelle zunächst zu hohe Abweichungen auf, etwa zwischen den gemessenen und den berechneten Durchlaufzeiten. Dies liegt an den in realen Produktionsbereichen zum Teil verletzten Annahmen hinsichtlich stationärer Prozesse, Warteschlangendisziplin, Nachwirkungsfreiheit etc., wie sie vielen Warteschlangenmodellen zugrunde liegen (vgl. Abschnitt 4.3.3 bzw. Abschnitt 4.3.3.3). Ein wichtiger Aspekt ist die pauschale Gleichbehandlung von Auftragsklassen unterschiedlichen Arbeitsinhalts.

Daher wird ein verbessertes Warteschlangenmodell zur Abbildung der Produktionsprozesse verwendet. Dieses beinhaltet

- eine differenziertere Verwendung von Warteschlangenmodellen und
- eine dynamische Kalibrierung der Warteschlangenmodelle bei temporären Verletzungen von wichtigen Randbedingungen.

Die nachfolgenden Ausführungen geben einen detaillierten Einblick in die dazu entwickelten Ansätze.

Differenzierte Verwendung von Warteschlangenmodellen

Um Aufträge mit unterschiedlich großem Arbeitsinhalt bzw. Bedienzeiten t_b zu berücksichtigen, wird das Auftragsspektrum bzgl. des Arbeitsinhalts in verschiedene Auftragsklassen unterteilt. Den dabei erhaltenen Auftragsklassen wird jeweils ein eigenes Warteschlangenmodell bereitgestellt. In Abbildung 29 ist dies exemplarisch für drei Auftragsklassen gezeigt.

Demnach werden bei der nachfolgend unter „Kalibrierung" beschriebenen Bestimmung der Verteilungsfunktionen die ankommenden und die bedienten Aufträge auf ihren Arbeitsinhalt bzw. ihre Bedienzeiten hin untersucht. Auf Basis einer vorher manuell[48] getroffenen Einteilung in Klassen mit z.B. kleinem, mittlerem und großem Arbeitsinhalt werden die Dichte- bzw. die Verteilungsfunktionen für jede Klasse spezifisch erstellt.

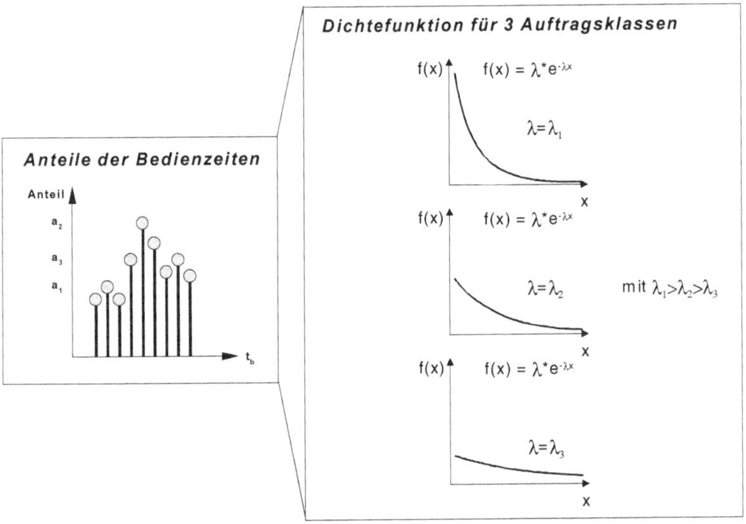

Abbildung 29: Differenziertes Warteschlangenmodell

---

[48] im Bereich der Forschung existieren über den manuellen Ansatz hinaus auch Arbeiten, die sich mit einer tiefergehenden Analyse des Auftragsspektrums und des Auftragsdurchlaufes beschäftigen (vgl. SELKE 1998, S. 207). Ziel ist es, aus Auftragsspektrum und -durchlauf automatisch Muster zu erkennen, die auf die verwendeten Steuerungsstrategien schließen lassen. Diese automatische Mustererkennung kann zu einem späteren Zeitpunkt integriert werden.

Dynamische Kalibrierung der Warteschlangenmodelle

Wie bei der Konzeption des Grundmodells hybrid-hierarchischer Modelle (vgl. Abbildung 24) bereits dargestellt, ist deren wesentlichste Eigenschaft, daß die einzelnen Abstraktionsebenen eines Teilmodells konsistent zueinander sind. Im Falle der hier beschriebenen Abstraktion A2, die als Warteschlangenmodell realisiert ist, muß diese Abstraktion konsistent zur detailliertesten Abstraktion (Abstraktion 1) bzw. konsistent zum Verhalten des modellierten realen Objekts sein. Die einmal definierten und berechneten Warteschlangenmodelle x/y/z gelten dabei nur so lange, wie die Randbedingungen, unter denen sie definiert und berechnet wurden, sich nicht wesentlich verändern. In Tabelle 6 werden mögliche Änderungen diskutiert.

Element	Änderungen	Reaktion
x, y	Verteilungstyp bei Ankunftsprozeß x und/oder Bedienprozeß y, weil • das Auftragsspektrum sich grundlegend verschiebt, • die (internen) Lieferanten (Input-Elemente) ein anderes Lieferverhalten zeigen (z.B. Lieferungen bündeln, um Transportkosten zu sparen bzw. Lieferungen in kleinen Stückelungen weitergeben, um Stellfläche zu sparen) • technologische oder strukturelle Modifikationen das Bedienverhalten ändern	Verteilungstyp und zugehörige Parameter neu bestimmen
z	Systemgröße, weil • die Anzahl der Bedienstationen z von meist z=1 auf z>1 (Parallelmaschinen) erhöht wird	• Neu-Parametrisierung des bestehenden Modells • Aufteilung in mehrere Warteschlangenmodelle und Berechnung von Verteilungstyp und Parametern

Tabelle 6: Kalibrierungsrelevante Änderungen am Warteschlangenmodell

Darüber hinaus kann selbstverständlich auch dann in das Warteschlangenmodell eingegriffen werden, wenn nicht tolerierbare Ungenauigkeiten in der Warteschlangenbeschreibung beobachtet werden, deren Gründe jedoch nicht eindeutig zugeordnet werden können. In jedem Fall ist das Ergebnis ein angepaßtes oder neues Warteschlangenmodell x*/y*/z*, welches die durch x/y/z ursprünglich verletzten Randbedingungen bis zur nächsten signifikanten Veränderung wieder erfüllt.

Wie aber erfolgt die Kalibrierung des Warteschlangenmodells, um die geforderte Konsistenz herzustellen ? Hierzu kann das Verhalten

a) des realen Objekts, etwa über BDE-Daten bzw. Daten aus einem Auftragsrückmeldesystem, oder

b) des Modells in seiner detailliertesten Abstraktionsebene, demnach die als ereignisdiskretes Modell ausgeführte Abstraktion 1,

gemessen und ausgewertet werden. Abbildung 30 zeigt die Messung der Zwischenankunfts- und Bedienzeiten, wie sie in einem sogenannten Kalibrierungslauf am Modell anhand der Abstraktion 1 durchführt wird.

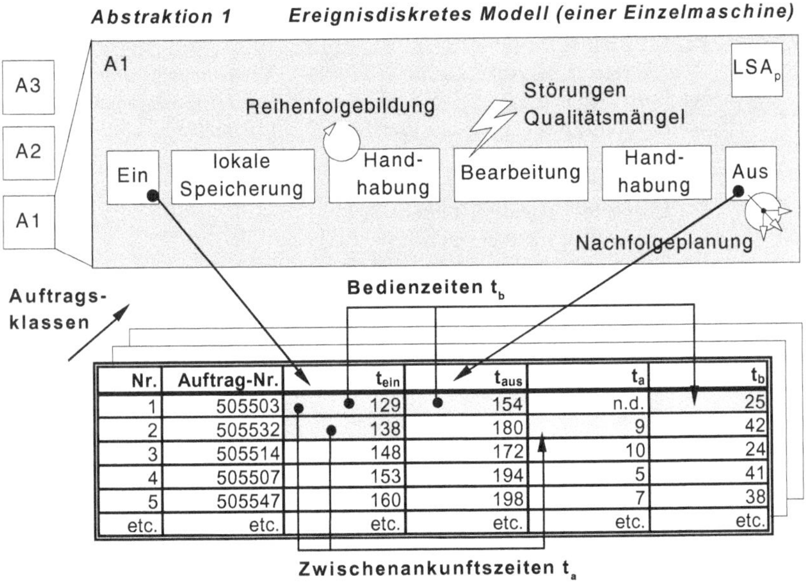

Nr.	Auftrag-Nr.	t_{ein}	t_{aus}	t_a	t_b
1	505503	129	154	n.d.	25
2	505532	138	180	9	42
3	505514	148	172	10	24
4	505507	153	194	5	41
5	505547	160	198	7	38
etc.	etc.	etc.	etc.	etc.	etc.

Legende

Auftrag-Nr. Auftragsnummer

t_{ein} Eintrittszeitpunkt

t_{aus} Austrittszeitpunkt

t_a Zwischenankunftszeit ($t_a = t_{ein,i} - t_{ein,i-1}$)

t_{aus} Bedienzeit ($t_a = t_{ein,i} - t_{aus,i}$)

Abbildung 30: Messung der Zwischenankunfts- und Bedienzeiten

Anschließend werden die Spalten der Zwischenankunftszeiten t_a und der Bedienzeiten t_b statistischen Tests (Kolmogoroff-Smirnoff KS und Chi-Quadrat CQ) unterzogen. Dabei wird bei kleinen Stichproben (Gesamtzahl der Elemente < 100) der Kolmogoroff-Smirnoff-Test und bei großen Stichproben (Anzahl Elemente je Klasse > 5 bzw. Gesamtanzahl > 100) der Chi-Quadrat-Test angewendet (vgl. Abschnitt 4.3.3.2, S. 53).

Ergebnis ist der Verteilungstyp und die zugehörigen Parameter (Erwartungswert und Varianz) bei den Zwischenankunfts- und Bedienzeiten.

Darüber hinaus ist es selbstverständlich auch möglich, die Verteilungsfunktionen der Ankunfts- und Bedienprozesse sorgfältig zu schätzen, etwa wenn weder reale Daten noch die Abstraktion 1 vorhanden sind. Dies wird typischerweise dann der Fall sein, wenn ein Produktionssystem und/oder ein Auftragsspektrum modelliert und simuliert werden sollen, bzgl. derer nur grobe Zukunftsprognosen vorhanden sind.

Simulationslauf unter Nutzung der Kompatibilität

Bisher wurde beschrieben, wie aus der Untersuchung diskreter Ereignisse, gleichgültig ob am realen Objekt oder in der Abstraktionsebene 1 beobachtet, die differenzierten Warteschlangenmodelle der Abstraktionsebene 2 konsistent kalibriert werden.

Nun kommt es darauf an, diese Warteschlangenmodelle mit anderen Modellierungstechniken kompatibel zu koppeln, etwa wenn der Nutzer ein gesamtes Simulationsmodell aus verschiedenen Teilmodellen konfigurieren will (vgl. auch Abschnitt 6.3.2.1 "Leitidee bei der vertikalen und horizontalen Modularisierung", S. 72 ff.). Wie an gleicher Stelle dargestellt, wird als gemeinsame Austauschebene die Abstraktionsebene 1 gewählt. Nachfolgend wird daher beschrieben, wie diese kompatible Kopplung zwischen der als Warteschlange modellierten Abstraktionsebene 2 und der ereignisdiskreten Abstraktionsebene 1 zweier Teilmodelle realisiert wird.

Hierzu werden die in die Abstraktionsebene 2 eintretenden Aufträge auf ihren Arbeitsinhalt bzw. die erforderliche Bedienzeit hin untersucht. Je nach Unternehmenshierarchie, auf die sich das hybrid-hierarchische Modell bezieht (Produktionsbereich, Organisationseinheit, Einzelmaschine), kann dies

- für einen einzelnen Arbeitsschritt, wie im Falle der Einzelmaschine, oder
- für gesamte Arbeitsfolgen, etwa bei Organisationseinheiten oder Produktionsbereichen,

erfolgen.

Abhängig von dieser Untersuchung wird entschieden, welcher Auftragsklasse der ankommende Auftrag zuzuordnen und welches der differenzierten Warteschlangenmodelle (vgl. Abbildung 29, S. 86) anzuwenden ist. Nach dieser Zuordnung wird dem Auftrag über einen Zufallsgenerator, in dem das jeweilige klassenspezifische Warteschlangenmodell hinterlegt ist, das entsprechende Bedienverhalten aufgeprägt. Konkret wird der Auftrag so lange in der Abstraktionsebene 2 behalten, bis aufgrund der Verteilungsfunktion des zutreffenden Warteschlangenmodells vom entsprechend konfigurierten Zufallsgenerator ein Ereignis erzeugt wird, welches den Auftrag aus der Abstraktionsebene 2 wieder entläßt. Insgesamt zeigen die ankommenden und bedienten Aufträge dasselbe Bedien- bzw. Durchlaufverhalten, wie es das vorher kalibrierte Warteschlangenmodell der zugehörigen Auftragsklasse vorschreibt.

Parallel zu dieser reinen Anwendung der Warteschlangenmodelle wird permanent ermittelt, ob aufgrund der Verteilung der Arbeitsinhalte bzw. der erforderlichen Bedienzeiten der ankommenden Aufträge einzelne Randbedingungen, die dem Warteschlangenmodell zugrunde liegen, verletzt werden. Ist dies der Fall, muß sofort die Konsistenz durch erneute Kalibrierung der Warteschlangenmodelle wiederhergestellt werden (vgl. dazu die Ausführungen zu „Dynamische Kalibrierung der Warteschlangenmodelle“, S. 87 ff.).

6.3.2.7 Modellierung der Abstraktion 3 – Betriebskennlinienmodell

Grundaufbau der Abstraktionsebene 3

Die Abstraktionsebene 3 bezieht sich, wie in Abschnitt 6.3.2.3 unter Punkt 3 dargestellt, ebenso wie die Abstraktionsebene 2 auf *Einzelmaschinen*, *Organisationseinheiten* und gesamte *Produktionsbereiche*. Wie in Abschnitt 6.3.2.4 bereits begründet, wird die Abstraktionsebene A3 als *Betriebskennlinie* ausgeführt (vgl. Abbildung 31).

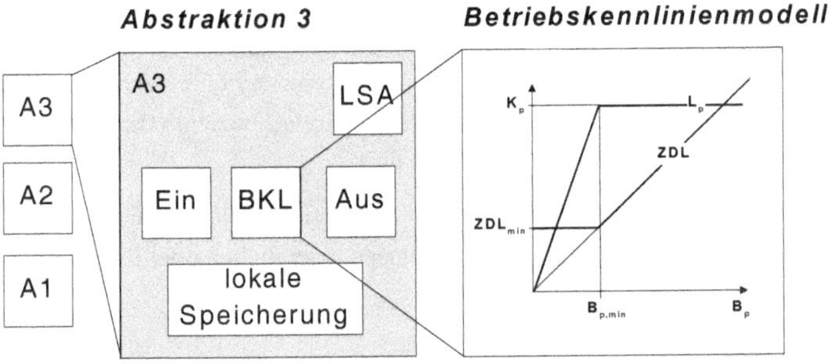

Abbildung 31: Abstraktion 3 als ideale Betriebskennlinie

Ähnlich wie bei der als Warteschlangenmodell ausgeführten Abstraktionsebene 2 wird auch die Modellierung von Betriebskennlinien in Abstraktionsebene 3 mit

- der differenzierten Verwendung von Betriebskennlinienmodellen und
- der dynamischen Kalibrierung der Betriebskennlinienmodelle

gegenüber herkömmlichen Ansätzen verbessert. Die nachfolgenden Ausführungen geben diesbezüglich einen detaillierteren Einblick.

Differenzierte Verwendung von Betriebskennlinien

Ebenso wie bei den Warteschlangen werden auch hier Aufträge mit signifikant unterschiedlichem Arbeitsinhalt jeweils mittels eigener Betriebskennlinienmodelle berücksichtigt. Dazu wird das Auftragsspektrum in Klassen unterschiedlichen Arbeitsinhalts bzw. unterschiedlicher Durchlaufzeit ZDL unterteilt und die jeweiligen Anteile a1, a2, a3 der einzelnen Klassen ermittelt (vgl. Abbildung 32, links).

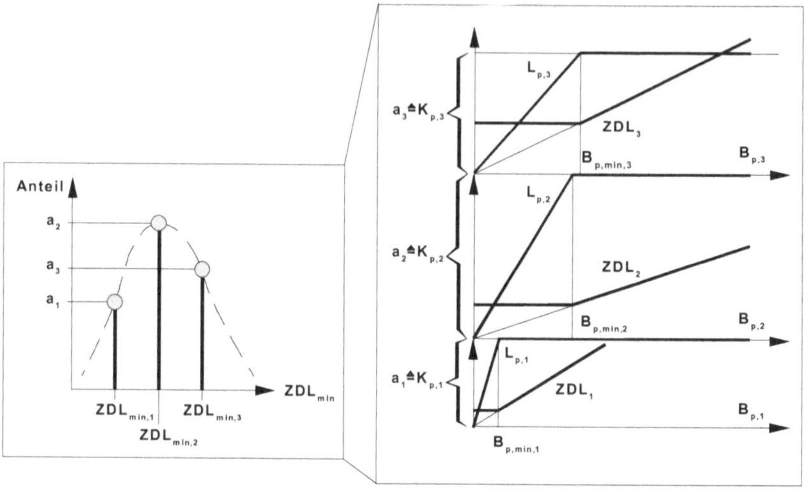

Abbildung 32: Differenziertes Betriebskennlinienmodell

Entsprechend der ermittelten Anteile wird die gesamte für das betrachtete Produktionssystem (Produktionsbereich bzw. Organisationseinheit bzw. Einzelmaschine) zur Verfügung stehende Kapazität K_p in die Anteile $K_{p,1}$, $K_{p,2}$ und $K_{p,3}$ aufgeteilt.

Dabei gilt

$$K_{p,i} = a_i * K_p$$

mit

$$\sum_{i=1}^{n} a_i = 1$$

Die erhaltenen Teil-Kapazitäten werden nun wie eigene aber nur scheinbar vorhandene Teil-Produktionssysteme der reduzierten Kapazität $K_{p,i}$ behandelt. Für diese Teil-Produktionssysteme werden nun die einzelnen Betriebskennlinien konstruiert (vgl. Abbildung 32, rechts) – die zugehörige Berechnungsvorschrift ist in Abschnitt 4.3.2.1 (S. 45) allgemein und im folgenden nochmals speziell angegeben.

Dynamische Kalibrierung der Betriebskennlinien

Zwischen den einzelnen Teil-Betriebskennlinien bestehen selbstverständlich starke Abhängigkeiten und jede Teil-Betriebskennlinie kann nur für die Klasse an Aufträgen angewandt werden, für die sie ursprünglich bestimmt wurde. Dabei wird davon ausgegangen, daß sich weder

- die Anteile a_i der einzelnen Klassen, noch
- die Durchlaufzeiten ZDL_i, noch
- die Gesamtkapazität K_p

grundlegend ändern. Sollte dies der Fall sein, werden die Teil-Betriebskennlinien dynamisch neu kalibriert. Dazu kann, wie bereits bei der Kalibrierung des Warteschlangenmodells dargestellt, entweder das Verhalten

a) des realen Objekts, etwa über BDE-Daten bzw. Daten aus einem Auftragsrückmeldesystem, oder
b) des Modells in seiner detailliertesten Abstraktionsebene, demnach also die als ereignisdiskretes Modell ausgeführte Abstraktion 1,

gemessen und ausgewertet werden.

Abbildung 33 zeigt für den Fall b) die Messung der Durchführungszeiten (*ZDF*), des Zu- und des Abganges ($B_{p,zu}$ *und* $B_{p,ab}$) sowie des Bestandes (B_p).

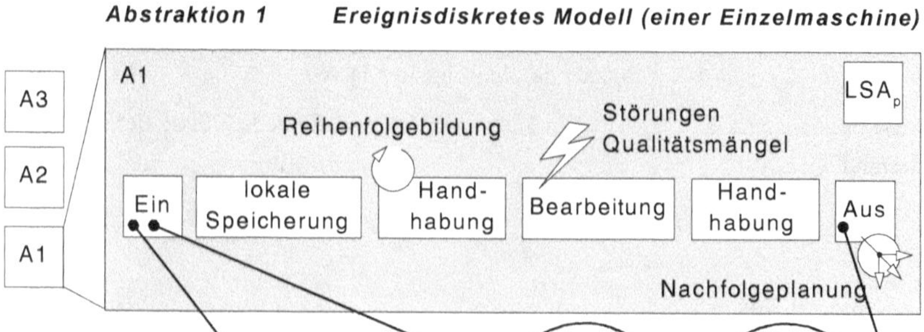

Zeitpunkt	Auftrags-Nr.	ZDF (=TR+L*TE)
15.3.99 13:31	505503	25
15.3.99 14:15	505532	42
15.3.99 17:10	505514	24
16.3.99 7:29	505507	41
16.3.99 11:01	505547	38

Zeitpunkt	$B_{p,zu}$
15.3.99 13:31	462
15.3.99 14:15	504
15.3.99 17:10	528
16.3.99 7:29	569
16.3.99 11:01	607

Zeitpunkt	Bp (=$B_{p,zu}$- Bp,ab)
15.3.99 13:31	196
15.3.99 16:31	229
15.3.99 14:15	271
15.3.99 19:17	246
15.3.99 17:10	270
15.3.99 20:02	228
16.3.99 7:29	269
16.3.99 12:24	245
16.3.99 11:01	283
16.3.99 15:34	242

Zeitpunkt	$B_{p,ab}$
15.3.99 16:31	233
15.3.99 19:17	258
15.3.99 20:02	300
16.3.99 12:24	324
16.3.99 15:34	365

Legende

ZDF Durchführungszeit
TR Rüstzeit
L Losgröße
TE Einzelzeit, Bearbeitungszeit

$B_{p,zu}$ Bestand, Zugang
$B_{p,ab}$ Bestand, Abgang
B_p Bestand, momentan

Abbildung 33: Messung der Durchführungszeit und des Bestandes

Entsprechend der in Abschnitt 4.3.2.1 (S. 45) angegebenen Rechenvorschrift für die Konstruktion idealer Betriebskennlinien gilt für die minimale Durchlaufzeit $ZDL_{i,min}$ jeder Klasse *i*:

$$ZDL_{i,\min} = ZDF_{i,mittel} + ZT_{i,\min}$$

wobei gilt

$$ZDF_{i,mittel} = \frac{\sum_{j=1}^{n} ZDF_{j,i}}{n_i}$$

$$ZDF_j = (tr + m * te)_j$$

mit

$ZDL_{i,\,min}$ = Minimale Durchlaufzeit für Aufträge der Klasse *i*

$ZDF_{i,mittel}$ = Mittlere Durchführungszeit für Aufträge der Klasse *i*

$ZT_{i,min}$ = Minimale Transportzeit für Aufträge der Klasse *i*

$ZDF_{j,i}$ = Durchführungszeit für Auftrag j aus Klasse *i*

n_i = Anzahl der Aufträge in Klasse *i*

Aus der Kapazität $K_{p,i}$ (vgl. S. 91) kann anschließend für jede Klasse der minimale Bestand $B_{p,i,min}$

$$B_{p,i,\min} = ZDL_{i,\min} * K_{p,i}$$

$$K_{p.i} = a_i * K_p$$

mit

$B_{p,i,min}$ = Mindestbestand im Produktionssystem für Aufträge der Klasse i

$K_{p,i}$ = anteilige Kapazität des Produktionssystems für Klasse i

berechnet werden. Aus den drei Größen $K_{p,i}$, $B_{p,i,min}$ und $ZDL_{i,min}$ kann nun für jede Klasse *i* die ideale Betriebskennlinie konstruiert werden (vgl. Abbildung 32). Wie bereits gesagt, erfolgt diese Berechnung bzw. Konstruktion jedes Mal erneut, sobald sich a_i, ZDL_i oder K_p signifikant verändern.

Simulationslauf unter Nutzung der Kompatibilität

Bisher wurde dargestellt, wie aus der Beobachtung diskreter Ereignisse, gleichgültig ob am realen Objekt oder in der Abstraktionsebene 1 beobachtet, die differenzierten Betriebskennlinienmodelle der Abstraktionsebene 3 konsistent kalibriert werden.

Wie schon bei den Warteschlangenmodellen der Abstraktionsebene 2 kommt es auch hier darauf an, die Betriebskennlinienmodelle der Abstraktionsebene 3, wie in Abschnitt 6.3.2.1 beschrieben, mit anderen Modellierungstechniken kompatibel zu koppeln. Gemeinsame Austauschebene ist auch hier die Abstraktionsebene 1. Die nachfolgenden Ausführungen beschäftigen sich daher mit der Frage, wie diese kompatible Kopplung zwischen der als Betriebskennlinie modellierten Abstraktionsebene 3 und der ereignisdiskreten Abstraktionsebene 1 zweier Teilmodelle realisiert wird.

Analog zum Vorgehen bei der Abstraktionsebene 2 werden auch hier die in die Abstraktionsebene 3 eintretenden Aufträge auf ihren Arbeitsinhalt hin untersucht. Dies ist abhängig von der Unternehmenshierarchie (Produktionsbereich, Organisationseinheit, Einzelmaschine), auf die sich das hybrid-hierarchische Modell bezieht, und kann sich

- auf einen einzelnen Arbeitsschritt, wie etwa bei einer Einzelmaschine, oder
- auf gesamte Arbeitsfolgen beziehen, wie etwa beim Auftragsdurchlauf durch gesamte Organisationseinheiten oder Produktionsbereiche.

Abhängig von dieser Untersuchung wird entschieden, welcher Auftragsklasse der ankommende Auftrag zuzuordnen und welches der differenzierten Betriebskennlinienmodelle (vgl. Abbildung 32, S. 91) anzuwenden ist. Gleichzeitig wird der ermittelte Arbeitsinhalt dem Bestand der jeweiligen Klasse zugerechnet. Nach dieser Zuordnung und Zurechnung wird auf Basis des für die jeweilige Auftragsklasse geltenden Betriebskennlinienmodells und mit dem aktuellen Bestand als Ordinate ermittelt, welche Durchlaufzeit (in der Abszisse) sich für den aktuell eingetretenen Auftrag ergibt. Nach dieser Durchlaufzeit wird in der Abstraktionsebene 3 ein Ereignis erzeugt, welches den jeweiligen Auftrag wieder aus dem Teilmodell entläßt. Insgesamt zeigen die ankommenden Aufträge dasselbe Durchlaufverhalten, wie es das vorher kalibrierte Betriebskennlinienmodell der zugehörigen Auftragsklasse vorschreibt.

Parallel zu dieser reinen Anwendung der Betriebskennlinienmodelle wird permanent ermittelt, ob sich aufgrund der Verteilung der Arbeitsinhalte der ankommenden Aufträge die Anteile a_i der Klassen bzw. die den Modellen zugrunde liegenden minimalen Durchlaufzeiten $ZDL_{i,min}$ verändern. Ist dies der Fall, muß sofort die Konsistenz durch erneute Kalibrierung der Betriebskennlinienmodelle wieder hergestellt werden (vgl. S. 92 ff. „Dynamische Kalibrierung der Betriebskennlinien“).

6.3.3 Geeignete Wahl der Abstraktionsebenen

Nach der theoretischen Erarbeitung der hybrid-hierarchischen Simulationsmodelle müssen nun Richtlinien formuliert und im Assistenzsystem vorgesehen werden, die es der Zielgruppe der späteren Nutzer erleichtern, die Wahl der geeigneten Abstraktionsebene durchzuführen.

Bei der Definition der generellen Richtlinien für die Auswahl von Abstraktionsebenen bzw. von Modellhierarchien wurden

1. direkt zu untersuchende (Gruppe 1),
2. unmittelbar teilnehmende (Gruppe 2) und
3. mittelbar teilnehmende (Gruppe 3)

Arbeitssysteme (Produktionsbereiche, Organisationseinheiten, Einzelmaschinen) unterschieden.

Die *direkt zu untersuchenden Arbeitssysteme (Gruppe 1)* stehen beim Simulationsexperiment im direkten Fokus der Fragestellung, z.B. kann es sich aus dezentraler Sicht um die jeweils eigene Produktionseinheit (Werkstatt, Insel etc.) handeln.

Die *unmittelbar teilnehmenden Arbeitssysteme (Gruppe 2)* stehen beim Simulationsexperiment zwar nicht im direkten Fokus der Fragestellung, werden aber von dem zu untersuchenden Auftragsspektrum der Gruppe 1-Arbeitssysteme durchlaufen. Sie nehmen demnach am relevanten Ausschnitt der Auftragsabwicklung unmittelbar Teil.

Die *mittelbar teilnehmenden Arbeitssysteme (Gruppe 3)* stehen beim Simulationsexperiment weder im direkten Fokus der Fragestellung noch werden sie von dem zu untersuchenden Auftragsspektrum der Gruppe 1-Arbeitssysteme durchlaufen. Hingegen werden sie, neben dem eigenen Auftragsspektrum, vom Auftragsspektrum der Gruppe 2-Arbeitssysteme durchlaufen und nehmen somit mittelbar an der Auftragsabwicklung Teil.

Die entwickelten Richtlinien gehen von der Frage aus, inwieweit die Fähigkeit der Abstraktionsebenen, Systemdynamik (Schwankungen von Zeitfaktoren, Störungen, etc.) und strukturelle Details abzubilden (einzelne Aufträge, einzelne Produktionsvorgänge, etc.), für die jeweilige Gruppe (1-3) von Arbeitssystemen relevant ist und daher genutzt werden muß. Durch systematische Anwendung der verfügbaren Modellabstraktionen A1 bis A3 auf diese Gruppen ergeben sich eine Reihe von Standardkonfigurationen, wie sie in Tabelle 7 dargestellt werden.

	Gruppe 1	**Gruppe 2**	**Gruppe 3**
Standardkonfiguration 1	*A1*	*A1*	*A1*
Standardkonfiguration 2	*A1*	*A1*	*A2*
Standardkonfiguration 3	*A1*	*A2*	*A3*
Standardkonfiguration 4	*A2*	*A2*	*A3*
Standardkonfiguration 5	*A2*	*A3*	*A3*

Tabelle 7: Standardkonfigurationen für hybrid-hierarchische Simulationsmodelle

Die beiden wichtigsten Standardkonfigurationen sind dabei grau unterlegt. Standardkonfiguration 1 repräsentiert den Fall, bei dem auf detaillierte Abbildung aller strukturellen und dynamischen Zusammenhänge im Untersuchungsbereich Wert gelegt wird. Daneben stellt Standardkonfiguration 3 für den betriebsbegleitenden Einsatz einen guten Kompromiß insofern dar, als daß strukturelle und dynamische Zusammenhänge im Untersuchungsfokus (Gruppe 1) detailliert (=A1) und flankierende Zusammenhänge (Gruppe 2 und 3) mit abnehmendem Detaillierungsgrad berücksichtigt (A2, A3) werden.

Über diese Standardkonfigurationen hinaus gibt es noch Konfigurationen, die auf zum Teil trivialen, jedoch durchaus realistischen Ursachen basieren. Ein Beispiel hierfür ist der Fall, daß für ein oder mehrere Arbeitssysteme, gleich welcher Gruppe, die entsprechende Abstraktionsebene nicht verfügbar ist, weil sie bei der Modellentwicklung nicht erstellt wurde. In diesem Fall muß notgedrungen auf eine andere Modellhierarchie ausgewichen und damit von den definierten Standardkonfigurationen abgewichen werden.

6.4 Teilaufgabe „Informationsverteilung“

Bisher wurde die Teilaufgabe „Datenhaltung“ beschrieben, mit der vor allem die technischen Strukturen repräsentiert werden, und die Teilaufgabe „Simulation" diskutiert, mit der vor allem das technische Verhalten modelliert wird. Von besonderer Bedeutung waren die Ausführungen zu den entwickelten hybrid-hierarchischen und damit eigenschaftsflexiblen Simulationsmodellen. Darauf aufbauend übernimmt die Teilaufgabe „Informationsverteilung“ die Anbindung von „Datenhaltung“ und „Simulation“ an die Simulations-Clients und damit die Kommunikation mit der Nutzerwelt.

Die wesentlichen Aufgaben der Teilaufgabe "Informationsverteilung" sind:

- Input leisten, indem Daten eingelesen sowie die durch den Nutzer vorgenommenen Konfigurationen an die Teilaufgaben Datenhaltung und Simulation weitergegeben werden, und
- Output liefern, indem die Ergebnisse der Simulationsläufe gesammelt und wieder an die richtigen Empfänger verteilt werden.

Die Konzeption des Simulations-Servers und die Rolle der Informationsverteilung folgt, wie bereits, erwähnt dem Konzept der *Server-basierten-Simulation (Fall 1)* aus dem Bereich der internet-basierten Simulationskonzepte (vgl. Abschnitt 2.2.3).

Abbildung 34 zeigt die Rolle der Teilaufgabe *Informationsverteilung* innerhalb des Simulations-Servers.

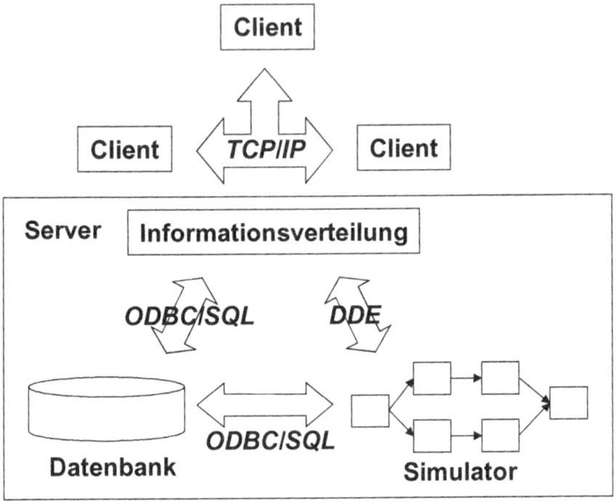

Abbildung 34: Teilaufgabe Informationsverteilung innerhalb des Simulations-Servers

Zu erkennen ist insbesondere

- die server-externe Kommunikation mit den Simulations-Clients sowie
- die server-interne Kommunikation mit
  - der Datenbank und
  - dem Simulator

Server-externe Kommunikation mit den Simulations-Clients

Aufgabe der server-externen Kommunikation mit den Simulations-Clients ist es, die von den Nutzern definierten Simulationsexperimente an den Simulations-Server weiterzugeben und Simulationsläufe anzustoßen (vgl. Absätze unten zu "Server-interne Kommunikation mit der Datenbank" und "Server-interne Kommunikation mit dem Simulator"). Darüber hinaus gibt der Informations-Server die vom Simulations-Server ermittelten Simulationsergebnisse wieder an die Nutzer weiter. Diese Kommunikation mit den Simulations-Clients wird über das Übertragungsprotokoll TCP/IP[49] und mittels eines kommerziell verfügbaren Informations-Servers realisiert. Der TCP-Teil, das Transmission Control Protocol, zerlegt dabei die zu übertragenden Daten in kleine Datenpakete und versieht sie mit Prüfnummern, um die spätere Wiederherstellung zu gewährleisten. Der IP-Teil, das Internet Protocol, versendet die Datenpakete über (meist unterschiedliche) Übertragungsstationen bis zum Empfänger. Die Adresse der Simulations-Clients (z.B. http://ClientXYZ.clientdomain.de) und die des Simulations-

[49] TCP/IP – Transmission Control Protocol / Internet Protocol

Servers (z.B. http://ServerXYZ.serverdomain.de[50]) sind dabei wechselweise Absender- und Empfängeradressen. Damit orientiert sich die Informationsverteilung in dem hier vorgestellten Ansatz an den im Internet bzw. den meisten Intranets etablierten Kommunikationsstandards, was die einfache Nutzbarkeit des Ansatzes erheblich fördert.

Server-interne Kommunikation mit der Datenbank

Aufgabe der server-internen Kommunikation mit der Datenbank ist es, die von den Simulations-Clients erhaltenen, konfigurierten Simulations-Experimente in der Datenstruktur (vgl. Abschnitt 6.2.2) abzulegen und somit der Weiterverarbeitung durch den Simulator zugänglich zu machen. Darüber hinaus werden bei der Kommunikation mit der Datenbank die vom Simulator pauschal bereitgestellten Simulationsergebnisse so strukturiert und portioniert, wie es der Nutzer für die jeweils aktuelle Auswertung angefordert hat (vgl. Abschnitt 7.2.4). Der Informationsaustausch der Datenbank mit dem Informations-Server sowie der Datenbank mit dem Simulator nutzt ODBC[51] als Standard zur Einbindung der Datenbank in den Simulations-Server. Zur Kommunikation selbst, also als Sprache die zwischen den jeweiligen Kommunikationspartnern gesprochen wird, wird die mittlerweile im Bereich der Datenbankkommunikation zum Standard gewordene *Structured Query Language (SQL)* eingesetzt. Mit Sprachkonstrukten nach dem Grundprinzip „SELECT object FROM datatable WHERE condition=true ORDER BY criteria“[52] können aus komplexen Datenstrukturen, etwa aus der in Abschnitt 6.2.2 vorgestellten, beliebige Zusammenhänge ermittelt und geordnet werden.

Server-interne Kommunikation mit dem Simulator

Aufgabe der server-internen Kommunikation mit dem Simulator ist es, den Lauf der Simulationsexperimente direkt anzustoßen bzw. im Simulator direkt Konfigurationen vorzunehmen, z.B. die Auswahl und Kalibrierung der Abstraktionsebenen in den hybrid-hierarchischen Modellen. Für diesen Informationsaustausch des Informations-Servers mit dem Simulator wurden eine Reihe von Möglichkeiten untersucht. Zwei davon werden exemplarisch herausgegriffen. Das erste hier diskutierte Verfahren, die DDE[53]-Kommunikation, wurde aufgrund ihrer technischen Leistungsfähigkeit und des zunehmenden Verbreitungsgrades gewählt. Die DDE-Kommunikation ist in der Lage, Methoden und Attribute innerhalb des Simulators direkt zu manipulieren und anzusto-

---

[50] die hier im Konzeptteil verwendeten Rechnernamen und Domains sind zu Beispielzwecken willkürlich gewählt. Sollten damit bestehende Domain- bzw. Markenrechte berührt werden, geschieht dies rein zufällig.
[51] ODBC: Open Database Connectivity
[52] sinngemäß: „WÄHLE objekt AUS datentabelle WO GILT bedingung=wahr ORDNE NACH kriterium“
[53] DDE: Dynamic Data Exchange

ßen. Dieser Weg erlaubt einen direkten Zugriff, beinhaltet aber die Gefahr, daß bei nicht sorgfältiger Modellierung der DDE-Anbindung die angesprochenen Komponenten in ihrem Verhalten gestört werden können. Hinzu kommt, daß dieser Weg nur funktioniert, wenn die teilnehmenden Systemkomponenten überhaupt eine DDE-Fähigkeit unterstützen. Das zweite Verfahren, ein automatentechnischer Ansatz, kam hingegen aufgrund seiner einfachen Übertragbarkeit auf nahezu beliebige Simulationswerkzeuge bei gleichzeitig befriedigender technischen Leistungsfähigkeit zum Zuge. Dabei ist der Simulator eine gekapselte Komponente, die nicht direkt von aussen angesprochen werden kann, sondern lediglich über die bereits erwähnte SQL-Schnittstelle die eigene Umwelt in Form von Systemvariablen beobachtet. Ändert sich eine definierte Systemvariable auf einen vorher spezifizierten Wert, so reagiert der im Simulator untergebrachte Automat, indem er eine simulatorinterne Aktion auslöst, z.B. einen Methodenstart oder eine Attributveränderung. Dieser Weg ist zwar in ungünstigen Fällen etwas langsamer als die direkte DDE-Anbindung, da die Reaktionsbereitschaft des Automaten abgewartet werden muß. Dafür führt der Simulator nur die Aktionen aus, die innerhalb seiner abgeschlossenen Umgebung erlaubt sind, was einen stabileren Lauf zur Folge hat. Aus diesem Grund und aus der Tatsache heraus, daß dabei einfachere Simulationswerkzeuge zum Einsatz kommen können (es ist lediglich eine Datenschnittstelle notwendig, z.B. SQL), wird in der vorliegenden Arbeit der automatentechnische Ansatz verfolgt[54].

[54]diese Entscheidung erfolgt aus den genannten, sehr pragmatischen Gründen. Dem Autor ist bewußt, daß die heute im Bereich DDE, OLE (Object Linking Embedding), CORBA (Common Object Request Broker Architecture) oder HLA (High Level Architecture) stattfindenden Entwicklungen bei anderer Schwerpunktsetzung zu einer hiervon abweichenden Entscheidung führen können.

7 Konzept der Systemkomponente „Simulations-Client“

7.1 Aufgaben des Simulations-Clients

Wie bereits in Abschnitt 2.1 anhand der Abbildung 4 (vgl. S. 9) dargestellt werden konnte, existieren bei der Produktionsplanung und –steuerung eine Reihe von Zielkonflikten zwischen produktionsexternen Faktoren (bzgl. Wirtschaftlichkeit und Kundenwirkung) auf der einen Seite und produktionsinternen Faktoren (logistische Kenngrößen der PPS) auf der anderen Seite. Aufgrund dieser Zielkonflikte kommt der Unterstützung der Entscheidungsprozesse durch die Simulations-Clients eine herausragende Bedeutung zu. Es ergeben sich dabei die Teilaufgaben

- Information, die den Nutzer über die Situation vor Ort informiert,
- Konfiguration, die die notwendigen Stellschrauben zur Konfiguration von Entscheidungen anbietet,
- Experiment, mit der die Durchführung der Experimente unterstützt wird, und
- Auswertung, die dem Nutzer die Ergebnisse in interpretierbarer Form bereitstellt.

Dieser Entscheidungszyklus aus verschiedenen Teilaufgaben ist in Abbildung 35 symbolisiert.

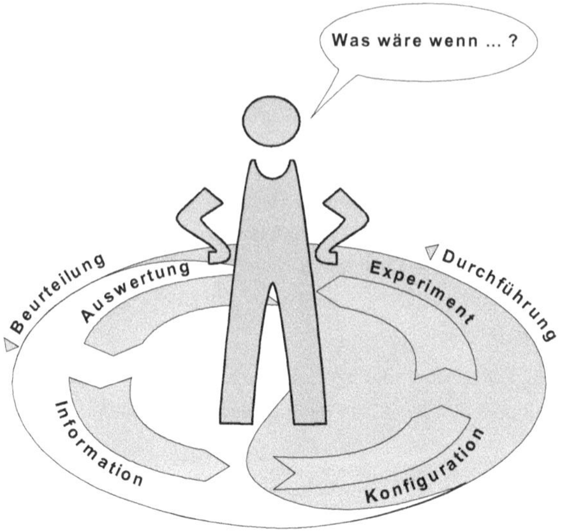

Abbildung 35: Entscheidungszyklus

In den nachfolgenden Abschnitten wird dieser Zyklus anhand der *beurteilungs-orientierten* Teilaufgaben „Information" und „Auswertung" (Abschnitt 7.2) sowie der *durchführungsorientierten* Teilaufgaben „Konfiguration" und „Experiment" (Abschnitt 7.3) näher erläutert.

7.2 Beurteilungsorientierte Teilaufgaben "Information" und "Auswertung"

7.2.1 Relevante Daten

Aufgrund eigener Untersuchungen in verschiedenen Industriebetrieben, die sich auf Befragungen von Werkern, Meistern, Disponenten und Produktionsleitern sowie Analysen vorhandener Informationssysteme und Dokumente stützen, wurden die Daten ermittelt, die im betriebsbegleitenden Einsatz zur Beurteilung der Situation im Produktionsfeld notwendig sind.

Diese gliedern sich in (vgl. auch SCHEER 1990, S. 3)

- Stammdaten bzgl.
  - der modellierten Arbeitssysteme der Unternehmenshierarchie (Produktionsbereich, Organisationseinheit und Einzelmaschine[55]),
  - der hergestellten Produkte und
  - der zugeordneten Arbeitspläne sowie
- Bewegungsdaten bzgl.
  - der im Betrachtungszeitraum produzierten Aufträge.

Zu beachten ist, daß die hier aufgeführten Daten im Simulations-Client lediglich dem Nutzer zur Beurteilung angeboten werden. Die tatsächliche Modellierung erfolgt aufgrund des gewählten Ansatzes für internet-basierte Simulation ("Fall 1", vgl. Abschnitt 6.2.2) auf dem Simulations-Server und dort speziell in der modellierten Datenstruktur (vgl. Abbildung 20, S. 67).

Abbildung 36 zeigt die Daten, die bzgl. der Arbeitssysteme *Produktionsbereich*, *Organisationseinheit* oder *Produktionsmittel* jeweils beurteilungsrelevant sind.

[55] nachfolgend wird für Einzelmaschine auch der Begriff Produktionsmittel verwendet

Arbeitssystem (Produktionsbereich, Organisationseinheit, Produktionsmittel) ⇨ untergeordnetes Arbeitssystem

- Identifikation
  - Ident-Nummer *Ident-Nr.*
  - Benennung *Benennung*
- Leistung
  - Anteil Rüsten *AR*
  - Anteil Bearbeiten *AB*
  - Anteil Leerlauf *AL*
  - Anteil Störung *AS*
- Kapazität
  - Real vorhandene Kapazität *Kreal* gegeben aus Realität
  - Notwendige Kapazität aus Simulation *Ksim*
- Verfügbarkeit
  - Mean Time Between Failure *MTBF* gegeben aus Realität
  - Mean Time To Repair *MTTR* gegeben aus Realität
- Ausbringung
  - Anzahl Aufträge *A_Anz_Auftr*
  - Durchführungszeit *A_ZDFi*
- Bestand
  - Anzahl Aufträge *B_Anz_Auftr*
  - Durchführungszeit *B_ZDFi*

Abbildung 36: Relevante Daten für ein Arbeitssystem

Die Daten untergliedern sich in Angaben zur Identifikation des modellierten Arbeitssystems, zur Kennzeichnung von Leistung, Kapazität und Verfügbarkeit sowie zur Messung der Ausbringung und des aktuellen Bestands an Aufträgen im jeweiligen Arbeitssystem.

Im gewählten Ansatz wird dabei kein Unterschied gemacht, auf welche Unternehmenshierarchie bzw. welches Arbeitssystem sich die Daten beziehen. Demnach werden in einem Produktionsbereich dieselben Größen gemessen (wenn auch auf wesentlich abstrakterem Niveau), wie in einer Organisationseinheit oder an einer Einzelmaschine. Dies wird dann leicht verständlich sein, wenn man die in Abschnitt 6.2.2 modellierte Datenstruktur und die dort dargestellten *1:n*-Beziehungen ("enthält") zwischen den Entities "Produktionsmittel und Organisationseinheit" sowie "Organisationseinheit und Organisationseinheit" beachtet. Die Verdichtung der Daten zwischen einzelnen Unternehmenshierarchien wird in Abschnitt 7.2.3 beschrieben.

In Abbildung 37 sind die beurteilungsrelevanten Daten zum Produkt dargestellt. Die wesentlichsten Daten sind hier die Angaben zur Identifikation des Produkts (Ident-Nr., Benennung, Arbeitsplan) sowie die Herstellkosten des Produkts, womit die monetäre Beurteilung des Umlaufbestandes gelingt.

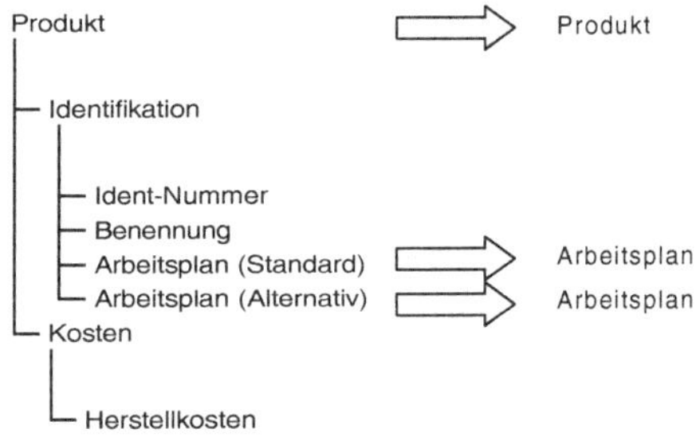

Abbildung 37: Relevante Daten für „Produkt“

Beachtenswert sind an dieser Stelle die hier nur angedeuteten, in Abschnitt 6.2.2, Abbildung 20 (S. 67) deutlich zu erkennenden Beziehungen zwischen "Produkt und Produkt" sowie "Produkt und Arbeitsplan". Demnach kann ein Produkt weitere Produkte enthalten (Endprodukt enthält Baugruppen, Baugruppen enthalten Einzelteile) und jedes Produkt besitzt einen Arbeitsplan sowie im Idealfall zusätzlich Alternativarbeitspläne.

Existieren keine Alternativarbeitspläne, so kann man auch nicht auf eine datentechnisch verarbeitbare Information zurückgreifen, welche Produktionsmittel alternativ eingesetzt werden können, wenn die ursprünglich vorgesehenen Produktionsmittel gestört oder überlastet sind bzw. wenn eine Kapazitätsnivellierung angestrebt wird. In der Realität wird dieses Problem meist dadurch umgangen, daß die Mitarbeiter der Fertigungssteuerung bzw. die vor Ort tätigen Mitarbeiter der Organisationseinheiten (z.B. Meister, Vorarbeiter) in der Regel über umfangreiche Erfahrungen verfügen, welche Ausweichmaschinen unter welchen Umständen zu belegen sind. Diese Erfahrungen sind sehr komplexer Natur und umfassen nicht dokumentierte Parameter, von der Maschinenleistung über das produzierbare Teilespektrum bis hin zu persönlichen Präferenzen. Um diese Erfahrungen zumindest annähernd abbilden zu können, wurde die in Abbildung 38 dargestellte Ähnlichkeitsmatrix entwickelt.

	Maschine 1	Maschine 2	Maschine 3	Maschine 4	Maschine 5	Maschine 6	Maschine 7	Maschine 8	Maschine 9	Maschine 10
Maschine 1	1.0	0.95	0.95	0.0	0.0	0.5	0.6	0.8	0.2	0.2
Maschine 2	0.95	1.0	0.0	0.0	0.0	0.0	0.0	0.0	0.0	0.0
Maschine 3	0.95	0.7	1.0	0.0	0.0	0.0	0.0	0.0	0.0	0.0
Maschine 4	0.0	0.0	0.0	1.0	0.0	0.0	0.0	0.0	0.0	0.0
Maschine 5	0.0	0.0	0.0	0.0	1.0	0.7	0.7	0.7	0.7	0.0
Maschine 6	0.5	0.0	0.0	0.0	0.7	1.0	0.0	0.0	0.0	0.0
Maschine 7	0.6	0.0	0.0	0.0	0.7	0.0	1.0	0.0	0.0	0.0
Maschine 8	0.8	0.0	0.0	0.0	0.7	0.0	0.0	1.0	0.7	0.7
Maschine 9	0.0	0.0	0.0	0.0	0.7	0.0	0.0	0.7	1.0	0.7
Maschine 10	0.0	0.0	0.0	0.0	0.0	0.0	0.0	0.7	0.7	1.0

Legende
1.0 : identisch
0.95 : nicht identisch aber austauschbar
0.9-0.0 : von Mitarbeitern geschätzte Ähnlichkeit

Abbildung 38: Ähnlichkeitsmatrix zur Abbildung von Alternativmaschinen

Die Ähnlichkeitsmatrix gibt an, welche Produktionsmittel aus der Sicht der Mitarbeiter im Unternehmen "ähnlich" sind. Die Werte der Matrix geben diesbezüglich die Einschätzung der befragten Produktionsexperten an, wobei einzelne Werte besondere Bedeutung besitzen. Ein solcher Wert ist die Angabe "Ähnlichkeit = 1.0", mit der identische Maschinen gekennzeichnet werden, in diesem Fall die Diagonale der Matrix. Die Angabe "Ähnlichkeit = 0.95" wurde für Maschinen definiert, die zwar nicht identisch, in ihren Eigenschaften aber gleich und daher austauschbar sind. Alle weiteren Angaben von 0.9 bis 0.0 basieren, wie schon erwähnt, auf durchgeführten Befragungen, wobei hier nur qualitative Angaben in Schrittweiten von maximal 0.1 relevant sind. Bei vorhandenem BDE- bzw. Auftragsverfolgungssystem läßt sich eine derartige Ähnlichkeitsmatrix mittels Soll-Ist-Vergleichs auch automatisch erstellen.

Dabei ist die Matrix keineswegs symmetrisch bzgl. ihrer Diagonalen. Dies liegt an dem einfachen Sachverhalt, daß z.B. eine Maschine A durchaus die Produkte der Maschine B (die z.B. über einen kleineren Arbeitsraum verfügt) übernehmen kann, nicht aber umgekehrt, wenn größere Teile von Maschine A im kleineren Arbeitsraum von Maschine B produziert werden müssen.

Die Verwendung der Ähnlichkeitsmatrix führt somit zwar nicht dazu, daß auf Auftragsebene für jeden einzelnen Auftrag die passende Ausweichmaschine gefunden wird, jedoch unterstützt sie auf Maschinenebene die Kapazitätsnivellierung, wie sie im Unternehmen gehandhabt wird.

Abbildung 39 zeigt die Daten eines Arbeitsplans, wir er üblicherweise angewendet wird. Aus modellierungstechnischer Sicht sind lediglich die mit Pfeilen angedeuteten Beziehungen "Arbeitsfolge durchläuft Organisationseinheit", "Arbeitsfolge nutzt Produktionsmittel" und "Arbeitsfolge nutzt Betriebsmittel" relevant.

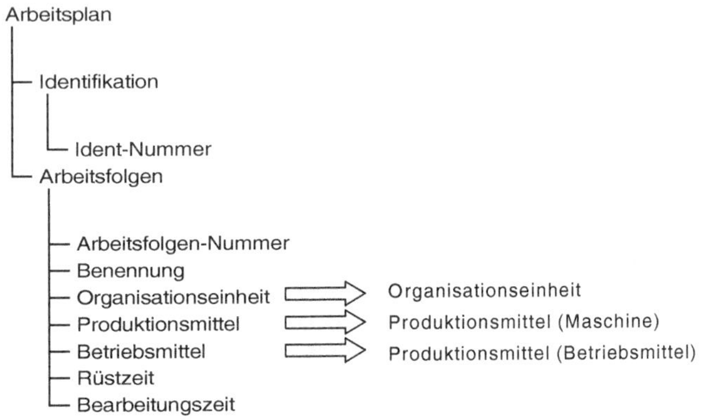

Abbildung 39: Relevante Daten für „Arbeitsplan"

Neben den bisher dargestellten Stammdaten benötigen die Nutzer auch Bewegungsdaten in Form von Auftragsdaten (vgl. Abbildung 40).

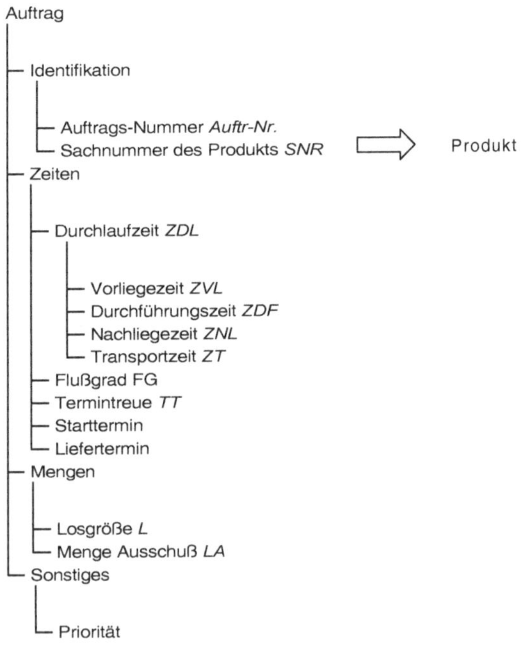

Abbildung 40: Relevante Daten für „Auftrag"

Die relevanten Daten untergliedern sich in Angaben zur Identifikation des Auftrags, wozu unter anderem die Zuordnung zu einem Produkt gehört. Darüber hinaus sind insbesondere Zeitangaben relevant, die das Durchlaufverhalten des Auftrags anhand von Vorliegezeit, Durchführungszeit etc. sowie daraus abgeleitet Flußfaktor (vgl. im Vorgriff S. 108) etc. charakterisieren. Hinzu kommen Mengenangaben zu Losgröße und Ausschuß sowie bei den meisten Produktionsbetrieben auch die aktuelle Priorität.

Aus den obigen Ausführungen wird klar, daß eine Fülle von Daten zur Beurteilung der Situation in der Produktion und zur Entscheidungsfindung notwendig ist. Es wird jedoch ebenso klar, daß diese Fülle unstrukturiert und ungefiltert den Nutzer völlig überfordern würde. Daher müssen die Daten in vielfältiger Weise verdichtet werden. Insbesondere werden damit auch die in Abschnitt 5.1 definierten, unterschiedlichen Zielgruppen *operative Mitarbeiter (Werker)*, *operativer Führungskreis (Werkstatt-, Segment- oder Inselleiter)* und *Planungskreis (Disponent, Produktionsleiter)*, die bzgl. Verantwortungsbereich, Informationsbedarf und Handlungsfreiraum deutliche Unterschiede aufweisen, differenziert angesprochen. Die nachfolgenden Ausführungen beschäftigen sich mit Möglichkeiten, diese Verdichtung durchzuführen.

7.2.2 Verdichtung innerhalb der Unternehmenshierarchien

Die Verdichtung von Daten innerhalb einer Unternehmenshierarchie, also innerhalb eines Produktionsbereichs, einer Organisationseinheit oder eines Produktionsmittels, hat zum Ziel, Sachverhalte durch Zusammenfassung und In-Bezug-Setzung vorhandener Größen aussagekräftiger darzustellen. Ein typisches Beispiel ist die zunächst geringe Aussagekraft der alleinstehend angegebenen Durchlaufzeit ZDL. Setzt man hingegen die Durchlaufzeit ZDL mit der Durchführungszeit ZDF in Bezug, so erhält man den Flußgrad FG, der angibt, wie zügig der Auftrag durch die Produktion fließt.

Eine Reihe von Autoren verdichten die Kenngrößen weiter zu einer sogenannten Zielfunktion (vgl. z.B. WEDEMEYER 1989, S. 81; SIMON 1994, S. 63). Die in der Literatur vorgefundenen Ansätze sind dabei aufgrund der verschiedenen Anwendungsfälle im Detail durchaus unterschiedlicher Natur, verfolgen aber immer das gleiche Grundmuster: *eine meist normierte Größe (z.B. der augenblickliche Bestand mit dem Soll-Bestand normiert) wird gewichtet und mit anderen normierten Größen zu der erwähnten Zielfunktion addiert.* Bei einigen der gefundenen Ansätze wird nach der Summation noch durch die Summe der Gewichtungsfaktoren dividiert, was die Zielfunktion auf handlichere Werte verkleinert.

<table>
<tr><td>Zielfunktion für Einheit i</td><td colspan="2">$Z_i = \left(\frac{gA_i * ZA_i + gZ_i * ZZ_i + gB_i * ZB_i}{gA_i + gZ_i + gB_i} \right)_i$</td></tr>
<tr><td>Teilzielgröße für Auslastung
$ZA_i = \frac{A_i}{A*_i}$</td><td>Teilzielgröße für Zeit
$ZZ_i = \frac{FG_i}{FG*_i}$</td><td>Teilzielgröße für Bestand
$ZB_i = \frac{B_i}{B*_i}$ für $B_i < B_i^*$
$ZB_i = 1 - \frac{B_i}{B*_i}$ für $B_i \geq B_i^*$</td></tr>
<tr><td rowspan="4">$A_i = AR_i + AB_i$
mit
AR_i = Anteil Rüsten
AB_i = Anteil Bearbeiten</td><td>Flußgrad über alle Aufträge
$FG_i = \left(\sum_{j=1}^{n} FG_j \right)_i$</td><td rowspan="4">a) Zeitorientiert
$B_i = \left(\sum_{j=1}^{n} ZDF_j \right)_i$

b) Kostenorientiert
$B_i = \left(\sum_{j=1}^{n} L_j * HK_j \right)_i$
mit
L_j = Losgröße des Auftrags j
HK_j = Herstellkosten für Auftrag j</td></tr>
<tr><td>Flußgrad für Auftrag j
$FG_{i,j} = \left(\frac{ZDF_j}{ZDL_j} \right)_i$</td></tr>
<tr><td><u>Durchführungszeit</u> für Auftrag j
$ZDF_j = (TR + L * TE)_j$
mit
TR = Rüstzeit
L = Losgröße
TE = Einzelzeit</td></tr>
<tr><td><u>Durchlaufzeit</u> für Auftrag j
$ZDL_j = ZVB_j + ZDF_j + ZNB_j + ZT_j$
mit
ZVB_j = Vorliegezeit
ZDF_j = Durchführungszeit
ZNB_j = Nachliegezeit
ZT_j = Transportzeit</td></tr>
<tr><td>mit
Gewichtung gA_i
und
Soll-Auslastung $A*_i$</td><td>mit
Gewichtung gZ_i
und
Soll-Flußgrad $FG*_i$</td><td>mit
Gewichtung gB_i
und
Soll-Bestand $B*_i$</td></tr>
<tr><td colspan="3">jeweils explizit definiert</td></tr>
</table>

Tabelle 8: Bestimmung der Zielfunktion mit den relevanten Teilzielgrößen

Demselben Grundmuster folgt auch die in diesem Ansatz definierte Zielfunktion, wobei *Auslastung, Durchlaufzeit bzw. Flußfaktor* und *Bestand* als Basis für wichtige Teilzielgrößen verwendet werden (vgl. Tabelle 8). Diese werden bzgl. ihrer jeweiligen Sollgrößen in Bezug gesetzt und gewichtet.

Eine Erweiterung dieser Zielfunktion ist entsprechend des zitierten Grundmusters möglich. Die Sollgrößen und die Gewichtungsfaktoren müssen dabei explizit vorher und im Einklang mit dem Zielsystem des Unternehmens definiert werden. So wird der Maschinenstundensatz der Produktionsmittel die Definition des Gewichtungsfaktors der Auslastung ebenso stark beeinflussen, wie die Herstellkosten oder der Platzverbrauch von Produkten den Gewichtungsfaktor für die Bestände bestimmen. Gleiches gilt für den Gewichtungsfaktor des Zeitanteils, wenn etwa Kunden mit hohen Ansprüchen an die Lieferzeit bedient werden müssen, im Gegensatz dazu, wenn nur ein Zwischenlager periodisch aufzufüllen ist.

Die definierte Zielfunktion ist dabei in gleichem Maße auf Produktionsmittel wie auf Organisationseinheiten und Produktionsbereiche anwendbar. Neben der Zielfunktion Z_i selbst, besitzen die Teilzielgrößen ZA_i bzgl. Auslastung, ZZ_i bzgl. Zeit und ZB_i bzgl. Bestand aufgrund ihres direkten Bezugs zu den logistischen Kennzahlen die größte Aussagekraft und in der betriebsbegleitenden Anwendung den höchsten Gebrauchswert.

7.2.3 Verdichtung zwischen den Unternehmenshierarchien

Die Verdichtung zwischen unterschiedlichen Unternehmenshierarchien, also z.B. zwischen *Produktionsmittel und Organisationseinheit* bzw. *Organisationseinheit und Produktionsbereich*, hat zum Ziel, Kennzahlen untergeordneter Unternehmenshierarchien zusammenzufassen und einer globaleren Beurteilung zugänglich zu machen. Ein typisches Beispiel ist die Angabe der durchschnittlichen Auslastung einer Organisationseinheit, die aus den Auslastungen der zugeordneten Einzelmaschinen gebildet werden kann.

Dabei sind zwischen den Unternehmenshierarchien nahezu beliebige Zusammenhänge möglich, mit denen die Daten untergeordneter Objekte zu einer gemeinsamen Größe zusammengefaßt werden können (vgl. LOEPER 1995, S. 51 FF.; COLLISI 1997, S. 151). In vielen Fällen können die Werte der untergeordneten Objekte zu einer gemeinsamen Größe gemittelt werden, wobei sämtliche untergeordneten Objekte gleichwertig sind. Um die in der Realität gegebene unterschiedliche Bedeutung von Objekten (z.B. Produktionsmittel mit hohem Maschinenstundensatz gegenüber solchen mit niedrigem Stundensatz) bei der Vermengung der Größen berücksichtigen zu können, wird in diesem Ansatz stattdessen der gewogene Mittelwert verwendet. Zur Darstellung der Homogenität der gewogen-gemittelten Größen wird die zugehörige Varianz verwendet (vgl. KREYSZIG 1974, S. 42; SACHS 1982, S. 22):

gewogener Mittelwert $G_\mu = \frac{\sum_{i=1}^{n} g_i * G_i}{\sum_{i=1}^{n} g_i}$	**Varianz** $G_\delta = \frac{\sum_{i=1}^{n} (G - G_\mu)^2}{n-1}$
G_μ = *gewogener Mittelwert* g_i = *Gewicht der Größe* G_i G_i = *Größe* G_i *des i-ten Elements*	G_δ = *Varianz*

Die obigen Größen G_i können sowohl die in Abbildung 36 dargestellte Daten zu *Leistung, Kapazität, Verfügbarkeit* und *Ausbringung* als auch die in Tabelle 8 benannte *Zielfunktion* Z_i sein, samt ihrer *Teilzielgrößen* ZA_i, ZZ_i und ZB_i.

7.2.4 Geeignete Darstellungsformen

Nach der Durchführung des Simulationsexperiments werden die Simulationsergebnisse den Nutzern zur Interpretation angeboten.

Im Sinne der Softwareergonomie genügt es dabei nicht bzw. ist es sogar kontraproduktiv, dem Nutzer pauschal alle Daten zur Verfügung zu stellen, zumal das Informationsbedürfnis und der Handlungsfreiraum der definierten Zielgruppen deutlich variiert. Vielmehr muß den Nutzern in Abhängigkeit ihres Vorwissens und ihrer Freiheitsgrade die Möglichkeit gegeben werden, ausgehend von einer groben Beurteilung der Situation, an kritische Stellen vorzudringen und diese wiederum im Detail untersuchen zu können.

Eine Voraussetzung dazu wurde bereits mit der Verdichtung der beurteilungsrelevanten Daten (vgl. Abschnitte 7.2.2 und 7.2.3) geschaffen, womit die Portionierung der dem Nutzer bereitgestellten Informationsdichte möglich wird. Eine weitere Voraussetzung besteht darin, die für die jeweiligen Daten geeignete Präsentationsform zu verwenden, mit der die relevanten Zusammenhänge vom Nutzer schnell erfaßt werden können.

In Tabelle 9 werden einige exemplarische Darstellungsformen für die Bereitstellung des Datenmaterials benannt und ihr im Koordinationssystem vorgesehenes Einsatzgebiet beschrieben.

1. Layout

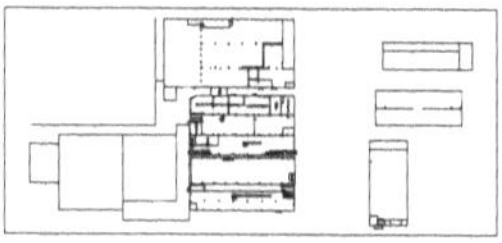

Räumliche Anordnung von Produktionsbereich und Organisationseinheit

2. Baumdiagramm

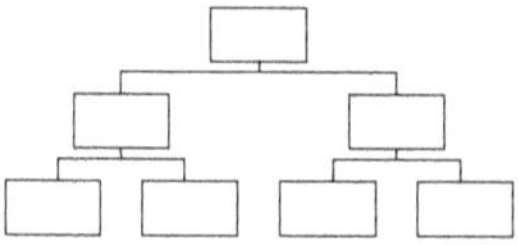

Darstellung von Organigrammen, Produktstrukturen, Fehlerbäumen

3. Gantt-Chart

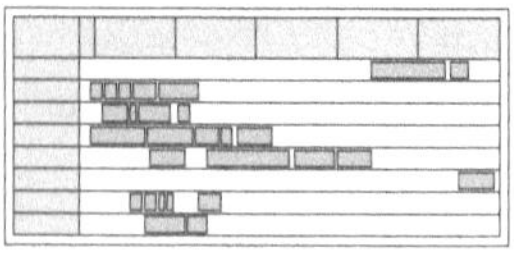

Darstellung der Abarbeitung von Aufträgen bzw. der Maschinenbelegung

4. Balkendiagramm

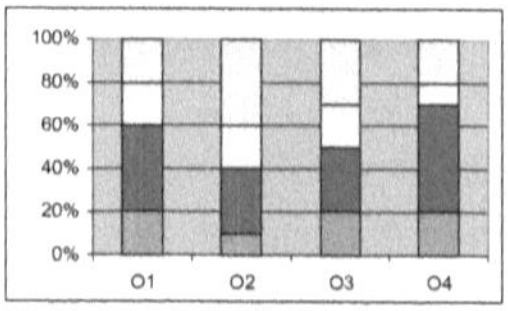

Rüstanteil, Bearbeitungsanteil, Warteanteil und Störungsanteil der Auslastung über mehrere Maschinen bzw. über der Zeit

5. Verteilung

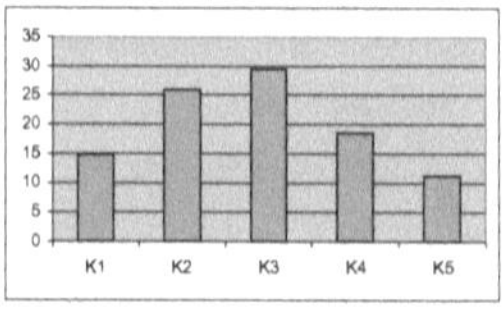

Darstellung der Termintreue als Verteilung um einen beobachteten Mittelwert

6. Kreisdiagramm

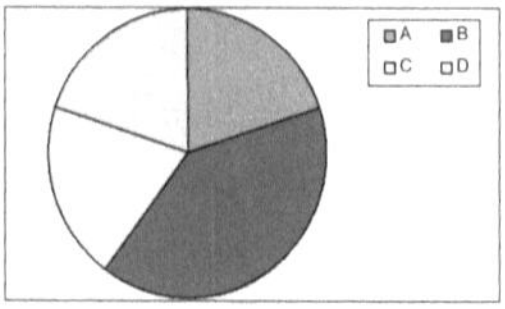

Gesamtdarstellung der Auslastungsanteile, Anteile von Kunden bzw. Produkten etc. am Produktionsvolumen

7. Durchlaufdiagramm

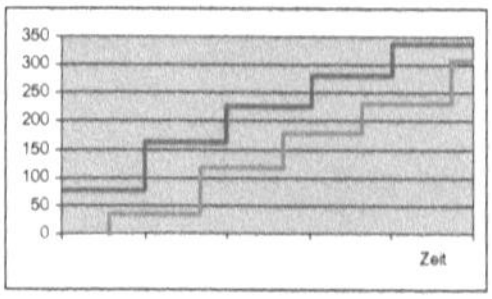

Darstellung des Zu- und des Abgangs an Aufträgen für ein Arbeitssystem

8. Terminkarte

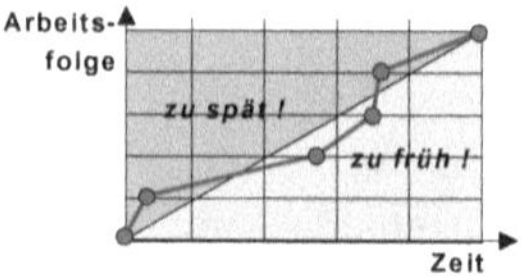

Arbeitsfortschritt über der Zeit zur Regelung der Auftragspriorisierung

9. Paretokurve

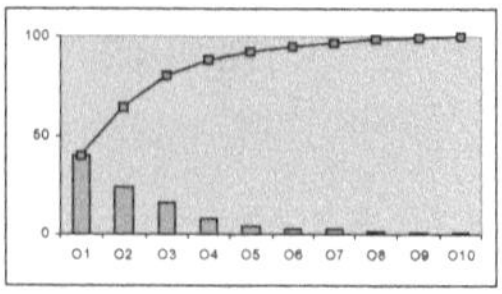

ABC-Betrachtung der Durchführungszeiten, der Herstellkosten etc. von Aufträgen

10. Tabelle

Auftr_Nr	Afo_Nr	Arbeitsfolge	TR	TE
10001	001	Sägen	120	5
10001	002	Fräsen	90	9
10001	003	Bohren	100	15
10002	001	Sägen	40	10
10002	002	Bohren	100	12

Darstellung von Auftragsdaten und Arbeitsplänen

11. Matrix

	A	B	C	D
A	1	1	0	0
B	1	1	0	0
C	0	0	1	1
D	0	0	1	1

Abbildung der Ähnlichkeit von Produktionsmitteln

12. Textausgabe

Maschine P033 gestört !

Ausgabe von Meldungen (z.B. Pop-up-Menü).

Tabelle 9: Relevante Darstellungsformen

Selbstverständlich können für die benannten Einsatzgebiete auch weitere Darstellungsformen benutzt werden, wie die vorgestellten Darstellungsformen auch für weitere Einsatzgebiete Verwendung finden können. Demnach verstehen sich die beschriebenen Diagramme, Tabellen etc. als beispielhaft für den hier relevanten Auswertungszweck ausgewählt.

Im Sinne der Bedienungsergonomie ist es entscheidend, die Nutzeroberflächen geeignet zu vernetzen, insbesondere um die im Rahmen der Beurteilung geforderte strukturierte Dekomposition und Aggregation der Daten zu unterstützen. Hierzu werden die angebotenen Nutzeroberflächen in dem hier vorgestellten Assistenzsystem vielfach verkettet, so daß der Nutzer z.B. von einer überblickshaften Beurteilung der Auslastungssituation aller Maschinen zunächst eine Maschine herausgreifen kann, um deren Auslastungssituation über der Zeit zu untersuchen. Durch die Anwahl weiterer, vernetzter Diagramme kann der Nutzer so z.B. bis zu einzelnen Störungen gelangen, die in der Summe zu der auf übergeordneter Ebene beobachteten Verfügbarkeit bzw. Auslastung geführt haben. Basis für dieses Top-Down- und Bottom-Up-Vorgehen ist die in Abschnitt 6.2.2 entwickelte Datenstruktur sowie die in den Abschnitten 7.2.2 und 7.2.3 beschriebenen Wege zur Verdichtung von Daten.

7.3 Durchführungsorientierte Teilaufgaben "Konfiguration" und "Experiment"

7.3.1 Konfiguration der Entscheidungen

Bei der Konfiguration der Entscheidungen muß zunächst danach gefragt werden, auf welchen Zeithorizonten Entscheidungen stattfinden, welche davon für die betriebsbegleitende Koordination überhaupt Relevanz besitzen und welches die wesentlichen Entscheidungsparameter sind.

Betrachtet man die unterschiedlichen Aufgaben der Produktionsplanung und -steuerung (vgl. auch Abschnitt 2.1 "Ansätze in der Praxis", S. 9 ff.), so findet man unterschiedliche Planungsfrequenzen, die von einem Tag über Wochen, Monate bis hin zu Jahren reichen können (WEDEMEYER 1989, S. 17).

Die Entscheidungen im *kurzfristigen* Bereich (1 Tag bis 1 Woche) besitzen *operativen* Charakter und greifen unmittelbar in den Fertigungsablauf ein. Die Durchführung und Durchsetzung der Entscheidungen muß hier demnach schneller sein, als die Durchführungszeiten der betrachteten Produktionsabläufe.

Die Entscheidungen im *mittelfristigen* Bereich (1 Woche bis 3 Monate) besitzen *dispositiven* Charakter. Sie greifen zum Teil direkt in den Fertigungsablauf ein, nehmen aber auch Aufgaben der Kapazitäts- und Terminplanung sowie der Auftragsfreigabe wahr.

Die Entscheidungen im *langfristigen* Bereich (3 Monate bis Jahre) besitzen *strategischen* Charakter, und betreffen grundsätzliche Entscheidungen zur Produktionsstruktur und zum Produktionsprogramm. Während die Entscheidungskriterien im kurz- bis mittelfristigen Bereich zwar von komplexer Natur, jedoch meist bekannt sind, handelt es sich im langfristigen Bereich um ein Problem der Produktionsstrukturplanung. Da der hier vorgestellte Ansatz den Anspruch besitzt, die Entscheidungsfindung im kurz- bis mittelfristigen Bereich kompetent zu unterstützen, beschränkt sich die Unterstützung für die mittel- bis langfristigen Entscheidungen auf Hinweise, die einen weitergehenden Planungsbedarf anzeigen. Diese Hinweise stellen mit den ermittelten Kennzahlen eine Basis dar, auf der weitere, hier nicht im Fokus stehende Ansätze aus dem Bereich der Produktionsstrukturplanung bis hin zur Fabrikplanung aufsetzen können (vgl. KETTNER ET AL. 1984; AGGTELEKY 1987).

Für diese drei Zeithorizonte, *kurz-*, *mittel-* und *langfristig*, sind in Tabelle 10 und Tabelle 11 jeweils relevante Entscheidungen dargestellt. Zu erkennen sind dabei die verfolgte *Strategie*, die *Kriterien* für eine mögliche Anwendbarkeit der Strategie sowie die durchzuführende *Aktion*.

Zeit-horizont	**Strategie**	**Kriterium**	**Aktion**
kurz	Rüstoptimierung	Rüstzeiten hoch Vorrichtungen, Betriebsmittel und Werkzeuge gleich	Aufträge zu Rüstfamilien zusammenfassen
	Auftragsharmonisierung	Durchführungszeiten des Auftrags weit über dem Durchschnitt anderer Aufträge	Auftrag splitten
	Vorab liefern	Teile des Auftrags werden zur Weiterverarbeitung benötigt	Auftrag splitten und vorab liefern
	Auftrags priorisierung	Kurze (=KOZ) bzw. lange (=LOZ) Operationszeit, geringe Restpufferzeit (SLACK), wichtiger Kunde etc.	Reihenfolge der Auftragsabarbeitung ändern: *auftragsspezifisch* oder *generell,* durch Änderung der Steuerungsstrategie (z.B. von FIFO auf SLACK)
	Engpaßmanagement	Produktionsmittel ist Engpaß: - Auslastung ≈ maximal und - Bestand hoch	
		→ Alternativmaschine ist vorhanden	Auftrag auf Alternativmaschine umplanen
		→ Alternativmaschine ist nicht vorhanden	Auftrag an der Vorgängermaschine zurückhalten bzw. nicht einlasten
	Kapazitätsnivellierung	Auslastung hoch und Alternativmaschine vorhanden Auftrag hat keinen Zeitpuffer	Auftrag intern umplanen
mittel	Externvergabe (verlängerte Werkbank)	Auslastung hoch und keine Alternative vorhanden Auftrag hat keinen Zeitpuffer	Auftrag extern vergeben

Tabelle 10: Kurzfirstig-operative und mittelfristig-dispositive Entscheidungen

Zeit-horizont	**Strategie**	**Kriterium**	**Aktion**
mittel	Externvergabe (Make-or-buy)	Externer Lieferant billiger als Eigenfertigung und Produkt betrifft keine Kern-kompetenz	Auftrag extern verge-ben
	technische Verfügbarkeit steigern	MTTR hoch (Mean Time To Repair)	Dezentrale Instand-haltung, vorbereitete Reparaturmodule, Instandhaltung wäh-rend geplanter Pau-senzeiten (Wochenen-de, Nachschicht etc.)
		MTBF niedrig (Mean Time Between Failure)	Präventive Instand-haltung durchführen oder zuverlässigere Maschinen beschaffen
	Produktions-struktur und –abläufe optimie-ren	Komplexe Einflußfaktoren, u.a. - hohe Zahl von Schnittstellen - Abstimmungsaufwand hoch - Transportwege lang - Flußgrade niedrig - etc.	Fülle von Maßnah-men(paketen) im Um-feld der Restruktu-rierung
lang	Produktions-system und Produkt-spektrum in Einklang brin-gen	Komplexe Einflußfaktoren, u.a. - Auslastung - Ausbringung - Durchlaufzeit, Termintreue - gebundene Bestände und Ka-pital - notwendige Mehraufwände (z.B. für neue Produktions-mittel)	Fülle von Maßnah-men(paketen) im Um-feld der Produktions-systemplanung bzw. Entscheidung über Auftragsbearbeitung

Tabelle 11: Mittelfristig-dispositive und langfristig-strategische Entscheidungen als Basis für weitergehende Ansätze der Fabrik- und Strukturplanung

Die in Tabelle 10 und Tabelle 11 dargestellten Kriterien können anhand der bereitgestellten Daten und Darstellungsformen, wie sie in den Abschnitten 7.2.1 bis 7.2.4 dargestellt wurden, überprüft werden. Um hingegen die dargestellten Aktionen durchführen zu können, müssen einzelne Daten vom Nutzer im Sinne o.g. Aktionen verändert werden können. Dazu wird dem Nutzer in den entwickelten Oberflächen mit der Teilaufgabe "Konfiguration" in vielfältiger Form Gelegenheit gegeben, etwa durch Veränderung der Arbeitsfolgen, Losgröße, Bearbeitungszeiten, Schichtpläne etc.

7.3.2 Konfiguration des Experimentrahmens

Neben der Konfiguration von Stellparametern, die im Rahmen der Auftragsabwicklung unmittelbar Entscheidungen ansprechen, muß der Experimentrahmen konfiguriert werden. Hierzu gehören die in Tabelle 12 dargestellten Faktoren zu den Aspekten *Zeit*, *Modellkonfiguration*, *Daten-Ein- und -Ausgabe* sowie *sonstige Faktoren.*

Zeitfaktoren	
• Simulationszeitraum	Beginn und Ende des Zeitraums, über den sich der Simulationslauf erstreckt (einschließlich Einschwing- und Ausschwingphase)
• Auswertungszeitraum	Beginn und Ende des Zeitraums, für den Auswertungen durchgeführt werden sollen (es werden mindestens Ein- und Ausschwingphase ausgeblendet)
Modellkonfiguration	
• Umfang des Untersuchungsbereiches	Betrachtete Produktionsbereiche, Organisationseinheiten, Produktionsmittel
• Modelleigenschaften	Wahl der Abstraktionsebenen anhand der in Abschnitt 6.3.2.2 definierten Eigenschaften und gemäß des in Abschnitt 6.3.3 beschriebenen Vorgehens.
Daten-Ein- und -Ausgabe	
• Einbringung der Systemlast für die Initialisierung	Momentaufnahme der zu Beginn des Simulationszeitraums im Untersuchungsbereich befindlichen Aufträge aus BDE- bzw. Auftragsverfolgungssystem (dadurch Verkürzung des Einschwingzeitraums).
• Einbringung der Systemlast für den Simulationszeitraum	Einlesen des zu simulierenden Auftragsspektrums aus PPS-Systemen (für real noch nicht eingelastete Aufträge) sowie aus BDE- bzw. Auftragsverfolgungssystemen (für real schon eingelastete Aufträge)
Sonstige Faktoren	
• persönliche Nutzereinstellungen	Definition spezieller Benutzerpräferenzen, wie benötigte bzw. gewünschte Oberflächen, spezielle Auswertungen etc.

Tabelle 12: Faktoren zur Konfiguration des Experimentrahmens

7.3.3 Durchführung des Experiments

Mit den bisherigen Ausführungen können sich die Nutzer über die gegebene Situation informieren sowie Sachverhalte vor Ort auswerten (Abschnitte 7.2.1 bis 7.2.4). Darüber hinaus können sie mögliche Entscheidungen ableiten und das Simulationsexperiment für die Durchführung der Entscheidungsunterstützung konfigurieren (Abschnitt 7.3.1 und 7.3.2).

Die Teilaufgabe „Experiment“ beschränkt sich demnach darauf, die vorgenommenen Konfigurationseinstellungen an den Simulations-Server zu übermitteln und das Simulationsexperiment zu starten. Die komplette Simulationsarbeit wird vom Simulations-Server übernommen, wozu dieser sich der in Abschnitt 6.2.2 beschriebenen Datenstruktur und der in Abschnitt 6.3.2 dargestellten hybrid-hierarchischen Simulationsmodelle bedient.

Nach dem definierten Ende des Simulations- bzw. Auswertungszeitraums oder auch nach einem durch den Nutzer bewußt vorgenommenen (Zwischen)Stopp, werden die Simulationsergebnisse ausgegeben und wieder an die Simulations-Clients übermittelt. Die entsprechenden Abläufe bei der Informationsverteilung zwischen Simulations-Client und –Server wurden bereits in Abschnitt 6.4 beschrieben.

Im folgenden Kapitel 8 wird darauf eingegangen, wie die erarbeiteten konzeptionellen Ansätze bzgl. des gesamten Koordinationssystems bzw. der beiden Schwerpunkte *Simulations-Server* und *Simulations-Clients* prototypisch umgesetzt wurden.

8 Prototypische Umsetzung

8.1 Vorstellung des Beispielunternehmens

Konzerninterne Rolle des Unternehmens

Bei dem hier betrachteten Beispielunternehmen handelt es sich um ein konzerninternes Zulieferwerk der Nutzfahrzeugindustrie. Kernkompetenzen des Werkes sind die spanlose Bearbeitung von Blechteilen sowie die Schweißtechnik. Das Teilespektrum reicht von gesamten Systemkomponenten über Baugruppen bis hin zu einzelnen Kleinteilen.

Als eigenständiger Standort im Konzern besitzt das Unternehmen innerhalb eines definierten Budgets Teilautonomie hinsichtlich Entscheidungen zu Produktionsstruktur und Produktionsabläufen. Gleichzeitig ist es als konzerninterner Zulieferer eng mit den anderen, weiterverarbeitenden Standorten des Konzerns verbunden. Dies führt zu Anforderungen wie hohe Liefertreue beim Standard-Produktprogramm (z.T. JIT-Lieferung) und hohe Flexibilität bzgl. Änderungen beim Abruf von Halbfertigteilen. Darüber hinaus steht das Werk in permanentem Wettbewerb mit externen Zulieferern und muß speziell für neue Produkte seine Leistungsfähigkeit und Reaktionsfähigkeit bzgl. zukünftiger Anforderungen im Konzern immer wieder neu unter Beweis stellen.

Unternehmensinterne Anforderungen

Nach einer außerhalb des hier beschriebenen Anwendungsbeispiels erfolgten Reorganisation verfügt das Unternehmen werksintern über heterogene Produktionsstrukturen aus verrichtungsorientierten (hier Werkstätten) und objektorientierten Einheiten (hier Fertigungsinseln). Diese Mischstrukturen haben das zum Projektzeitpunkt relevante Produktspektrum sowie die zugehörigen Produktionsprozesse geeignet abgebildet. Im Rahmen der Reorganisation wurde den heterogenen Strukturen für kurz- bis mittelfristige Entscheidungen (vgl. Tabelle 10 und Tabelle 11) ein hohes Maß an Teilautonomie gewährt. Um diese Teilautonomie geeignet wahrzunehmen, benötigten die Mitarbeiter in den Produktionseinheiten Unterstützung bei den anfallenden Entscheidungen bzgl. der operativen Planung und Steuerung der Produktionsabläufe.

Aus diesen Gründen, der *Einbindung und Rolle im Gesamtkonzern* sowie der *werksinternen, heterogenen, teilautonomen Strukturen*, ist das betrachtete Unternehmen als Beispielfall für den hier beschriebenen Ansatz besonders geeignet. Abbildung 41 zeigt die Organisationsstruktur des Unternehmens, soweit sie für das hier beschriebene Anwendungsbeispiel relevant ist.

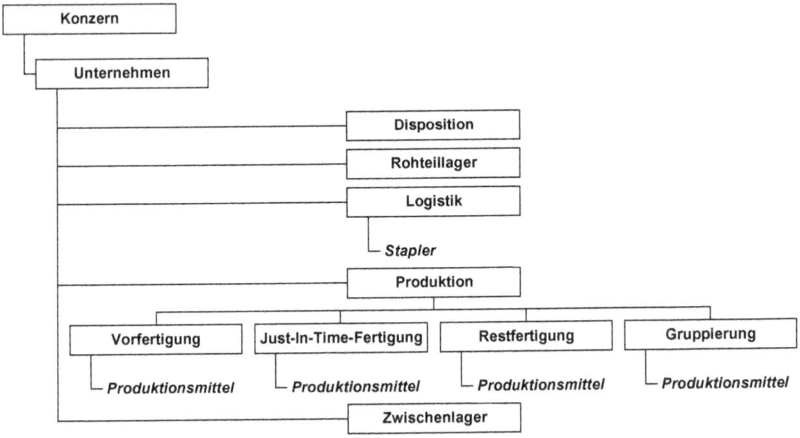

Abbildung 41: Organisationsstruktur im Beispielunternehmen (Ausschnitt)

Relevantes Teilespektrum

Nach der erfolgten Reorganisation orientiert sich die Produktion an zwei wesentlichen Teilegruppen mit signifikant unterschiedlichen Umsatzvolumina und Auftragsstrukturen. In der Sprachregelung des Werkes sind dies sogenannte Just-In-Time-Teile (JIT-Teile) und Standard-Teile. Abbildung 42 zeigt die Produktionsabläufe für die JIT- und die Standard-Teile, wie sie innerhalb dieser Systemstruktur hergestellt werden.

Die *JIT-Teile* (ca. 100 Sachnummern) umfassen aufwendige und kostenintensive Strukturteile mit einem hohen Umsatzanteil von 80% und werden an konzerninterne Kunden, dies sind Fertigungs- und Montagewerke an anderen Standorten, im wesentlichen[56] direkt an das Produktionsband geliefert. Dabei werden etwa 80 % der JIT-Teile nach dem Zieh-Prinzip gesteuert. Die Auftragsauslösung erfolgt demnach nicht in der JIT-Insel, sondern in der nachgelagerten Gruppierungs-Einheit. Hier erfolgt eine Stücklistenauflösung des Gruppierungsauftrags, wonach die zugehörigen Einzelteilaufträge unter anderem in der JIT-Insel ausgelöst werden. Damit tritt die JIT-Insel als interner Lieferant gegenüber dem internen Kunden „Gruppierungs-Einheit“ auf. Für die restlichen 20 % der JIT-Teile wurde ein Kanban-Kreislauf eingerichtet, so daß

[56] zur Sicherstellung der kontinuierlichen Materialversorgung der weiterverarbeitenden Prozesse erfolgt eine kurze Zwischenpufferung

die Teile wiederum von der Gruppierungs-Einheit „gezogen“ werden, jedoch keine explizite Auslösung der zugehörigen Einzelteile erfolgt. In beiden Fällen wird von einer geplanten Durchlaufzeit von einer Periode (7 Tage) ausgegangen.

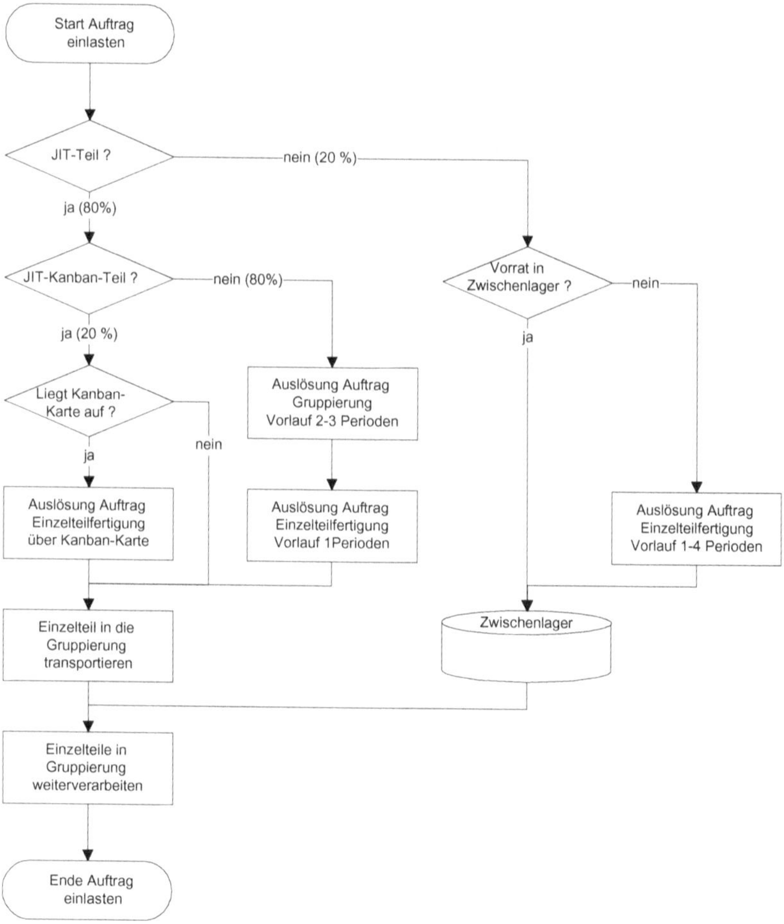

Abbildung 42: Produktionsablauf für JIT- und Standard-Teile

Die *Standard-Teile* (ca. 1100 Sachnummern) umfassen den restlichen Umsatzanteil von 20% und werden nach ihrer Produktion in einem Zwischenlager gepuffert – Gründe hierfür sind die Mindestlosgröße, unterhalb derer eine wirtschaftliche Fertigung dieser Teile nicht gegeben ist, zusammen mit dem logistischen Aufwand, diese Teile in kleinen Mengen an das oder die weiterverarbeitenden Werke des Konzerns zu liefern. Die Auftragsauslösung erfolgt dann, wenn die entsprechende Sachnummer angefordert und im Zwischenlager kein ausreichender Vorrat mehr vorhanden ist. Die Auftragsmenge umfaßt dabei mindestens den gegenüber der bestellten Menge fehlenden Lagerbestand, kann aber auch darüber hinausgehen, etwa um einen Vorrat im Zwischenlager anzulegen. Hier wird von einer geplanten Durchlaufzeit von einer bis vier Perioden ausgegangen, die sich aus der Dringlichkeit des Auftrags ableitet.

Für dieses Teilespektrum wurde ein Simulationszeitraum von 21 Betriebskalender-Perioden betrachtet, was mit 7 Tagen pro Periode einer Dauer von 147 Tagen entspricht. In diesem Zeitraum wurden insgesamt 10.377 Aufträge abgearbeitet, von denen 1.920 auf JIT-Teile und 8.457 auf Standard-Teile entfallen sind. Demnach wurden je Periode 91 JIT-Teil-Aufträge mit durchschnittlich 6 Arbeitsschritten und 402 Standard-Aufträge mit durchschnittlich 5 Arbeitsschritten je Auftrag ausgelöst (vgl. Tabelle 13).

Produktgruppe	**Anzahl Aufträge**	**Aufträge je Periode (im Mittel)**	**Arbeitsschritte je Auftrag (im Mittel)**
JIT-Teile	1.920	91	6
Standard-Teile	8.457	402	5

Tabelle 13: Spezifikation der Systemlast

Bei den Auftragsdaten standen die Sachnummer der Teile, die Liefermenge, und Lieferperiode sowie die theoretische Durchlaufzeit zur Verfügung. Der jeweiligen Sachnummer waren der Arbeitsplan mit Arbeitsfolge, Produktions- und Betriebsmittel sowie Rüst- und Einzelzeit zugeordnet.

8.2 Umsetzung des Systems

8.2.1 Gesamtdarstellung des Koordinationssystems

Hauptanforderung an das Assistenzsystem ist die *Anwendbarkeit* im betriebsbegleitenden Einsatz.

Diese Anwendbarkeit umfaßt die Leistungsfähigkeit des Simulations-Servers, für den in Kapitel 6 die entsprechenden Ansätze bei Datenhaltung, Simulationsmodellen und Informationsverteilung konzipiert wurden.

Zur Anwendbarkeit gehört jedoch auch, daß den Mitarbeitern im Unternehmen eine einfache Nutzung des Assistenzsystems ermöglicht wird. Hierzu wurden in Kapitel 7 Lösungen zu Aufbau und Einsatz der Nutzeroberflächen beschrieben.

Auf dieser konzeptionellen Basis wurde in dieser Arbeit das auf hybrid-hierarchischen Simulationsmodellen und Internet-Technologien basierende Assistenzsystem INTERSIM[57] entwickelt, dessen Gesamtdarstellung Abbildung 43 zeigt.

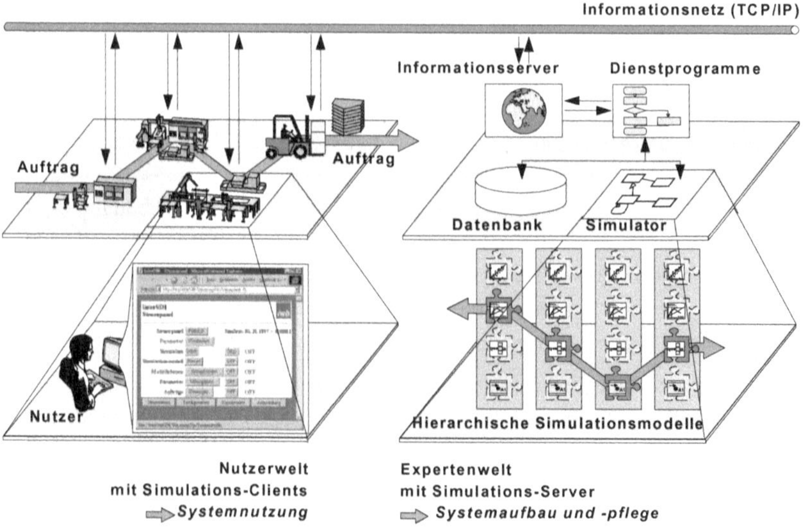

Abbildung 43: Gesamtdarstellung des Assistenzsystems InterSIM

In der Expertenwelt (Abbildung 43, rechts) sind der Simulator, der auf Basis hybrid-hierarchischer Simulationsmodelle die Simulation übernimmt, und eine Datenbank integriert, in der die Struktur- und Ablaufdaten abgelegt sind. Ein Informationsserver übernimmt die Kommunikation zwischen *Simulator*, *Datenbank* und *Nutzerwelt.*

In der Nutzerwelt (Abbildung 43, links) stehen einfache, HTML[58]-basierte Eingabeoberflächen bereit. Die Gestaltung der einzelnen Oberflächen und deren Struktur wurde auf die Anforderungen der Nutzer abgestimmt. Damit kann die Definition und Auswertung von Experimenten plattformunabhängig[59] auf einfachen Rechnern stattfinden.

[57] INTERSIM – INTERnet-SIMulation
[58] HTML: Hypertext Markup Language
[59] aufgrund des HTML-Standards unabhängig vom Betriebssystem

8.2.2 Umsetzung des Simulations-Servers

8.2.2.1 Verwendete Werkzeuge

Aufgrund der im Beispielunternehmen gegebenen Randbedingungen an Hard- und Software wurde für die Umsetzung des Prototypens des Koordinationssystems eine PC-orientierte Lösung bevorzugt.

Für die Umsetzung des Simulations-Servers stand ein *NT-Server (Version 4.0)* zur Verfügung, der mit dem *Internet-Information-Server (Version 2.0)* zugleich den Informations-Server bereitgestellt hat. Als Simulator stand der bausteinorientierte Ablaufsimulator *SIMPLE++ (Version 4.0.1)* der Firma AESOP/TECNOMATIX zur Verfügung. Dieser wurde aufgrund seines umfangreichen Programmiermoduls und der in Zusatzbausteinen vorhandenen Statistikfunktionen sowohl für die Abbildung der ereignisdiskreten Modellebenen als auch für die Erstellung der Warteschlangenmodelle und der Betriebskennlinien herangezogen. Die Datenbank, die aus den in Abschnitt 6.2.2 (vgl. S. 66) beschriebenen Gründen aus der relationalen Welt entstammt, wurde in *MS-Access (Version 97)* abgebildet.

Damit stützt sich die Umsetzung des entwickelten Konzepts auf kauffertige Werkzeuge, die sich zum Teil sogar aus Office-Applikationen ableiten. Somit kann das Assistenzsystem auch in Unternehmen mit noch unterentwickelter informationstechnischer Infrastruktur mit relativ geringem Aufwand implementiert werden. Eine Ausnahme bildet hier der verwendete Simulator, der aufgrund seiner Leistungsfähigkeit sowohl in Anschaffung als auch in Aufbau und Pflege entsprechende Kosten verursacht. Zur Kostenreduzierung bietet das entwickelte Konzept, neben der Verwendbarkeit einfacherer, preisgünstigerer Simulatoren, insofern einen Ansatzpunkt, als daß es durch das Client-Server-Prinzip erlaubt, über einfache Simulations-Clients bedarfsorientiert Simulationsleistung zu beziehen. Der Simulations-Server, von dem diese Simulationsleistung bezogen wird, kann entweder zentral im Unternehmen oder bei einem Dienstleister betrieben und gepflegt werden.

8.2.2.2 Teilaufgabe „Datenhaltung“

Abbildung 44 zeigt einen Ausschnitt aus dem umgesetzten und in Abschnitt 6.2.2 mit der Entity-Relationship-Methode (E/R) konzipierten Datenmodell.

Datenmodell

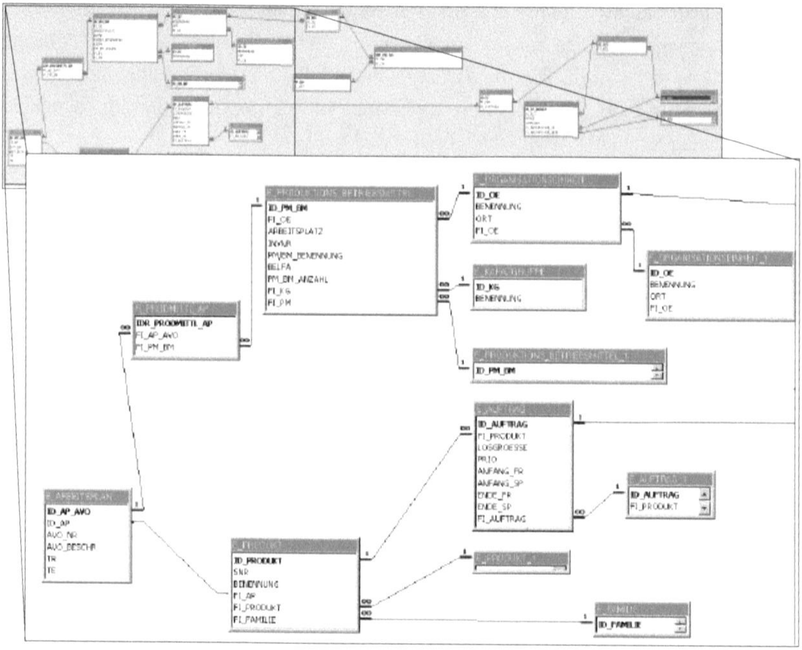

Abbildung 44: Beziehungsdiagramm des umgesetzten Datenmodells

Zur besseren Übersicht wurde für Entities die Nomenklatur „*E_...*“ und für Relationen „*R_ ...*“ verwendet. Da *1:1* und *1:n-Beziehungen* direkt zwischen Entities modelliert werden können, erfordern sie keine gesonderte Definition eines Objekts „Beziehung“, weshalb nur für n:m-Beziehungen, z.B. zwischen Produktionsmittel und Arbeitsplan (*E_Produktions_Betriebsmittel* und *E_Arbeitsplan*), eigene Relationen-Objekte (hier *R_Prodmittl_AP*) definiert werden mußten.

Zu sehen ist beispielsweise die 1:n-Beziehung[60] eines Produktes (Entity *E_Produkt*) zu einem untergeordneten Produkt (Entity *E_Produkt_1*[61]), womit die Situation „ein Pro-

---

[60] die verwendete Datenbank benutzt bei 1:n-Beziehungen die Nomeklatur "1:∞ "

dukt enthält Baugruppen“ bzw. „Baugruppen enthalten Einzelteile“ etc. dargestellt werden kann. Ebenso ist auch die *1:1-Beziehung* zwischen Produkt und Arbeitsplan sowie die bereits zitierte *n:m-Beziehung* zwischen Produktionsmittel und Arbeitsplan dargestellt.

Auf Basis dieser Datenstruktur und der systemimmanenten Eigenschaften von (relationalen) Datenbanken können die darin abgelegten Daten mit Hilfe der *Structured Query Language (SQL)* in nahezu beliebiger Art und Weise abgefragt und verändert werden. Dies gilt sowohl für *simulations-server-externe Zugriffe* durch die Simulations-Clients als auch für *simulations-server-interne Zugriffe* durch den im folgenden beschriebenen Simulator.

8.2.2.3 Teilaufgabe „Simulation“

Struktureller Aufbau des Simulationsmodells

Zur Erhöhung der Übersicht im Simulationsmodell wurden die in der betrachteten Beispielproduktion vorgefundenen Unternehmenshierarchien im Modell weitgehend nachgebildet und gegebenenfalls durch simulationsspezifische Aspekte ergänzt.

Ausgangspunkt ist die Unternehmensebene, in der die verschiedenen Produktionsbereiche angeordnet sind. Hinzu kommen das Netzwerk „Management“, welches die Anbindung an die Datenbank und den Informationsserver koordiniert sowie die globalen Dispositions- und Steuerungsstrategien des Beispielunternehmens nachbildet. Das Netzwerk „Archiv“ wertet die Simulationsläufe aus und verdichtet die Ergebnisse zu einer auswertbaren Form. Daneben ist noch das Netzwerk "Transport" angeordnet, welches Transportfahrzeuge für die unternehmensinterne Logistik (=Stapler) bereitstellt und diese selbständig in einem der Realität nachempfundenen Stapler-Management-System verwaltet.

Der Unternehmenshierarchie folgend, gliedert sich z.B. der Bereich Produktion in weitere Organisationseinheiten auf (z.B. JIT-Insel). Die Organisationseinheiten wiederum enthalten Einzelmaschinen, wie hier am Beispiel der JIT-Insel und einem Produktionsmittel ("P025", eine Exzenterpresse) dargestellt (vgl. Abbildung 45).

[61] die Erweiterung „_1“ von E_Auftrag zu E_Auftrag_1 bezeichnet eine interne Modellkopie von MS-Access. Modellierungstechnisch handelt es sich um dasselbe Objekt.

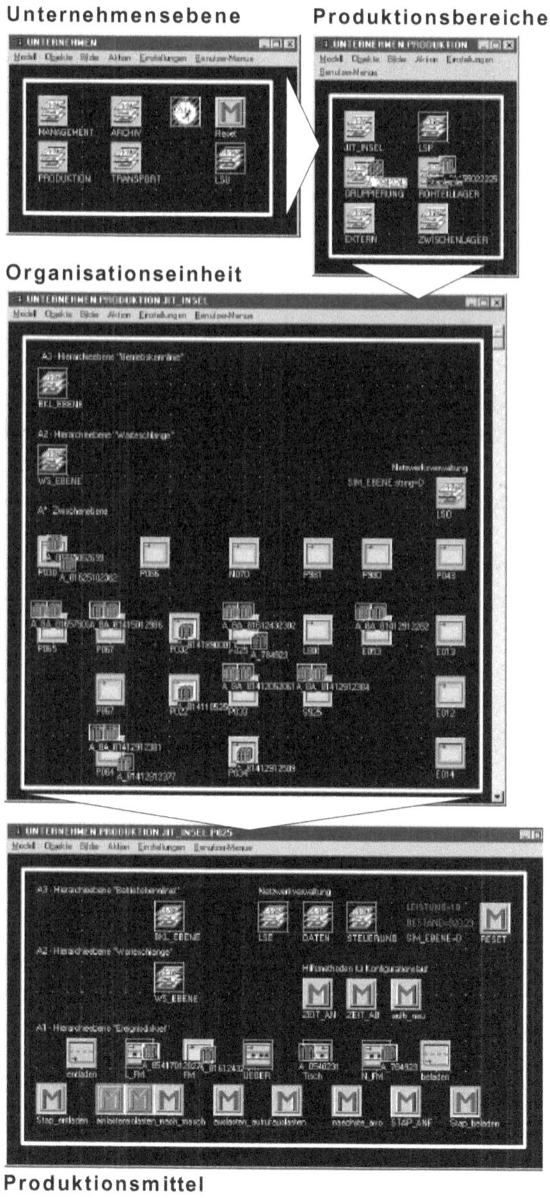

Abbildung 45: Simulationsmodell des Untersuchungsbereichs (Ausschnitt)

Realisierung von Dispositions- und Steuerstrategien

Besondere Beachtung mußte der Einschwingphase des Simulationsmodells geschenkt werden. Da innerhalb dieser Einschwingphase das Modell nur unter Teillast betrieben wird, sind innerhalb dieser Phasen Verfälschungen der Simulationsergebnisse zu erwarten. Da dies im betriebsbegleitenden Einsatz nicht tolerierbar ist, wurde für die Modellinitialisierung ein Ansatz von KOSTURIAK 1995 (S. 128) verwendet. Dabei werden zu Simulationsbeginn die bereits eingelasteten Aufträge (z.B. über ein BDE- oder Auftragsrückmeldesystem) abgegriffen und als Ausgangsbelegung des Simulationsmodells genutzt. Ebenso ist es möglich, Schein-Aufträge in das Modell einzubringen, um eine schnelle Füllung des Modells zu erreichen, wobei diese Scheinaufträge im Rahmen der Auswertung wieder herausgefiltert werden müssen.

Zusätzlich wurden die Dispositionsabläufe des Industriepartners im Modell abgebildet, um im betriebsbegleitenden Einsatz auch noch nicht disponierte Aufträge untersuchen zu können. Hier wird bei der Einlastung der Aufträge aus der Lieferperiode und der theoretischen Durchlaufzeit die theoretische Startperiode errechnet. Aus einer Analyse der Auslastungssituation der vom jeweiligen Auftrag zu durchlaufenden Betriebsmittel (einschließlich Alternativmaschinen, vgl. Abbildung 38) wird der tatsächliche Startzeitpunkt bestimmt. Der Auftrag wird gemäß einer beim Industriepartner genau definierten Prioritätentabelle mit einer Startpriorität versehen und zur Bearbeitung freigegeben. Im Falle einer am Lieferverzug orientierten Prioritätensteuerung (SLACK) wurden die Auftragsprioritäten laufend, d.h. periodenweise, neu bestimmt und daraus die jeweilige Reihenfolge der Abarbeitung ermittelt. Im Sinne des betriebsbegleitenden Einsatzes waren im Koordinationssystem neben der SLACK-Strategie auch FIFO,- KOZ- oder LOZ-Steuerung sowie beliebige Eingriffe zulässig, etwa wenn spezielle Aufträge beschleunigt oder verzögert werden sollten.

Realisierung hybrid-hierarchischer Modelle

Wie bereits in Abschnitt 6.3.2 (S. 72 ff.) dargestellt, können für jede Unternehmenshierarchie, beginnend mit den Produktionsbereichen über die Organisationseinheiten bis hin zu den Einzelmaschinen, hybrid-hierarchische Modelle erstellt werden. In Abbildung 46 ist am Beispiel einer Einzelmaschine dargestellt, wie die Integration der verschiedenen Modellierungstechniken in ein hybrid-hierarchisches Simulationsmodell vorgenommen wurde. Zu sehen ist ein ereignisdiskretes Modell einer Bearbeitungsmaschine, dem zwei weitere Abstraktionsebenen, die Ebenen *Warteschlangenmodell* und *Betriebskennlinie*, zugeordnet sind. Im abgebildeten Beispiel ist die Abstraktionsebene A1 aktiviert[62], weshalb sich alle Aufträge im ereignisdiskreten Modell befinden und die Ebenen A2 (Warteschlange) sowie A3 (Betriebskennlinie) momentan ruhen.

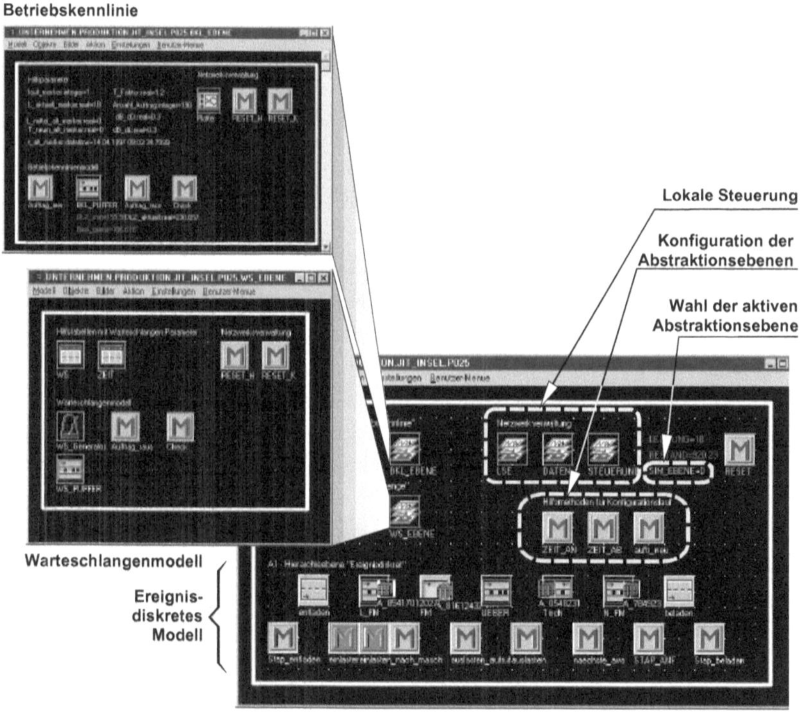

Abbildung 46: Detail der hybrid-hierarchischen Simulationsmodelle – exemplarisch anhand einer Einzelmaschine dargestellt

Beim Einsatz der Simulationsmodelle wird grundsätzlich zwischen dem Konfigurationslauf und dem Hauptlauf unterschieden.

Im *Konfigurationslauf* werden die zugehörigen Beschreibungsformen, wie in Abschnitt 6.3.2 ab Seite 72 dargestellt, ermittelt und die jeweiligen Hierarchieebenen parametrisiert. Beim Warteschlangenmodell z.B. wird das Ankunftsverhalten der Aufträge sowie das Abfertigungsverhalten der Maschinen beobachtet und deren Verteilungsfunktionen ermittelt. Zur Ermittlung dieser Größen werden Statistikfunktionen genutzt,

[62] siehe bei „Wahl der Abstraktionsebene": Parameter SIM_EBENE ist auf D wie ereignisdiskret gesetzt

die in den verwendeten Simulator integriert wurden. Bei der Betriebskennlinie werden die signifikanten Punkte (maximale Leistung, minimale Durchlaufzeit, Grenzbestand) berechnet und in einer Tabelle abgelegt. Der Konfigurationslauf wird „bei Bedarf" durchgeführt, wobei sich dieser Bedarf nach jeder grundsätzlichen Änderung der Modellstruktur (z.B. neue Maschine, neue Fertigungsinsel, neues Arbeitszeitmodell) oder der Auftragsstruktur (z.B. signifikante Erhöhung des Arbeitsinhalts, signifikante Reduzierung der Auftragsanzahl) ergibt.

Im *Hauptlauf* werden die Aufträge durch die jeweils aktive Hierarchieebene geleitet. Welche Hierarchieebene aktiv ist, wird durch den Parameter „SIM_EBENE" (mögliche Werte: *D* für ereignisdiskret, *W* für Warteschlange, *B* für Betriebskennlinie) bestimmt. Dieser kann von außen durch den Nutzer variiert werden, so daß der jeweilige Abstraktionsgrad des Modells eingestellt werden kann, wobei der Nutzer dabei entsprechend des in Abschnitt 6.3.3 (S. 95) beschriebenen Vorgehens unterstützt wird. Nach erfolgter „Bearbeitung" in der aktiven Hierarchieebene wird der Auftrag wieder ausgeschleust. Dies geschieht in der diskreten Ebene dadurch, daß der Auftrag alle relevanten Bearbeitungsstationen durchlaufen hat und das Ereignis erzeugt wurde, den Auftrag auszuschleusen. Die Zeitspanne, nach der dieses Ausschleusen geschieht, ergibt sich demnach implizit als Folge von Einzelereignissen. In den anderen Ebenen wird diese Zeitspanne explizit auf Basis der jeweiligen Beschreibungsform bestimmt: falls z.B. die Warteschlangenebene aktiv ist, erzeugt deren Generator anhand der in ihm abgelegten Verteilungsform nach einer zufällig[63] ermittelten Zeitspanne ein Ereignis, welches den Auftrag wieder aus dem System entläßt. Gleiches gilt für die Betriebskennlinie, wobei der Zeitpunkt des Ausschleusens nicht „zufällig" ist, sondern, abhängig vom aktuellen Bestandsniveau, abgegriffen wird.

Die Abstraktion von Modellebenen bzw. deren Hierarchisierung wurde hier exemplarisch anhand eines Produktionsmittels gezeigt. In einem größeren System, z.B. Organisationseinheit (etwa Fertigungsinsel, Werkstatt) oder einem Produktionsbereich (z.B. Fertigung, Montage), erfolgt diese Abstraktion analog. Lediglich die Wahl der Systemgrenze ist jeweils eine andere (vgl. dazu Abschnitt 6.3.2.3, S. 76 ff. und v.a. Abbildung 25, S. 79).

[63] entsprechend der vorher bestimmten Verteilungsfunktion

8.2.2.4 Teilaufgabe „Informationsverteilung“

Für die Verteilung von Informationen im Internet wurden von diversen Anbietern für die unterschiedlichsten Rechnerplattformen Internet-Server entwickelt, die auf Basis des TCP/IP-Protokolls Informationen zwischen Clients und Servern austauschen. Im speziellen Fall dieser Arbeit wurde hierfür der „Internet-Information-Server (Version 2.0) von Microsoft verwendet, der zum Lieferumfang des Betriebssystems NT 4.0 Server gehört. Es sei hier jedoch ausdrücklich betont, daß die konzeptionelle Basis nicht an dieses Produkt gebunden und auf andere Informationsserver übertragbar ist.

Für die eigentliche Kommunikation mit dem Internet-Server stehen verschiedene Standards zur Verfügung, wie etwa Pearl[64]- und CGI[65]-Skripten, DLL[66]-Programmierung oder Datenbanklösungen (z.B. JDBC[67], ORACLE-Websystem), die sich jeweils unterschiedlich bzgl. Aufwand und Leistungsfähigkeit darstellen (vgl. hierzu HILLIER 1996, S. 136).

Für die Umsetzung dieses Ansatzes wurden der IDC[68]/HTX[69]-Mechanismus genutzt, der auf der ISAPI[70]-Technologie aufsetzt. Letztere wiederum nutzt DLLs, um auf dem Server Aktionen auszuführen, z.B. mit ODBC-Datenbanken zu kommunizieren. Dieses Vorgehen erscheint nur auf den ersten Blick verwirrend, basiert aber auf einer einfachen Kette ineinandergreifender Protokolle, die in Tabelle 14 zu erkennen ist.

Nr.	Client	Server
1.	Ruft über eine HTML-Seite ein IDC-File auf.	
2.		Interpretiert das aufgerufene IDC-File über eine Server-eigene DLL.
3.		Führt die im IDC-File untergebrachte SQL-Anweisung über einen ODBC-Treiber auf der Datenbank aus.

64 Pearl - Practical Extraction and Report Language
65 CGI - Common Gateway Interface
66 DLL – Dynamic Link Library
67 JDBC – Java Database Connectivity
68 IDC – Internet Database Connectivity
69 HTX – HTML-ähnliches Format, welches Verzweigungen, Schleifen und Variablen zuläßt
70 ISAPI – Internet Server Applications Programming Interface

4.		Fügt die Ergebnisse der SQL-Abfrage in das HTX-File ein (ist dem IDC-File zugeordnet) und erstellt daraus dynamisch ein HTML-File.
5.	zeigt das HTML-File an, welches wiederum IDC-Files enthalten kann (in diesem Fall weiter mit Punkt 1).	

Tabelle 14: Ablauf des IDC/HTX-Mechanismus

Darüber hinaus zeigt Abbildung 47 die Umsetzung dieses Mechanismus im Simulations-Server in Verbindung mit der weiteren Anbindung von Datenbank und Simulator.

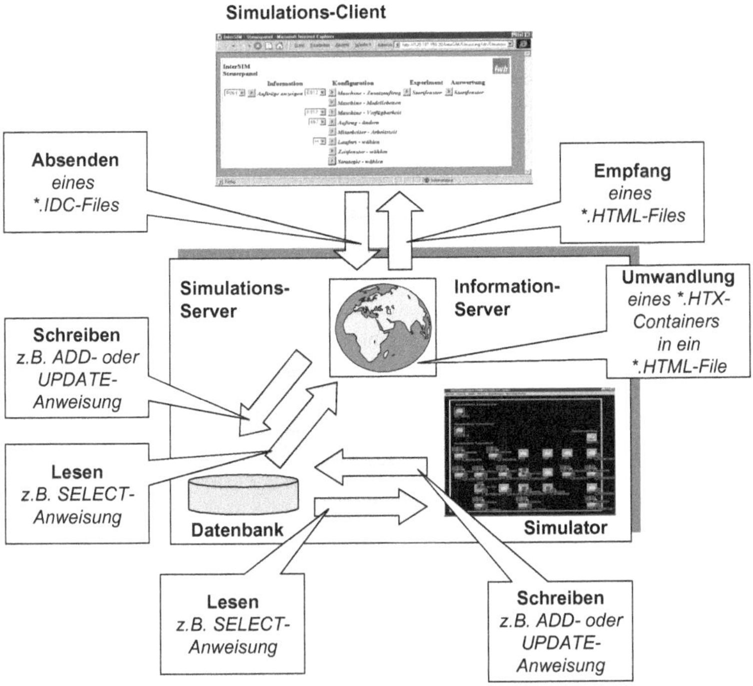

Abbildung 47: Umsetzung der Informationsverteilung

In Abbildung 48 (unten) ist jeweils ein IDC-File für den Fall Lesen und Schreiben dargestellt. Zu sehen ist z.B. die Definition der auf dem Server verwendeten Datenbank (siehe bei „Datasource“), das SQL-Statement und die Definition des HTX-Files, in welches die Ergebnisse der SQL-Abfrage eingefügt werden (siehe bei „Template“).

Lesen	`Datasource:ODBC_INTERSIM`
	`Template: c:\InetPub\InterSIM\Konfig\`
	`Htx\Konf_maschabstr.htx`
	`SQLStatement:`
	`+SELECT`
	`+T_Ressource_Abbild.masch_nr,`
	`+T_Ressource_Abbild.masch_ben,`
	`+T_Ressource_Abbild.modellebene`
	`+FROM T_Ressource_Abbild;`

Schreiben	`Datasource:ODBC_INTERSIM`
	`Template: c:\InetPub\InterSIM\Inform\`
	`Htx\Inf_arbplan.htx`
	`SQLStatement:`
	`+UPDATE`
	`+T_Ressource_Auftrag SET`
	`+masch_nr='%sf_neu_masch_nr%'`
	`+WHERE`
	`+((T_Ressource_Auftrag.auftr_nr='%sf_auftr_nr%')`
	`+AND (T_Ressource_Auftrag.snr='%sf_snr%')`
	`+AND (T_Ressource_Auftrag.avo='%sf_avo%'));`

Abbildung 48: Beispiel für IDC-Files (Lesen und Schreiben)

Abbildung 49 (unten) zeigt das Beispiel eines HTX-Files, wie es sich für die Darstellung der mittels der IDC-Files ermittelten Daten eignet. In der Darstellung wurden HTX-spezifische Sprachelemente, die sich von dem bekannten HTML-Standard unterscheiden, jeweils grau unterlegt. Zu beachten ist auch der ebenfalls grau unterlegte Aufruf des IDC-Files „Inf_arbplan.idc“, der wiederum SQL-Abfragen in der Art der in Abbildung 48 dargestellten auslöst.

```
<HTML>
<HEAD>
</HEAD>
<BODY>
<TABLE>
<TR>
<TD>
<%begindetail%>
    <%if idc.sf_masch_nr EQ masch_nr%>
          <TR BGCOLOR="#CCCCCC">
    <%else%>
          <TR BGCOLOR="#FFFFFF">
    <%endif%>
    <FORM METHOD="POST" ACTION="/InterSIM/
          Information/Idc/Inf_arbplan.idc">
    <INPUT TYPE="HIDDEN" NAME="sf_auftr_nr"
          VALUE="<%idc.sf_auftr_nr%>">
    <INPUT TYPE="SUBMIT" VALUE="Ändern >">
    </FORM>
<%enddetail%>
</TD>
</TR>
</TABLE>
</BODY>
</HTML>
```

Abbildung 49: Beispiel für ein HTX-File

Die Lese- und Scheibvorgänge zwischen *Simulator und Datenbank*, wie sie in Abbildung 47 (S. 132) gezeigt wurden, sind nachfolgend nicht explizit erklärt. Sie beruhen aber auf denselben SQL-Sprachkonstrukten, wie sie die IDC-Files (vgl. Abbildung 48) für die beschriebene Kommunikation zwischen *Simulations-Clients und Datenbank* verwenden.

8.2.3 Umsetzung der Simulations-Clients

Wie bereits im konzeptionellen Teil dieser Arbeit und bei der Umsetzung der Informationsverteilung dargestellt, erfüllen die Simulations-Clients lediglich die Aufgabe, dem Nutzer Oberflächen für die Erfüllung der Teilaufgaben *Information*, *Konfiguration*, *Experiment* und *Auswertung* bereitzustellen.

Die Ermittlung der Simulationsergebnisse sowie Verdichtung von Kennzahlen und selbst die Verwaltung der HTX-Files, die als „Container“ für die SQL-Abfrage-Ergebnisse dienen und vom Server in HTML-Files umgewandelt werden, findet auf dem Simulations-Server statt.

Somit geschieht die Umsetzung der Simulations-Clients datentechnisch im Grunde auf dem Simulations-Server. Die Simulations-Clients können sich demnach darauf beschränken, einen Internet-Browser[71] bereitzustellen, der die vom Server dynamisch erzeugten und über TCP/IP übermittelten HTML-Seiten anzeigt sowie Anfragen wieder an den Server übermittelt.

Das nachfolgend dargestellte Beispiel demonstriert anhand eines beliebigen aber typischen Einsatzfalls das Zusammenwirken der realisierten Bedienoberflächen, wie es die späteren Nutzer beim Einsatz des Assistenzsystems wahrnehmen.

> *Ein bestimmter Auftrag A_1, der sich aktuell im Terminverzug befindet, soll beschleunigt und somit termingerecht abgeliefert werden. Der Auftrag befindet sich momentan im Arbeitssystem AS_1, z.B. einer Fertigungsinsel oder einer Maschine. Aufgrund struktureller Gegebenheiten im Unternehmen kann AS_1 jedoch keine vollständige Komplettbearbeitung durchführen, sondern ist auf die Zwischen- und Weiterverarbeitung durch weitere Arbeitssysteme AS_n angewiesen.*

Mit Blick auf die in Tabelle 10 (S. 114) und Tabelle 11 (S. 115) benannten Entscheidungen lautet eine typische Fragestellung:

> *Wie kann der Auftrag A_1 termingerecht abgeliefert werden - ist eine Priorisierung des Auftrags gegenüber der anderen Aufträge A_n sinnvoll ?*[72]

Nachfolgend ist das Vorgehen eines Nutzers dargestellt, der sich bei dieser Entscheidung vom Assistenzsystem unterstützen läßt. Aus Platzgründen erfolgt die Darstellung der Nutzeroberflächen nur auszugsweise.

1. *Der Nutzer meldet sich über eine Steueroberfläche im Koordinationssystem an und wählt das für ihn relevante Arbeitssystem aus.*

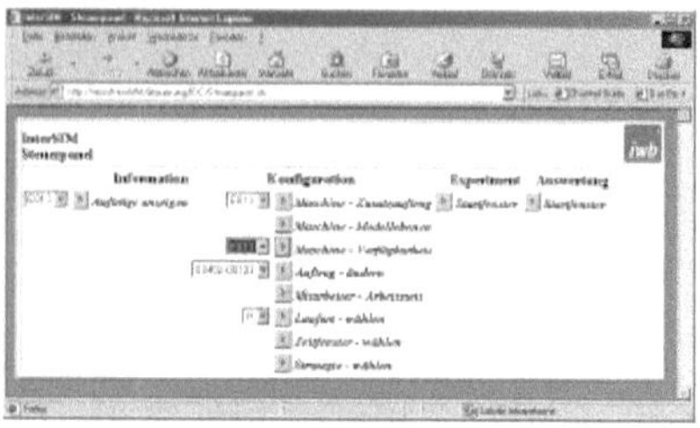

Steuerpanel zur Anmeldung

---

[71] z.B. Netscape Navigator, Microsoft Internet Explorer etc.

[72] die Folgefrage könnte lauten: ... und was passiert mit der Liefertreue der anderen, zurückgestellten Aufträge ?

2. *Als erstes informiert er sich mittels einer tabellarischen Darstellung über die aktuell anstehenden Aufträge A_n, unter denen sich auch der Auftrag A_1 befindet.*

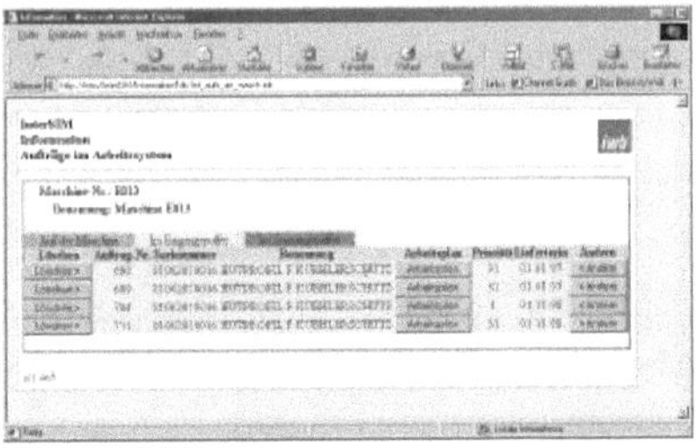

Aufträge im Arbeitssystem

3. *Ein Vorziehen von A_1 vor die anderen Aufträge A_n kann in diesem konkreten Beispiel über die Erhöhung (und Befolgung) der Priorität von A_1 geschehen. Als Folge würde A_1 im Arbeitssystem AS_1 sofort bearbeitet werden.*

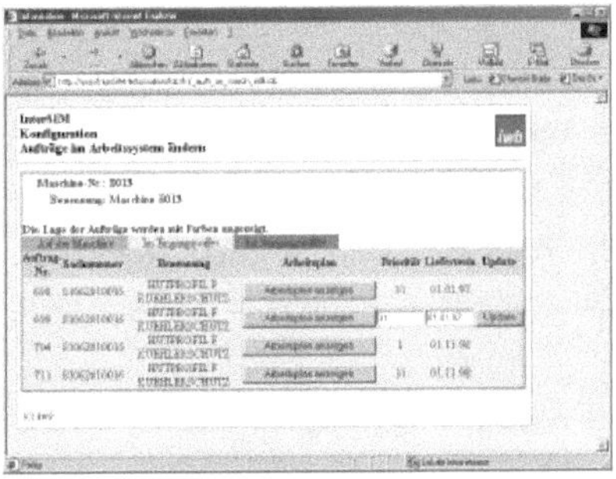

Änderung von Priorität und Liefertermin

4. *Dies bringt jedoch <u>dann</u> keinen Vorteil, wenn der Auftrag A_1 sich nach der Bearbeitung in AS_1 in einem folgenden Engpaßsystem (Eingpaßeinheit, Engpaßmaschine) erneut stauen würde. Dies überprüft der Nutzer anhand des Arbeitsplans, den er über ein sensitives Feld erhält. Er untersucht das folgende Arbeitssystem AS_2 daraufhin, ob weitere, hochprioritäre Aufträge vorhanden sind. Dazu erhält er aus einer Tabelle die Aufzählung der Aufträge mit weiteren Angaben wie der Priorität. Aus dem Durchlaufdiagramm (bzw. aus der Differenz der beiden Kurven) erhält er den aktuellen Bestand.*

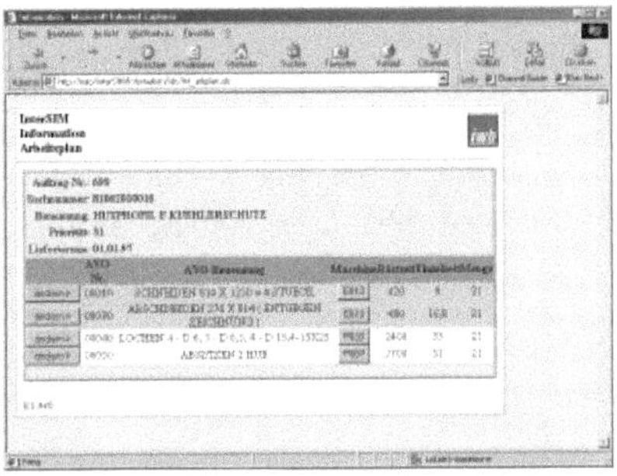

Arbeitsplan des relevanten Auftrags

5. *Demnach würde die Erhöhung der Priorität von A_1 bei AS_1 keinen Erfolg bringen – vielmehr würde sich der Auftrag in der oder den Folgesystemen AS_n stauen. Statt dessen könnte sich der Nutzer für eine gleichzeitige Erhöhung der Priorität und ein Umplanen der nachfolgenden Bearbeitungsschritte auf Maschinen einer Einheit AS_3 entscheiden. Ob dies möglich ist, zeigt ihm eine Ähnlichkeitsmatrix, über die ihm automatisch ähnliche Produktionsmittel angeboten werden.*

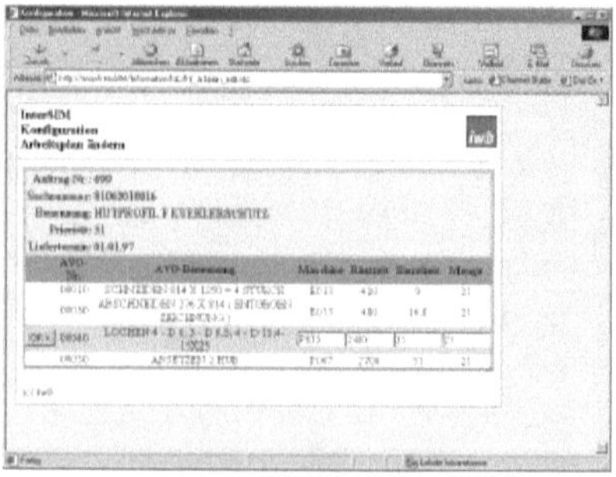

Umplanung des Auftrags

6. *Um das Simulationsexperiment zu beschleunigen, werden nun die Abstraktionsebenen des hybrid-hierarchischen Modells gewählt. Dabei wird der Nutzer vom Assistenzsystem gemäß der in Abschnitt 6.3.3 (S. 95) definierten Richtlinien unterstützt. Arbeitssysteme, die unmittelbar im Fokus der Betrachtungen sind, werden in der (detailliertesten) Abstraktionsebene 1 also ereignisdiskret simuliert. Bei den weiteren Arbeitssystemen, die von Auftrag A_1 durchlaufen werden (unmittelbar teilnehmend), wird auf die Betrachtung aller Einzelereignisse verzichtet, wobei die Abstraktionsebene 2 (Warteschlangenmodell) aktiviert wird. Bei allen anderen Arbeitssystemen, die von A_1 nicht durchlaufen werden (mittelbar teilnehmend), wohl aber von den anderen Aufträgen A_n ($n \neq 1$), wird die Abstraktionsebene 3 (Betriebskennlinie) aktiviert.*

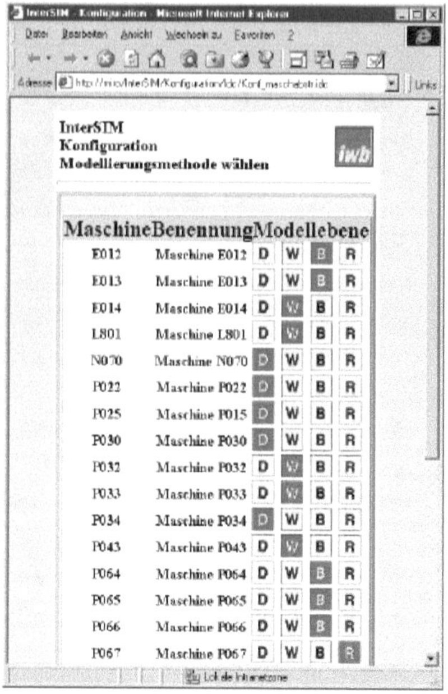

Wahl der Abstraktionsebenen

7. Nach diesen Konfigurationsarbeiten kann simuliert werden, wozu der Nutzer die Konfigurationseinstellungen an den Simulations-Server sendet. Nach erfolgter Simulation sendet der Simulations-Server die Ergebnisse wieder an den Simulations-Client zurück, wobei der bi-direktionale Informationsaustausch, wie beschrieben, über das TCP/IP-Protokoll abgewickelt wird (vgl. Abschnitt 6.4).

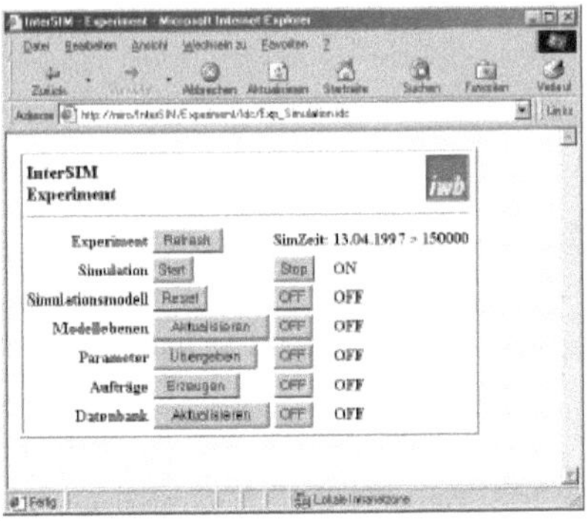

Start des Simulationsexperiments

8. Nach dem Simulationslauf und der Übermittlung der Ergebnisse an den Simulations-Client werden die ermittelten Ergebnisse und Kennzahlen zunächst in verdichteter Form angeboten. In den folgenden detaillierteren Untersuchungen werden eine Reihe verschiedener Darstellungsformen relevant, von denen hier einige exemplarisch genannt seien. So kann sich der Nutzer mittels der Darstellung der Verteilung der Termintreue über das Zeitverhalten der Aufträge und speziell des Auftrags A_1 informieren. Das Balkendiagramm gibt Auskunft über die Auslastungssituation der Arbeitssysteme (z.B. Maschinen), während das Durchlaufdiagramm den Bestandsverlauf der jeweiligen Einheiten anzeigt.

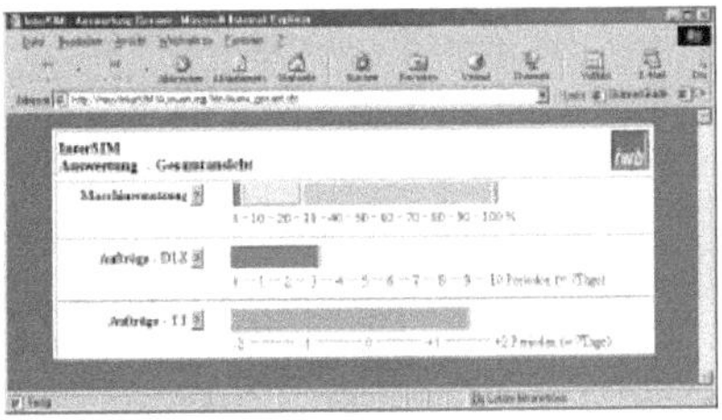

Überblick über Kennzahlen

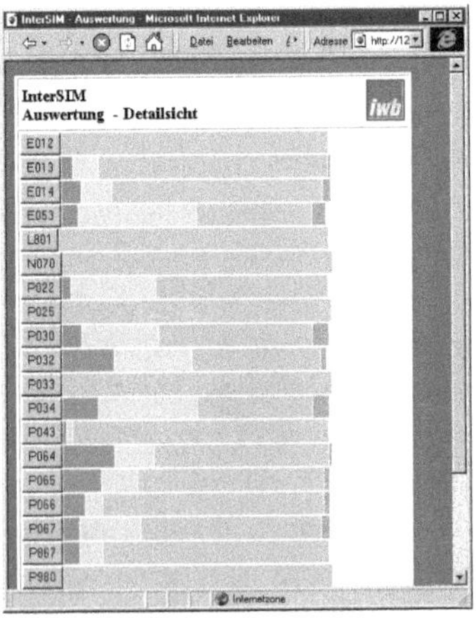

Auslastung der Maschinen

Für diese und weitere Entscheidungsabläufe, wie sie Tabelle 10 (S. 114) und Tabelle 11 (S. 115) zu entnehmen sind, wurden die notwendigen Nutzeroberflächen spezifiziert und entsprechend der Entscheidungsfolgen vernetzt.

Die Anzahl notwendiger Entscheidungsschritte mag auf den ersten Blick hoch erscheinen. Tatsächlich jedoch wurden hier lediglich die gängigen Entscheidungsabläufe, wie sie in der Praxis vorzufinden sind, systematisiert. Der Unterschied zum bisherigen Vorgehen besteht darin, daß in diesem Fall die Entscheidungsschritte dadurch unterstützt werden, daß jederzeit die notwendigen Informationen in einer geeigneten Präsentationsform angeboten werden. Sollte der Nutzer den einen oder anderen Entscheidungsschritt ohne dieses Informationsangebot vorwegnehmen wollen, etwa weil er bereits über die Lage vor Ort informiert ist, so kann er einzelne Entscheidungsschritte überspringen.

Insgesamt wird der Nutzer demnach in die Lage versetzt, die Situation sowohl auf einem groben, übersichtlichen Niveau zu überblicken als auch bei Bedarf im Detail die erforderlichen Untersuchungen durchzuführen, die ihn bei der Umsetzung der Entscheidung absichern.

8.3 Laufverhalten der hybrid-hierarchischen Simulationsmodelle

In der vorliegenden Arbeit wurden hybrid-hierarchische Simulationsmodelle entwikkelt, mit deren Hilfe die Eigenschaften von Simulationsmodellen bzgl. der Eigenschaften *Modellumfang*, *Abstraktionsgrad* und *Laufzeit* flexibel eingestellt werden können. Hierzu wurden in Abschnitt 6.3.1 (S. 69) anhand der Eigenschaftsfläche $0 = E(m, a, t)$ der Zusammenhang zwischen diesen Eigenschaften veranschaulicht (vgl. Abbildung 21, S. 70). Von besonderem Interesse ist die Eigenschaftsfunktion $E_M(a, t)$, da diese für einen festen Modellumfang $m=M$ *(=Umfang des gegebenen Produktionssystems)* beschreibt, welches Laufzeitverhalten t für verschiedene Abstraktionsgrade a zu erwarten ist.

Im Rahmen dieser Arbeit wurde $E_M(a, t)$ für einen ausgewählten Fall exemplarisch untersucht. Die erhaltenen Meßergebnisse sollen Tendenzen im Laufverhalten aufzeigen, die beim Aufbau hybrid-hierarchischer Modelle erwartet werden können.

Dazu wurde

- eine objektorientierte[73] und
- eine verrichtungsorientierte[74]

Produktionsstruktur anhand von jeweils etwa 500 Aufträgen über einen Simulationszeitraum von 4 Wochen untersucht.

Zur besseren Quantifizierung des Abstraktionsgrades des Gesamtmodells wurden folgende Abstraktionsgrade definiert:

Gesamtabstraktion 1	alle Einzelmaschinen werden in Abstraktion 1 betrieben, (ereignisdiskretes Modell)
Gesamtabstraktion 2	50 % aller Einzelmaschinen jeder Organisationseinheit (Kostenstelle) werden in Abstraktion 2 betrieben (Warteschlange). Die restlichen 50% Einzelmaschinen werden in Abstraktion 1 betrieben
Gesamtabstraktion 3	50 % aller Einzelmaschinen jeder Organisationseinheit (Kostenstelle) werden in Abstraktion 3 betrieben (Betriebskennlinie). Die restlichen 50% Einzelmaschinen werden in Abstraktion 1 betrieben
Gesamtabstraktion 4	alle Organisationseinheiten werden in Abstraktion 2 betrieben (Warteschlange)
Gesamtabstraktion 5	alle Organisationseinheiten werden in Abstraktion 3 betrieben (Betriebskennlinie)

Dabei zeigte sich das in Abbildung 50 dargestellte Laufzeitverhalten, wobei die Laufzeit der Gesamtabstraktion 1 als 100%-Wert definiert wurde.

Man erkennt, daß bei Gesamtabstraktion 2 und 3 sowohl für die objektorientierte als auch für die verrichtungsorientierte Produktionsstruktur *kein wesentlicher* Laufzeitvorteil gemessen wurde. Dies ist auch nicht weiter überraschend, da zwar 50% der Einzelmaschinen für sich betrachtet abstrakter modelliert wurden[75], jedoch fand dadurch keine entscheidende Reduzierung der modellierungstechnisch notwendigen Komponenten statt.

---

[73] teilautonome Fertigungsinseln des in Abschnitt 8.1 beschriebenen Beispielunternehmens

[74] teilautonome Werkstätten eines zweiten, hier nicht näher beschriebenen Industriepartners. In der Sprachregelung dieses Industriepartners wurden die teilautonomen Werkstätten als "Zellen" bezeichnet.

[75] den Aufträgen wurde entsprechend des Warteschlangen- und Betriebskennlinienmodells ein Durchlaufverhalten aufgeprägt

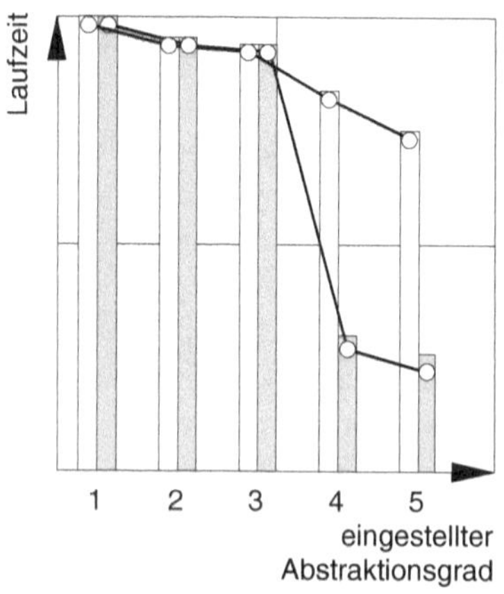

objektorientierte Struktur (z.B. Fertigungsinsel, Fertigungslinie)

verrichtungsorientierte Struktur (z.B. Werkstatt)

Abbildung 50: Laufzeitverhalten bei der Modellabstraktion

Hingegen erfolgte bei den Gesamtabstraktionen 4 und 5 die Abstraktion der gesamten Organisationseinheit (hier Kostenstelle), bei der die untergeordneten Einzelmaschinen komplett überbrückt wurden. Damit entfällt das Auftragshandling für alle untergeordneten Einzelmaschinen, und das Modell wird erheblich vereinfacht.

Interessant ist bei den Gesamtabstraktionen 4 und 5 insbesondere der Vergleich zwischen objektorientierter und verrichtungsorientierter Struktur. Während bei der objektorientierten Struktur schon mit dem zur Verfügung stehenden hybrid-hierarchischen Modell Laufzeitreduzierungen auf unter 1/3 erzielt werden konnten, fällt die Laufzeitverbesserung bei der verrichtungsorientierten Struktur weniger deutlich aus. Dieser Sachverhalt entspricht vollkommen einem wesentlichen Unterschied zwischen Objektorientierung und Verrichtungsorientierung. Die objektorientierte Struktur geht von einer, wenn auch nicht immer ganz erreichten, Komplettbearbeitung der Produkte aus. Es finden nur wenige Wechsel zwischen unterschiedlichen objektorientierten Strukturen statt. Demzufolge entfällt bei der Abstraktion das Auftragshandling innerhalb einer objektorientierten Organisationseinheit. Bei der verrichtungsorientierten Struktur hingegen entfällt dieses Auftragshandling keineswegs, da die Aufträge hier für jeden Arbeitsschritt (jede Verrichtung) zwischen einzelnen Organisationseinheiten wechseln. Auch wenn die gesamte Organisationseinheit abstrahiert wird, müssen die Aufträge nach jedem Bearbeitungsschritt trotzdem eine andere Organisationseinheit ansteuern, um weiter- bzw. fertigbearbeitet zu werden. Somit ist auch der erreichbare Laufzeitvorteil ungleich geringer als bei der objektorientierten Struktur, was sich in den erhaltenen Untersuchungsergebnissen bestätigt.

Über die Untersuchung des Laufzeitverhaltens hinaus wurden weitere Untersuchungen zum Genauigkeitsverlust angestellt. Wesentliche Meßgröße war die am Modell gemessene Auftragsdurchlaufzeit, wobei als Genauigkeitsverlust die gemittelte Abweichung von den beim Abstraktionsgrad 1 (Gesamtmodell vollständig ereignisorientiert modelliert) gemessenen Werte angesetzt wurde. Dabei wurden ebenfalls verschiedene Produktionsstrukturen untersucht, deren Datenbestände aus erklärbaren aber nicht beeinflußbaren projekttechnischen Gründen zum Teil sehr heterogen waren. Aufgrund der damit nicht vollständig abgesicherten 100%igen Vergleichbarkeit der verschiedenen Untersuchungsfälle hinsichtlich der ermittelten Auftragsdurchlaufzeit sollen die Beobachtungen hier nur ausblickshaft zur Diskussion gestellt werden.

Sowohl die *objektorientierte* als auch die *verrichtungsorientierte* Struktur wurden gemäß des differenzierten Modellierungsansatzes abgebildet, indem für unterschiedliche Auftragsklassen auch unterschiedliche Modellabstraktionen vorgenommen wurden (vgl. für das Warteschlangenmodell Abschnitt 6.3.2.6, S. 85 und für die Betriebskennlinie Abschnitt 6.3.2.7, S. 90). Die *verrichtungsorientierte* Struktur wurde zusätzlich in "nicht-differenzierter Form" abstrahiert, d.h., die verschiedenen Auftragsklassen wurden bei der Abstraktion nicht unterschieden.

Bei der verrichtungsorientierten Struktur kommt es selbst bei der Abstraktion der gesamten Organisationseinheit naturgemäß noch zu wiederholten Wechseln zwischen Organisationseinheiten, was bei einer entsprechender Anzahl von Wechseln zu einer Multiplikation des Genauigkeitsverlustes führt. Daher steht bei den verrichtungsorientierten Strukturen dem nur geringen Laufzeitgewinn ein hoher Genauigkeitsverlust gegenüber. Die Beobachtungen zeigten eine Reduzierung dieses Genauigkeitsverlustes, falls das differenzierte Abstraktionsverfahren (für *Warteschlange* vgl. Abbildung 29, S. 86; für *Betriebskennlinie* vgl. Abbildung 32, S. 91) angewandt wurde (vgl. Abbildung 51).

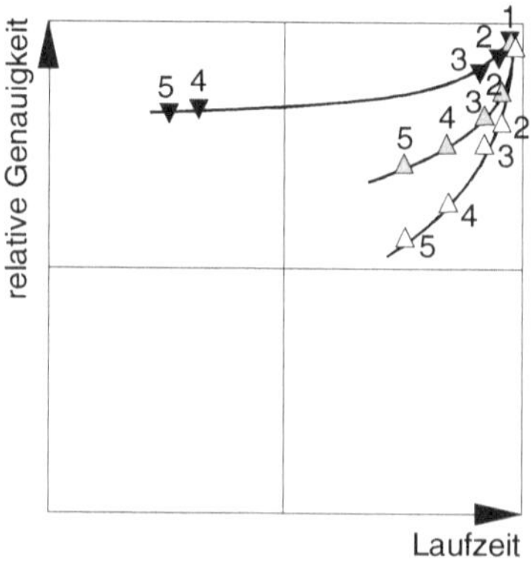

▼ objektorientierte Struktur*) (z.B. Fertigungsinsel, Fertigungslinie)

△ verrichtungsorientierte Struktur*) (z.B. Werkstatt)

△ verrichtungsorientierte Struktur**) (z.B. Werkstatt)

1...5 eingestellte Abstraktionsgrade

*) *mit* und **) *ohne* differenziertes Modell

Abbildung 51: Vergleich der Abstraktionsgüte anhand von relativem Genauigkeitsverlust gegenüber Laufzeitgewinn

Bei der objektorientierten Struktur werden bei der Abstraktion der gesamten Organisationseinheit aufgrund der annähernd gegebenen Komplettbearbeitung auch sämtliche Arbeitsschritte eines Auftragsdurchlaufes erfaßt und ihnen das Zeitverhalten des Warteschlangenmodells bzw. das der Betriebskennlinie aufgeprägt. Aufgrund der nicht oder nur in Ausnahmefällen gegebenen Wechsel zwischen Organisationseinheiten kommt es hier nicht zur Multiplikation von Abstraktionsfehlern. Statt dessen werden einzelne stochastische Effekte nivelliert. Dadurch ist der relative Genauigkeitsverlust gegenüber der komplett ereignisdiskreten Modellierung ungleich geringer.

Bei der objektorientierten Struktur kann die erfolgte Abstraktion des ereignisdiskreten Verhaltens über Warteschlangenmodelle und Betriebskennlinien, wie sie in Abschnitt 6.3.2 (S. 72) in Form hybrid-hierarchischer Modelle konzipiert wurden, somit als erfolgreich angesehen werden. Eine Abstraktion im Rahmen des in dieser Arbeit vorgeschlagenen Vorgehens (vgl. Abschnitt 6.3.3, S. 95) scheint auf Basis der Untersuchungen sinnvoll.

Bei verrichtungsorientierten Strukturen hingegen deuten die Tests darauf hin, daß der Laufzeitvorteil den relativen Genauigkeitsverlust nicht aufwiegt. Demnach kann hier eine Abstraktion mit dem Ziel, die Laufzeit zu reduzieren, nicht empfohlen werden. Anders verhält es sich, wenn nicht der *Laufzeitgewinn* Ziel der Abstraktion ist, sondern aus der Not entsteht, nicht ausreichend *viele* oder nicht ausreichend *genaue Daten* zu besitzen, um ein ereignisdiskretes Modell zu erstellen. Dies ist etwa der Fall, wenn mit dem Aufbau eines Simulationsmodells begonnen wird und schon erste Trends simuliert werden sollen bzw. bei der Untersuchung langfristiger Änderungen von Produktionsprogramm oder Produktionsstruktur. Hier bietet das entwickelte Vorgehen der hybrid-hierarchischen Modelle auch verrichtungsorientierten Strukturen (bei objektorientierten Strukturen in jedem Fall) den Vorteil, zumindest einen Ansatzpunkt zu haben, um mit dem Modellieren zu beginnen. Die spätere Erweiterbarkeit im Zuge des Erkenntnisgewinns wird unterstützt.

8.4 Aufwand und Nutzen bei Entwicklung und Einsatz des Assistenzsystems

Aufwand

Ein wesentlicher Aufwand zur Nutzung des Potentials des in dieser Arbeit konzipierten und prototypisch umgesetzten Assistenzsystems besteht in der Erstellung des Simulationsmodells. Hier müssen, wie bei jedem anderen Einsatz von Simulationstechnologie auch, die Strukturen und Abläufe im betrachteten Beispielunternehmen erfaßt und im Simulationsmodell abgebildet und validiert werden.

Der entwickelte Ansatz gibt insofern Hilfestellung, als daß er dem Simulations-Experten modular aufgebaute und gekapselte Bausteine für Einzelmaschinen, Organisationseinheiten und Produktionsbereiche zur Verfügung stellt, die über klar definierte materialfluß- und informationsflußtechnische Schnittstellen verfügen. Sie enthalten die komplette Bausteindynamik, beginnend mit dem Empfang der Aufträge, Bestimmung der Auftragsreihenfolge (entsprechend der anwählbaren Strategien nach FIFO, KOZ oder SLACK), selbständiges Anfordern von Transportkapazität, Nachfolgeplanung zur Kapazitätsnivellierung (anhand von Alternativmaschinen oder der Ähnlichkeitsmatrix) sowie dem Weiterleiten des Auftrags an den nächsten Baustein. Dadurch wird ein weitgehend automatischer Aufbau der Modellstruktur auf Basis von Systemlastdaten unterstützt. Der Simulations-Experte kann sich darauf beschränken, Daten zu ergänzen, die nicht aus der Systemlast ableitbar sind (z.B. Weglängen[76]), und spezielle Pla-

---

[76]hier existieren bereist Ansätze, die derartige Daten etwa dem CAD-Layout des Unternehmens entnehmen (KLUßMANN 1995).

nungs- und Steuerstrategien[77] abzubilden, wie sie in der Disposition jedes Unternehmens unterschiedlich auftreten.

Neben dem Aufbau des Simulationsmodells, der, wie beschrieben, unterstützt und in ähnlicher Form bei jeder anderen Simulationsaufgabe auch notwendig wird, ist die hybride Hierarchisierung ein wesentliches Merkmal des entwickelten Ansatzes. Dazu ist es selbstverständlich notwendig, die abstrakteren Hierarchieebenen A2 und A3, demnach das Warteschlangenmodell sowie die Betriebskennlinie, zu kalibrieren. Die entwickelten Transformationsfunktionen, die auf Basis der ereignisdiskreten Ebene die zugehörigen Warteschlangenmodelle (Verteilungsfunktionen) und Betriebskennlinien (signifikante logistische Kenngrößen) berechnen, laufen vollständig automatisiert ab. Im Falle einer veränderten Systemstruktur und Systemlast beschränkt sich die manuelle Arbeit auf das Anstoßen des Kalibrierungslaufes sowie auf die anschließende Plausibilitätsprüfung.

Für den betriebsbegleitenden Einsatz ist es notwendig, das Assistenzsystem an die betrieblichen Informationssysteme (PPS-, Leit- und BDE-Systeme) datentechnisch anzubinden. Im vorliegenden Ansatz wurden die Schnittstellen des Assistenzsystems in Zusammenarbeit mit dem Beispielunternehmen datentechnisch so definiert, daß eine Anbindung realisierbar ist.

Nutzen

Der besondere Nutzen des hier vorgestellten Assistenzsystems ergibt sich aus der Möglichkeit, an einem realitätsnahen, dynamischen Modell Experimente durchführen zu können, ohne die eigentliche Produktion zu stören. Nach Überprüfen und Verbessern der Entscheidungen können diese in den realen Produktionsbereichen umgesetzt werden.

Der Einsatz hybrid-hierarchischer Simulationsmodelle ermöglicht es, die Eigenschaften des Simulationsmodells hinsichtlich Modellumfang, Detaillierungsgrad und Antwortzeit leicht zu variieren. Damit ist der Nutzer nicht auf ein starres Modell angewiesen, sondern kann es flexibel an seine Anforderungen beim betriebsbegleitenden Einsatz anpassen. Darüber hinaus geben die hybrid-hierarchischen Modelle die Möglichkeit, bei der Modellerstellung die Abstraktionsstufen des Modells sukzessive dem Erkenntnisgewinn anzupassen. Fehlen zum Beispiel zu Beginn der Modellentwicklung Informationen über die Realwelt, die für eine ereignisdiskrete Modellierung notwendig sind, kann mit der Entwicklung der abstrakteren Modellhierarchien begonnen werden.

[77] in der Forschung existieren derzeit Ansätze selbst solche Informationen aus einer genauen Analyse von PPS- und BDE-Daten zu interpretieren (vgl. SELKE 1998, S. 207)

Der entwickelte Ansatz erlaubt es, die fehlenden Modellhierarchien zu einem späteren Zeitpunkt konsistent in das modulare Gesamtmodell einzubauen.

Die in Form lokaler und globaler logistischer Kennzahlen angebotenen Ergebnisse unterstützen die teilautonomen Organisationseinheiten bei der Entscheidungsfindung und erlauben eine einheitenübergreifende Koordination. Dadurch werden die Güte und die lokalen (einheiteninternen) wie die globalen (unternehmensweiten) Auswirkungen von Entscheidungen quantifiziert und damit greifbar. Die Konsequenzen von "Schnellschüssen", etwa in Form unsystematischer terminlicher oder materialwirtschaftlicher Priorisierung von Aufträgen, werden damit transparent. Die Auftragsabwicklung gewinnt somit an Effizienz hinsichtlich Durchlaufzeit der Aufträge, Termintreue, Maschinenauslastung, Beständen etc.

Die Mitarbeiter in den teilautonomen Organisationseinheiten werden damit sowohl unterstützt als auch im Laufe der Zeit angeleitet, Abläufe und Entscheidungszusammenhänge besser zu verstehen. Insofern hat das entwickelte Assistenzsystem auch eine Schulungskomponente, auch wenn diese hier nicht unmittelbar im Vordergrund steht.

Neben diesem "Nutzen bei der Nutzung" vereinfacht der internet-basierte Ansatz ganz erheblich die Implementierung des Systems. Durch die verteilte Nutzbarkeit des Assistenzsystems (Simulations-Clients und Simulations-Server) können zahlreiche und preisgünstige Simulations-Clients im gesamten Produktionsbereich aufgebaut werden. Notwendig ist lediglich ein Rechner, ein kommerzieller Internet-Browser (z.B. Microsoft Internet Explorer, Netscape Communicator) sowie ein Anschluß an den Simulations-Server über ein Informationsnetz.

Der Simulations-Server kann entweder zentral im Unternehmen verwaltet oder aber bei einem Simulations-Dienstleister betrieben und gepflegt werden. Der letztere Fall ist insbesondere für kleine und mittlere Unternehmen interessant, die sich auf die *Nutzung* von Simulation beschränken und keine eigene Simulations-Kompetenz aufbauen wollen oder können. Sie beziehen Simulationsleistung demnach bedarfsorientiert von einem Simulations-Dienstleister, der die Fernbetreuung von Simulationskunden als neues Produkt definieren kann. Rechtliche und sicherheitstechnische Fragen sind nicht Fokus dieser Arbeit, können aber geklärt werden - erstere auf gesetzlichem und vertraglichem Wege, letztere mittels Verschlüsselungsverfahren (vgl. "Sicherheitsaspekte", S. 150).

9 Zusammenfassung und Diskussion

9.1 Zusammenfassung

Ziel der Arbeit war es, die Entscheidungsabläufe bei der Auftragsabwicklung in teilautonomen Produktionsstrukturen zu unterstützen und zu koordinieren. Dazu wurde auf Basis hybrid-hierarchischer Simulationsmodelle und Internet-Technologien ein Assistenzsystem entwickelt. Die wichtigsten und realisierten Teilziele (vgl. Kapitel 3) waren:

1. Einsatz dynamischer und eigenschaftsflexibler Modelle
2. Berücksichtigung des Koordinationsbedarfes teilautonomer, heterogener Produktionsstrukturen
3. Einbindbarkeit betrieblicher Informationssysteme
4. Einfache, ortsverteilte Bedienbarkeit

Durch die Verwendung von *dynamischen, eigenschaftsflexiblen Simulationsmodellen* konnte die Entscheidungsgrundlage im Vergleich zu herkömmlichen Systemen zur Produktionsplanung und -steuerung verbessert werden. Zum einen bietet die Verwendung von Simulationsmodellen die Möglichkeit, auf Basis von dynamischen Modellen Strukturen und Abläufe der realen Produktionswelt wesentlich genauer abzubilden, als statische Planungsmodelle dies leisten könnten. Zum anderen bietet das entwickelte System gegenüber Ansätzen, die bereits Ablaufsimulation einsetzen, den Vorteil, die Eigenschaften der Simulationsmodelle durch den hybrid-hierarchischen Ansatz anforderungsspezifisch einstellen zu können. Es konnte gezeigt werden, daß dieser Vorteil insbesondere bei objektorientierten Produktionsstrukturen (z.B. Fertigungsinseln, Fertigungslinien) zum Tragen kommt. Bei verrichtungsorientierten Strukturen (z.B. Werkstätten) bietet der Modellierungsansatz zumindest einen leichteren Einstieg in die Modellerstellung, mit der Möglichkeit, die Modelle im Zuge des Erkenntnisgewinns beliebig zu detaillieren.

Der *Koordinationsbedarf von teilautonomen Produktionsstrukturen* wird durch die einfache Nutzbarkeit sowie durch das strukturierte Angebot lokaler und globaler Kenngrößen unterstützt. Auf deren Basis können die Mitarbeiter die Güte und die Auswirkungen von Entscheidungen aus lokaler wie auch aus globaler, einheitenübergreifender Sicht gegenüberstellen und daraus die Eignung einer zu treffenden Entscheidung beurteilen und verbessern. Die enthaltene Schulungskomponente, die durch die wiederholte Arbeit mit dem Koordinationssystem zum Tragen kommt, fördert die Kompetenzentwicklung der Mitarbeiter in teilautonomen Produktionsstrukturen.

Die *Einbindbarkeit der betrieblichen Informationssysteme* wird durch die Verwendung einer neutralen Datenschnittstelle ermöglicht. Das entwickelte Datenmodell, welches die Basisinformationen für die Simulationsmodelle liefert, wurde allgemeingültig ausgelegt, so daß es über den hier beschriebenen Einsatzfall hinaus auch auf weitere Unternehmen übertragbar ist. Das Datenmodell erlaubt die einfache Übernahme von Systemlastdaten. Dazu wurden die entsprechenden Datenstrukturen und -formate definiert und im Laufe der Entwicklungsarbeit wiederholt genutzt.

Zur *einfachen, ortsverteilten Bedienbarkeit* wurden internet-basierte Oberflächen entwickelt. Struktur und Ablauf der Nutzeroberflächen wurden zusammen mit den späteren Nutzern erarbeitet und orientieren sich daher an deren Anforderungen bei der Entscheidungsfindung. Die vielfältig angebotenen Kennzahlen zusammen mit den verschiedenen Darstellungsformen erleichtern die schnelle Erfassung des realen Sachverhaltes in der Produktion. Die internet-basierte Nutzung erlaubt es zudem, die Nutzeroberflächen auf einfachen Rechnern und ohne spezielle Software zu betreiben. Insofern ist es viel leichter möglich, die Nutzeroberflächen in den Produktionsbereichen breit zugänglich zu machen, als aufwendige Hard- und Softwarelösungen dies erlauben würden.

9.2 Diskussion

Bei der Entwicklung und Umsetzung des vorgestellten Ansatzes wurden auch einige in Methoden und Werkzeugen begründete Schwerpunkte ermittelt, die über diese Arbeit hinausgehen und Raum für weitere Forschungs- und Entwicklungsarbeiten bieten. Nachfolgend werden die Schwerpunkte

- Koordinierung und Anreizsysteme,
- Multi-user-Fähigkeit von Simulatoren,
- Animationskomponente der Nutzeroberflächen und
- Sicherheitsaspekte

ausblickshaft diskutiert.

Koordinierung und Anreizsysteme

Die betriebsbegleitende Koordination adressiert in diesem Ansatz vor allem die kurz- und mittelfristigen Entscheidungen, wie sie in Tabelle 10 (S. 114) und Tabelle 11 (S. 115) exemplarisch benannt wurden. Mit der Bereitstellung lokaler (aus Sicht der jeweiligen, teilautonomen Einheit) und globaler Kennzahlen (aus Sicht des gesamten Produktionsbereichs bzw. des Unternehmens) wird die Basis für einen einheitenübergreifenden Interessenabgleich geschaffen. Der Interessenabgleich selbst (Abwägen lokaler und globaler Interessen, dafür erforderliche Partner, Instanzen und Regelungen) wurde nicht explizit beschrieben. Im Sinne einer zunehmenden Betonung der Autonomie dezentraler Bereiche in Verbindung mit dem Versuch, trotzdem globale Unternehmensziele zu erreichen, sind verhandlungsbasierte Ansätze relevant, wie sie etwa von LEVI & HAHNDEL 1992, REINHART & KOCH 1995 oder ANSORGE & KOLLER 1996 beschrieben werden. Dort wird die tatsächliche Zuordnung von Aufträgen und Ressourcen auf Basis der Grobplänen einer zentralen Koordinierungsinstanz von dezentralen Einheiten nach den marktwirtschaftlichen Prinzipien von Angebot und Nachfrage ausgehandelt. Eine wichtige Voraussetzung für die Anwendbarkeit derartiger verhandlungsbasierter Ansätze ist, neben Aspekten der Mitarbeiterqualifikation und -motivation sowie Informationstechnik, vor allem auch die Gestaltung betrieblicher Entlohnungssysteme. Mehrdimensionale, mit globalen Unternehmenszielen abgestimmte Anreizsysteme sind erforderlich, die den Verhandlungspartnern die notwendige Verhandlungsmasse zur Verfügung stellen. Beim Verzicht auf die Erfüllung eines lokalen Ziels (z.B. hohe Auslastung) zu Gunsten der Erfüllung eines globalen Ziels des Unternehmens (z.B. flexible Reaktionsfähigkeit auf kurzfristige Kundenwünsche) muß der verzichtenden Einheit ein Anreiz geboten werden können, sonst wird der Verhandlungsmechanismus langfristig nicht in Gang bleiben.

Multi-user-Fähigkeit von Simulatoren

Im Bereich des Simulators entfaltet der vorgestellte Ansatz seine volle Leistungsfähigkeit bei einer Multi-user-Fähigkeit des Systems. Eine Möglichkeit, dies zu erreichen, ist, den Simulator so schnell zu machen, daß mit einer ausreichend hohen Erwartung verschiedene Nutzer nicht zeitlich parallel simulieren müssen. Dazu wurde mit der Entwicklung der eigenschaftsflexiblen, hybrid-hierarchischen Simulationsmodelle schon in dieser Arbeit eine Basis geschaffen, indem bei derartigen Konflikten auf schnellere, wenn auch weniger detailliertere Abstraktionsebenen ausgewichen werden kann. Eine weitere Möglichkeit ist, die Simulatoren auf Werkzeugebene multi-userfähig zu machen, etwa indem Simulationszeit, vergleichbar zur Rechenzeit bei Betriebssystemen, in Zeitscheiben ein- und zugeteilt wird. Dazu ist allerdings eine simulatorinterne Experimentverwaltung notwendig, die die Möglichkeiten heutiger Simulatoren in der Regel sprengt. Ein in diese Richtung gehender Ansatz wurde mit *Sim-Server* von JENSEN 1998 vorgestellt. Eine weitere Möglichkeit sind Stellvertreterkonzepte, bei denen einzelne Bausteine das Gesamtverhalten untergeordneter Bereiche subsumieren. Hierzu wurden etwa Ansätze von BENJAMIN ET AL. 1998 und GÜNTHNER ET AL. 1998 bzw. HALLER & NEMMER 1997 (Job-Manager) vorgestellt, aber auch die java-basierten Ansätze im Bereich der internet-basierten und verteilten

Simulation (vgl. Abschnitt 2.2.3, Fall 2 und 3, S. 31 ff.) können hierunter genannt werden. Die Arbeiten im Bereich der Interoperabilität von Simulatoren, wie sie derzeit etwa mit dem HLA-Konzept verfolgt werden, lassen in diesem Feld noch deutliche Verbesserungen erwarten.

Animationskomponente der Nutzeroberflächen

Im Bereich der Nutzeroberflächen wurde das entwickelte Konzept komplett auf Basis dynamisch erzeugter HTML-Oberflächen umgesetzt. Durch entsprechende Nutzung der standardisierten Möglichkeiten des HTML-Formats konnten so sämtliche erforderlichen textuellen und grafischen Informationen abgebildet werden. Wie REINHART & FELDMANN 1997 in einer breit angelegten Feldstudie darstellen konnten, gewinnt die Animationskomponente bei der Darstellung von Simulationsergebnissen zunehmend an Bedeutung. Eine Möglichkeit, diese Animationskomponente in den internetbasierten Oberflächen zu stärken, ist der Einsatz der plattformübergreifenden JAVA-Technologie. Hierfür gibt es bereits einige Beispiele, die im Rahmen dieser Arbeit in Abschnitt 2.2.3 (S. 29 ff.) diskutiert wurden.

Sicherheitsaspekte

Ein weiterer wichtiger Aspekt ist das Thema Sicherheit. Wie bereits dargestellt, eröffnet der vorgestellte Ansatz die Möglichkeit, Simulationsleistung bedarfsorientiert von einem Dienstleister einzukaufen. Dabei würden die Simulations-Clients weiterhin beim Simulationsnutzer stehen, während der Simulations-Server beim externen Dienstleister untergebracht wäre. Dabei stellt sich zunächst die Frage der Sicherheit bei der Übertragung der Daten vom Client zum Server. Eine Sicherheitslücke stellt das TCP/IP-Protokoll dar, bei dem, zumindest im Falle des Internets, die Daten über beliebige fremde Rechner geschickt werden können. Einen Ansatz zur Lösung des Problems bieten die Konzepte der Virtual Private Networks, bei denen auf Basis öffentlicher Netze (etwa dem Internet) mittels spezieller Hard- und Software eine Kommunikation nur zwischen angeschlossenen Teilnehmern aufgebaut wird (OPPLINGER ET AL. 1993). Ein weiterer Ansatz ist, die Öffentlichkeit des Internets weiterhin zu nutzen, jedoch die Übertragung über kryptographische Systeme (symetrisch[78] oder asymetrisch[79], public[80]- oder private key) gegen Abhören zu schützen. Ein hierfür bereits kommerziell eingesetzter Standard ist der Secure Socket Layer (SSL), der 1995 von der Firma Netscape vorgeschlagen wurde und sich als eigene Schicht im Protokollsta-

---

[78] Ver- und Entschlüsselung mit dem selben Schlüssel

[79] Ver- und Entschlüsselung mit jeweils unterschiedlichen Schlüsseln, z.B. RSA (Rivest et al. 1978)

[80] vgl. http://developer1.netscape.com/docs/manuals/security/pkin/index.htm (überprüft am 07.03.1999)

pel von TCP/IP darstellt[81]. Eine zweite potentielle Sicherheitslücke stellt die Haltung der Auftrags- und Stammdaten beim Dienstleister dar zusammen mit der dort stattfindenden Modellpflege. Die Brisanz dieser Daten für den Bestand des Unternehmens kann gar nicht hoch genug eingeschätzt werden, gerade wenn der Dienstleister verschiedene Kunden, eventuell sogar Konkurrenten bedient. Allerdings handelt es sich hierbei im Grunde um dasselbe Problem, wenn Unternehmen Dienst- und Beratungsleistung jedwelcher Art annehmen. Diese Fragen sind in entsprechenden Vertragswerken zu regeln.

Die in den Schwerpunkten *Koordinierung und Anreizsysteme*, *Multi-user-Fähigkeit von Simulatoren*, *Animationskomponente der Nutzeroberflächen* und *Sicherheitsaspekte* diskutierten Fragestellungen stellen umfangreiche aber greifbare Aufgaben dar. Deren Lösung wird die Anwendbarkeit von Assistenzsystemen, wie im Rahmen dieser Arbeit für die Koordination von teilautonomen Produktionsstrukturen entwickelt, weiter verbessern. Die den Mitarbeitern damit gewährte Entscheidungsunterstützung kann dazu beitragen, die positiven Eigenschaften von teilautonomen Produktionsstrukturen hinsichtlich Flexibilität und Reaktionsschnelligkeit auf lange Sicht zu stärken und damit die Wandlungsfähigkeit des Unternehmens insgesamt zu fördern.

[81] vgl. http://developer1.netscape.com/docs/manuals/security/sslin/index.htm (überprüft am 07.03.1999)

10 Literatur

ADAMSKI & HILLER 1998
Adamski, D.; Hiller, M.: Erstellung einer Simulationsumgebung aus Komponenten. In : Engeli, M.; Hrdliczka, V. (Hrsg.): Simulationstechnik. 12. Symposium in Zürich. S. 99-105. Hochschulverlag ETH Zürich, 1998

AGGTELEKY 1987
Aggteleky, B.: Fabrikplanung. Carl Hanser Verlag, München, 1987

AMANN 1994
Amann, W.: Eine Simulationsumgebung für Planung und Betrieb von Produktionssystemen. iwb-Forschungsberichte Nr. 71, Springer Verlag, Berlin 1994

AMBROSY ET AL. 1996
Ambrosy, S.; Aßmann, G.; Bindbeutel, K.; Cuiper,R.; Feldmann, C.; Schmalzl, B.: Integriertes Produkt- und Prozeßmodell für Konstruktion und Planung. ZWF 91 (1996) 12, S. 607-611. Carl Hanser Verlag, München 1996

ANSORGE & KOLLER 1996
Ansorge, D.; Koller, A.: Intelligent decentralized planning and complex strategies for negotiation in flexible manufacturing environments. In: Jamshidi, Mohammed (Hrsg.): Robotics and Manufacturing - Recent Trends In Research And Applications, Volume 6. Proceedings of the Sixth International Symposium On Robotics And Manufacturing (ISRAM '96). New York: ASME Press 1996, S. 1-6.

ARNOLD ET AL. 1997
Arnold, J.; Beißwenger, P.; Reisch, O.: Einsatz von Simulation und kooperativen Leitständen. Industrie Management 13 (1997) 2, S. 27-31, Gito-Verlag, Berlin 1997

BALL 1998
Ball, P.: Abstracting Performance In Hierarchical Manufacturing Simulation. In: Journal Of Materials Processing Technology. 76 (1998) 1-3, pp. 246-251

BALZERT 1996
Balzert, H.: Lehrbuch der Softwaretechnik. Spektrum Akademischer Verlag, Heidelberg 1996

BANKS ET AL. 1996
Banks, J.; Carson, J. S.; Nelson, B. L.: Discrete-Event System Simulation. Prentice Hall, New Jersey 1996

BENJAMIN ET AL. 1998
Benjamin, P.; Erraguntla, M.; Delen, D.; Mayer, R.: Simulation Modeling At Multiple Levels of Abstraction. In: D.J. Medeiros, E.F. Watson, J.S. Carson and M.S. Manivannan, (Edts.). Proceedings of the 1998 Winter Simulation Conference, Washington 1998

BIERSCHENK 1997
Bierschenk, S.: PPS in dezentral organisierten Unternehmen – Zentralistische Systeme zur optimalen Unterstützung dezentraler Strukturen ? In: Industrie Management 13 (1997) 3, Gito Verlag, Berlin 1997

BOOCH 1994
Booch, G.: Objektorientierte Analyse und Design. Addison-Wesley, Bonn 1994

BOSCH 1993
Bosch, K.: Statistik Taschenbuch. Oldenbourg, Wien, 1993

BRACHT & HAGMANN 1998
Bracht, U.; Hagmann, M.: Die ganze Fabrik im Simulationsmodell. In: ZWF 93 (1998) 7-8, S. 345-348, Carl Hanser Verlag, München 1998

BULLINGER 1998
Bullinger, H.-J.; Steinäcker, J. von: Petri net based modeling, planning and control of logistical processes under environmental goals and constraints. In: Morel, G.; Vernadat, F. (Eds.): Information control in manufacturing INCOM '98 - Advances in industrial engineering. Proceedings of the 9th IFAC Symposium, pp. 411-416, Nancy-Metz 1998

BULLINGER 1999
Bullinger, H.-J.: Neue Produktionsinformationssysteme - Erfolgsfaktor für Teamarbeit. IAO Produktionsforum '99, Stuttgart 29. Januar 1999, Fraunhofer IRB Verlag, Stuttgart 1999

BURGER 1992
Burger, C.: Produktionsregelung mit Entscheidungsunterstützenden Informationssystemen. iwb-Forschungsberichte Nr. 42. Springer-Verlag, Berlin 1992

BUSS & JACKSON 1988
Buss, A.; Jackson, L.: Distributed Simulation Modeling: A Comparison of HLA, CORBA, and RMI. In: D.J. Medeiros, E.F. Watson, J.S. Carson and M.S. Manivannan, (Edts.). Proceedings of the 1998 Winter Simulation Conference, Washington 1998

CHEN 1976
Chen, P. P.: The Entity-Relationship-Model: Towards a Unified View of Data. In: ACM ToDS 1 (1976) 6, p.9-36

CHEN 1977
Chen, P. P.: The Entity-Relationship-Approach To Logical Database Design.QED Information Sciences, Wellesley 1977

CHEN 1980
Chen, P. P.: The Entity-Relationship-Approach to Systems Analysis and Design. Amsterdam, 1980

CHEN 1991 & KNÖLL 1991
Chen, P. P., Knöll, H-D: Der Entity-Relationship-Ansatz zum logischen Systementwurf: Datenbank und Programmentwurf, BI-Wissenschaftsverl, Mannheim 1991

CIMOSA 1994
CIMOSA Association (Eds.): CIMOSA Open System Architecture for CIM, Technical Baseline Part I&II. CIMOSA Association e.V., c/o ADITEC, Aachen 1994

COLLISI 1997
Collisi, T.: Simulationsbasiertes, intelligentes Monitoring zur Online-Produktionsoptimierung. In: Reinhart G.; Feldmann, K. (Hrsg.): Simulationsbasierte Entscheidungshilfsmittel für Organisation und Produktion. Ergebnisbericht zum ersten Forschungsjahr des Forschungsverbunds Simulationstechnik (ForSIM). Hochschul-Eigenverlag, Erlangen 1997

DANGELMAIER & WARNECKE 1997
Dangelmaier, W.; Warnecke, H.-J.: Fertigungslenkung. Planung und Steuerung des Ablaufs der diskreten Fertigung. Springer Verlag, Berlin 1997

DANGELMAIER 1997A
Dangelmaier, W.: Ablaufmodellierung als Basis einer kommunikativ orientierten Fertigungssteuerung. In: Dangelmaier, W. et al. (Hrsg.): Kommunikationsmanagement in verteilten Unternehmen. Fünf Jahre Wirtschaftsinformatik an der Universität-GH Paderborn. S. 65-94. VDI-Fortschrittsbericht. Reihe 10: Informatik/Kommunikationstechnik Nr. 478, VDI-Verlag, Düsseldorf 1997

DANGELMAIER 1997B
Dangelmaier, W.: Eine objektorientierte Methode für eine verteilte Fabrikplanung und -steuerung. Fördertechnik 66 (1997) 2, S. 4 - 7.

DANGELMAIER 1997C
Dangelmaier, W.: Engpaßorientiertes Verfahren für verteilte PPS - Lösen verteilter Probleme mit dezentralen Koordinationsregeln. Technica 46 (1997) 6, S. 39-44.

DANGELMAIER ET AL. 1997A
Dangelmaier, W.; Henkel, S.; Holtkamp, R.; Langemann, T.; Schallner, H.: Ein Multi-Agenten-Ansatz für die verteilte PPS. Anwendung des engpaßorientierten Verfahrens zur Auftragseinplanung. wt - Produktion und Management 87 (1997) 5, S. 237 - 241.

DANGELMAIER ET AL. 1997B
Dangelmaier, W.; Holthöfer, N.; Kress, St.; Schäfermeier, U.: Simulation of Complex Production Systems with Different Levels of Detail. In: Sen, A. et al (Eds.): 4th International Conference on Computer Integrated Manufacturing (ICCIM'97), p. 497-506, Singapore 1997

DORWARTH ET AL. 1997
Dorwarth, H.; Schumann, M.; Seibt, F.; Komponenten und Konzepte für Simulationsumgebungen im WWW. In: Kuhn, A.; Wenzel, S. (Hrsg.): Fortschritte in der Simulationstechnik. Tagungsband zum 11. ASIM-Symposium, S. 593-598, Vieweg Verlag, Braunschweig 1997

ERLANG 1909
Erlang, A. K.: Probability and Telephone Calls. In: Nyt Tideskr. Mat. 20 (1909) S. 33-39

ERLANG 1918
Erlang, A. K.: Lösungen einiger Probleme der Wahrscheinlichkeitsrechnung von Bedeutung für die selbständigen Fernsprechämter. In: Elektrotechnische Zeitschrift 39 (1918) S. 504

EVERSHEIM & THOME 1988
Eversheim, W.; Thome, H. G.: Einsatzgebiete der Simulation im Rahmen des Computer Integrated Manufacturing - Simulation in der Fertigungstechnik. Springer Verlag, Berlin 1988

EVERSHEIM ET AL. 1994
Eversheim, W.; Fuhlbrügge, M.; Dobberstein, M.: Produktivitätssteigerung durch simulationsgestützte Auftragsreihenfolgeoptimierung. In: VDI-Z 136 (1994) 9, VDI-Springer Verlag, Düsseldorf, 1994

FANDEL ET AL. 1994
Fandel, G.; François, P.; Gubitz, K.-M.: PPS-Systeme - Grundlagen, Methoden, Software, Marktanalyse. Springer Verlag, Berlin 1994

FELDMANN & SCHLÖGL 1996
Feldmann, K.; Schlögl, W.: New Methods For Creation And Control Of Discrete Event Simulation. Proceedings of the Deneb User Conference, Troy 1996

FELDMANN & SCHMIDT 1988
Feldmann, K.; Schmidt, B.: Simulation in der Fertigungstechnik. In: Schmidt, B.; Möller, D.: Fachberichte Simulation, Band 10, Springer Verlag, Berlin 1988

FELDMANN ET AL. 1997A
Feldmann, K.; Rauh, E.; Collisi, T.; Steinwasser, P.: Modular Tool For Simulation Parallel To Production Planning. Proceedings of the 16th IASTET International Conference Modeling, Identification and Control, Innsbruck 1997

FELDMANN ET AL. 1997B
Feldmann, K.; Rauh, E.; Collisi, T.; Steinwasser, P.: New Approaches On Simulation-Based Strategic Planning And Project Management. Proceedings of the 14th ICPR, Osaka 1997

FELDMANN ET AL. 1997C
Feldmann, K.; Rauh, E.; Steinwasser, P.; Wunderlich, J.: Simulation unterstützt die Produktionsplanung und –steuerung – Integration und modularer Aufbau ergeben neue Anwendungsfelder. In: wt-Produktion und Management 87 (1997), S. 233-236, Springer-VDI-Verlag, Düsseldorf 1997

FELDMANN ET AL. 1997D
Feldmann, K.; Collisi, T.; Wunderlich, J.: Approach Of A Simulation Assisted Reengineering for Manufacturing Systems. Proceedings of the 9th Simulation Symposium, Passau 1997

FERSCHL 1970
Ferschl, F.: Markovketten. Springer Verlag, Berlin 1970

FISHWICK 1988
Fishwick, P. A.: The Role Of Process Abstraction In Simulation. IEEE Transactions On Systems, Man And Cybernetics, 18 (1988) 1, pp. 18-39

FISHWICK ET AL. 1995
Fishwick, P. A., Belk, M. R.; Spatz, B. C.: An Interactive Web Simulation of CPU/Disk Performance. Internet-Publikation: http://www.cis.ufl.edu/~fishwick/CPUDisk , (Link überprüft am 07.03.99)

FISZ 1978
Fisz, M.: Wahrscheinlichkeitsrechnung und mathematische Statistik. VEB Deutscher Verlag der Wissenschaften, Berlin 1978

GAUSEMEIER & FÖRSTE 1998
Gausemeier, J.; Förste, S.: Dezentral automatisiertes Materialflußsystem. In: ZwF 93(1998) 9, S. 43-45

GAUSEMEIER ET AL. 1998
Gausemeier, J.; Förste, S., Gerdes, K.-H.: Dezentrale Steuerungsarchitektur für modulare Materialflußsysteme. Tagungsband SPS/IPC/DRIVES Nürnberg 98 - Elektrische Automatisierungstechnik - Systeme und Komponenten, Nürnberg, 24. - 26. November 1998

GEITNER 1997
Geitner, U.: Der Konkurrenzkampf wird härter - PPS-Markt 1997. In: AV-Arbeitsvorbereitung und Industrielle Informationstechnik. 34 (1997) 5, S. 302-309, Carl Hanser Verlag, München 1997

GODBOLE ET AL. 1994
Godbole, D. N., Lygeros, J., and Sastry, S. (1994b). Hierarchical Hybrid Control: A Case Study. Technical report preprint, University of California, Berkeley.

GOMEZ & ZIMMERMANN 1997
Gomez, P.; Zimmermann, T.: Unternehmensorganisation – Profile, Dynamik, Methoden. Campus Verlag, Frankfurt /M. 1997

GÜNTHNER ET AL. 1998
Günthner, W. A.; Stegherr, F.; Haller, M.: Simulation projektbegleitend nutzen. In: f+h Fördern und Heben - Zeitschrift für Materialfluß und Automation in Produktion, Lager, Transport und Umschlag, 47 (1998) 3, S. 130-132,

GÜNZEL 1993
Günzel, U.: Entwicklung und Einsatz eines Simulationsverfahrens für operative und strategische Probleme der Produktionsplanung und –steuerung. Carl Hanser Verlag, München 1993

HACKSTEIN 1989
Hackstein, R.: Produktionsplanung und –steuerung – Ein Handbuch für die Betriebspraxis. VDI-Verlag, Düsseldorf 1989

HAGMANN ET AL. 1998
Hagmann, M.; Schäfer, G.; Bracht, U.: Das integrierte Ebenenkonzept als neuer Ansatz in der Fabrik- und Anlagenplanung. In: Engeli, M.; Hrdliczka, V. (Hrsg.): Simulationstechnik. 12. Symposium in Zürich. S. 267-273. Hochschulverlag ETH Zürich, 1998

HALLER & NEMMER 1997
Haller M., Nemmer M.: Anforderungsgerechte Modellbildung zum projektbegleitenden Einsatz der dynamischen Materialfluß-Simulation. In: Fortschritte in der Simulationstechnik, Tagungsband zum 11. Symposium Simulationstechnik 1997, Vieweg Verlag 1997

HANF 1998
Hanf, G.: Ein verteiltes Simulationssystem für die Modellierung und Simulation dynamischer Systeme mit rechnerunterstützter Modellzuordnung. In: Engeli, M.; Hrdliczka, V. (Hrsg.): Simulationstechnik. 12. Symposium in Zürich. S. 83-90. Hochschulverlag ETH Zürich, 1998

HEALY & KILGORE 1997
Healy, K. J.; Kilgore, R. A.: Silk - A Java-Based Process Simulation Language. In: Andradottir, S.; Healy, K. J.; Withers, D.; Nelson, B. (Edts.): Proceedings of the 1997 Winter Simulation Conference. pp. 475-482. Institute of Electrical and Electronics Engineers, Piscataway, NJ, 1997.

HEIDENBLUTH 1995
Heidenbluth, V.: Nach Ebenen differenzierte Simulation. In: f+h Fördern und Heben - Zeitschrift für Materialfluß und Automation in Produktion, Lager, Transport und Umschlag (1995), S. 29-30

HEINHOLD & GAEDE 1979
Heinhold, J.; Gaede, K.-W.: Ingenieur-Statistik. Oldenbourg, Wien, 1979

HEITMANN 1999
Heitmann, K.: Adaptives, stochastisches Prognosesystem auf Basis der betriebsbegleitenden Simulation. Dissertation TU München, 1999

HEUMANN 1993
Heumann, D.: Objektorientierte Simulation teilautonomer Fertigungsstrukturen. Dissertation Ruhr-Universität Bochum, 1993

HILLIER 1996
Hillier, S.: Inside Visual Basic Scripting Edition. Microsoft Press, Redmond, Washington D.C., 1996

HOLZKÄMPER 1987
Holzkämper, R.: Kontrolle und Diagnose des Fertigungsablaufs auf der Basis des Durchlaufdiagramms. VDI-Fortschrittsberichte, Reihe 2, Nr. 131, VDI-Verlag, Düsseldorf 1987

HOWELL & MCNAB 1998
Howell, F.; McNab, R.: Simjava: A Discrete Event Simulation Package For Java - With Applications In Computer Systems Modeling. Internet-Publikation:
http://www.dcs.ed.ac.uk/home/fwh/emin/docs/websim/ (Link überprüft am 07.03.99)

JACOBSEN ET AL. 1992
Jacobsen, I.; Christerson, M.; Jonsson, P.; Övergaard, G.: Object-Oriented Software Engineering - A Use Case Driver Approach, Addison Wesley, Workingham 1992

JACOBSEN ET AL. 1997
Jacobsen, I.; Booch, J.; Rumbaugh, J.: The Objectory Software Development Process. Addison Wesley, Longman 1997

JENSEN 1998
Jensen, T.: Simserver. Internet-Publikation:
http://www.dcomsys.com/technology/simserver.html (Link überprüft am 07.03.99)

JOHNSON & POORTE 1988
Johnson, M. E.; Poorte, J. P.: A Hierarchical Approach To Computer Animation In Simulation Modeling. In: Simulation 50 (1988) 1, pp. 30-36

JOHNSON 1973
Johnson, K. L.: Operations Research. VDI-Taschenbücher Nr. 73, VDI-Verlag, Düsseldorf1973

JÜNEMANN 1990
Jünemann, R.: Planungs- und Betriebsführungssysteme für die Logistik. Verlag TÜV Rheinland, Köln 1990

JÜRGING 1995
Jürging, C.-P.: Rechnerunterstützte Auftragsabwicklung in dezentralen Produktionsbereichen. Fortschrittsberichte VDI-Reihe 2: Fertigungstechnik Nr.363. VDI Verlag, Düsseldorf, 1995

KARLIN 1968
Karlin S.: A First Course In Stochastic Processes. Academic Press, New York 1968

KATH 1992
Kath, H.: Horizontale Abstimmung dezentraler Leitstandsysteme. Dissertation an der Ruhr-Universität-Bochum. Hochschul-Eigenverlag, Bochum 1992

KENDALL & STUART 1977
Kendall, Sir M.; Stuart, A.: The Advanced Theory of Statistics - Volume 1: Distribution Theory. Charles Griffin & Co. Ltd., London 1977

KENDALL 1953
Kendall, D. G.: Stochastic Processes Occuring in the Theory of Queues and Their Analysis by the Method of Imbedded Markov Chains. Ame.Mat.Statist. 24 (1953), S. 338 ff.

KETTNER ET AL. 1984
Kettner, H.; Schmidt, J.; Greim, H.-R.: Leitfaden zur systematischen Fabrikplanung. Carl Hanser Verlag, München, 1984

KISTNER & STEVEN 1991
Kistner, K.-P.; Steven, M.: Die Bedeutung des Operations Research für die hierarchische Produktionsplanung. In: OR-Spektrum 13 (1991), S. 123-132

KLOCKE 1998
Klocke, F.: Produktionsstandort Deutschland. wt-Werkstattstechnik 88 (1998) 3, S. 81, Springer-VDI-Verlag, Düsseldorf 1998

KLUßMANN 1995
Klußmann, J.: Automatic Generation of Simulation Models Increases The Use of Simulation. In: Breitenecker, F.; Husinsky, I. (Edts.): Proceedings EuroSIM ´95, Vienna, pp. 123-128, Elsevir Science Publishers B.V., Amsterdam, 1995

KLUßMANN ET AL. 1996
Klußmann, J.; Vöge, M.; Krauth, J.: Neutrales Produktdatenmodell zur Einbindung der Simulation in die betrieblichen Abläufe. In: wt-Werkstattstechnik - Produktion und Management, 86 (1996) 6, S. 333-336, Springer Verlag, Berlin 1996

KLUßMANN ET AL. 1997
Klußmann, J.; Krömker, M.; Wurst, S.: Steigerung der Planungsqualität durch intranetbasierten Simulationseinsatz. In: Kuhn, A.; Wenzel, S. (Hrsg.): Fortschritte in der Simulationstechnik. Tagungsband zum 11. ASIM-Symposium, S. 587-592, Vieweg Verlag, Braunschweig 1997

KOBYLKA & WIRTH 1997
Kobylka, A.; Wirth, S.: Beitrag zur adaptiven Kopplung von statischer und dynamischer Fabrikplanungssoftware. Wissenschaftliche Schriftenreihe des Instituts für Betriebswissenschaften und Fabriksysteme, Heft 13, Eigenverlag Technische Universität Chemnitz-Zwickau, 1997

KOSTURIAK 1995
Kosturiak, J.: Simulation von Produktionsprozessen. Springer Verlag, Berlin 1995

KREUTZER ET AL. 1997
Kreutzer, W.; Hopkins, J.; van Mierlo, M.: SimJAVA - A Framework For Modeling Queueing Networks In Java. In: Andradottir, S.; Healy, K. J.; Withers, D.; Nelson, B. (Edts.): Proceedings of the 1997 Winter Simulation Conference. pp. 483-488. Institute of Electrical and Electronics Engineers, Piscataway, NJ, 1997.

KREYSZIG 1974
Kreyszig, E.: Statistische Methoden und ihre Anwendungen. Van den Hoeck & Ruprecht, Göttingen, 1974.

KUHN & RABE 1998
Kuhn, A.; Rabe, M.: Simulation in Produktion und Logistik – Fallbeispielsammlung. Springer Verlag, Berlin 1998

KUHN & WENZEL 1997
Kuhn, A.; Wenzel, S.: Fortschritte in der Simulationstechnik. Tagungsband zum 11. ASIM-Symposium, Vieweg Verlag, Braunschweig 1997

KÜHNLE ET AL. 1997A
Kühnle, H. ; Ahrend, H.-W. ; Reising, W.: Fraktale Fabrik : Die dynamischen Veränderungen des Marktes von innen heraus bewältigen. In: wt - Produktion und Management 87 (1997), Nr. 3, S. 111-114

KÜHNLE ET AL. 1997B
Kühnle, H. ; Fietz, R. ; Schmidt, C.: Software für die integrierte Fabrikplanung - FACTOTUM: ein offenes Tool zur computerunterstützten Produktionssystemplanung. In: TECHNIKA (1997), Nr. 13/14, S. 10-16

KURBEL 1995
Kurbel, K.: Produktionsplanung und -steuerung. Methodische Grundlagen von PPS-Systemen und Erweiterungen. Zweite Auflage. Oldenbourg Verlag, München, 1995

LANGE 1996
Lange, V.: Schlanke Steuerung dezentraler Fertigungsstrukturen – Erhöhte Termintreue durch prozeßorientierte Auftragsabwicklung. In: ZWF-Zeitschrift für wirtschaftlichen Fabrikbetrieb 91 (1996) 10, S. 466-470, Carl Hanser Verlag, München 1996

LAUX & LIERMANN 1993
Laux, H.; Liermann, F.: Grundlagen der Organisation – Die Steuerung von Entscheidungen als Grundproblem der Betriebswirtschaftslehre. Springer Verlag, München 1993

LAW & KELTON 1991
Law, A. M.; Kelton, W.: D. : Simulation Modeling and Analysis. McGraw-Hill International Editions. New York 1991

LEVI & HAHNDEL 1992
Levi, P.; Hahndel, S.: Restriktionsbasiertes Verhandlungskonzept für eine dezentrale, kooperative Aktionsplanung. In: Remb, U. u.a.: Autonome Mobile Systeme, 8. Fachgespräch, Karlsruhe, 1992, S. 93-105.

LIENERT 1975
Lienert, G. A.: Verteilungsfreie Methoden der Biostatistik - dargestellt an Beispielen aus der psychologischen, medizinischen und biologischen Forschung, Hain Verlag, Meisenheim am Glan 1975

LOEPER 1995
Loeper, S.: Kennzahlengestütztes Beratungssystem zur Verbesserung der Logistikleistung in der Werkstattfertigung. wbk-Forschungsberichte Nr. 63. Hochschul-Eigenverlag, Karlsruhe 1995

LOHR 1996
Lohr, D.: Dezentrale Produktionsbereiche bedarfsgenau steuern – Der Fortschrittszahlenansatz. In: : ZWF-Zeitschrift für wirtschaftlichen Fabrikbetrieb 91 (1996) 10, S. 462-465, Carl Hanser Verlag, München 1996

LORENZ 1984
Lorenz, W.: Entwicklung eines arbeitsstundenorientierten Warteschlangenmodells zur Prozeßabbildung der Werkstattfertigung. Fortschrittsberichte VDI Reihe 2 "Fertigungstechnik" Nr. 72. VDI-Verlag, Düsseldorf,

LORENZ ET AL. 1997A
Lorenz, P.; Schriber, T. J.; Seibt, F.: Internetbasierte Experimente und Präsentationen zum Canal-and-Lock System. In: Deussen, O.; Lorenz, P. (Hrsg.): Tagungsband "Simulation und Animation '97", S. 275-286. SCS Publishing House, Ghent 1997

LORENZ ET AL. 1997B
Lorenz, P.; Dorwarth, H.; Ritter, K.-C.: Schriber, T.J.: Towards a Web Based Simulation Environment. In: Andradottir, S.; Healy, K. J.; Withers, D.; Nelson, B. (Edts.): Proceedings of the 1997 Winter Simulation Conference. pp. 475-484. Institute of Electrical and Electronics Engineers, Piscataway, NJ, 1997.

LORENZ ET. AL 1998
Lorenz, P.; Schriber, T. J.; Beier, D.; Hiller, S.: Web Support for a Simulation and Animation Course. In: Lorenz, P.; Preim, B. (Hrsg.): Proceedings "Simulation und Visualisierung '98" Magdeburg. S. 67-79, SCS-European Publishing House, Ghent, 1998

LUCZAK & HEIDERICH 1997
Luczak, H.; Heiderich, T.: Leistungsstand aktueller Standard-PPS-Systeme bei der Unterstützung wandelbarer Produktionsnetze. Industrie Management 13 (1997) 4, S. 9-12. Gito Verlag, Berlin 1997

LULAY & DECKER 1996
Lulay, W. E.; Decker, F.: Planung im Dialog: Interaktive, werkzeugunterstützte Strukturierung von Fertigungsinseln. In: SMM-Schweizer Maschinenmarkt Nr. 37/1996, S. 28-33

LULAY & REINHART 1998A
Lulay, W. E.; Reinhart, G.: Hierarchical Simulation Models Improve Production-Accompanying-Simulation. In: Juslin, K. (Edt.): Proceedings of the 3rd European Simulation Congress 1998 (EuroSIM 98), 14.-15.04.98. pp. 450-457. Helsinki, Finnland.

LULAY & REINHART 1998B
Lulay, W. E.; Reinhart, G.: Coordinating Order Processing Using Hierarchical Simulation Models And Web-Technologies. In: Medeiros, D. J.; Watson, E. F.; Carson, J.S. ; Manivannan, M. S. (Eds.): Proceedings of the 1998 Winter Simulation Conference, 13.-16.12.98, pp.1655-1661. Washington D.C., USA

LULAY 1998
Lulay, W. E.: Hierarchische Simulationsmodelle verbessern die Auftragskoordination in dezentralen Produktionsstrukturen In.: Mertins, K.; Rabe, M. (Hrsg.): Tagungsband zur 8. ASIM - Fachtagung "Simulation in Produktion und Logistik, 16.- 17.02.1998 am IPK Berlin, 1998

LULAY ET AL. 1997
Lulay, W. E., Mößmer, H. E.; Rudorfer, W.: Ablaufsimulation - Leistungsfähiges Werkzeug zur Optimierung von Produktionssystemen. In: iwb-newsletter September 1997 - Jahrgang 5 - Nr. 2/3, München 1997

MARTIN 1994
Martin, C.: Verfahren und Systeme zur simulationsbasierten Produktionsregelung bei komplexen Produktionsstrukturen. In: Kampe, G., Zeitz, M. (Hrsg.) 9. Symposium Simulationstechnik, Stuttgart 1994

MARTIN 1998
Martin, C.: Produktionsregelung – ein modularer, modellbasierter Ansatz. iwb-Forschungsberichte Nr. 113, Springer Verlag, Berlin 1998

MAßBERG ET AL. 1998A
Maßberg, W.; Weigt, D.; Giese, M. A.; Steinhage, A.; Schöner, G.: Modelle der Fertigungssteuerung. In: wt - Werkstattstechnik 88 (1998) 3, S. 97-100

MAßBERG ET AL. 1998B
Maßberg, W.; Weigt, D.; Giese, M. A.; Steinhage, A.; Schöner, G.: Selbstorganisierende Fertigungssteuerung. In: wt - Werkstattstechnik 88 (1998) 7/8, S. 329-332

MCLEAN ET AL. 1996
McLean, T.; Mark, L.; Loper, M.; Rosenbaum, D.: Applying Temporal Databases to HLA Data Collection and Analysis. In: Medeiros, D. J.; Watson, E. F.; Carson, J.S. ; Manivannan, M. S. (Eds.): Proceedings of the 1998 Winter Simulation Conference, 13.-16.12.98, pp. 827-834. Washington D.C., USA

MERTENS 1996
Mertens, P.: Funktionen und Phasen der Produktionsplanung und –steuerung. In: Eversheim, W.; Schuh, G. (Hrsg.): Betriebshütte - Produktion und Management, S. 14-11 bis 14-59, Springer Verlag, Berlin 1996

MERTENS ET AL. 1991
Mertens, P.; Bodendorf, F.; König, W.; Picot, A.; Schumann, M.: Grundzüge der Wirtschaftsinformatik. Springer Verlag, Berlin 1991

MERTINS ET AL. 1994
Mertins, K.; Süssenguth, W.; Jochem, R.: Modellierungsmethoden für rechnerintegrierte Produktionsprozesse – Unternehmensmodellierung, Softwareentwurf, Schnittstellendefinition, Simulation. Carl Hanser Verlag, München 1994

MERTINS ET AL. 1999
Mertins, K.; Ohnemus, K.; Rabe, M.; Friedland, R.: Hohe Lieferbereitschaft trotz niedriger Bestände – Simulation optimiert die Unternehmenslogistik. In: ZWF-Zeitschrift für wirtschaftlichen Fabrikbetrieb 94 (1999) 1-2, Carl Hanser Verlag, München 1999

MILBERG 1997
Milberg J.: Produktion - eine treibende Kraft für unsere Volkswirtschaft. In: Milberg, J.; Reinhart, G.: Mit Schwung zum Aufschwung. Tagungsband „Münchner Kolloquium 1997“, S. 17-40, Verlag Moderne Industrie, Landsberg, 1997

MILLER ET AL. 1998
Miller, J. A.; Ge, Y.; Tao, J.: Component Based Simulation Environments: JSIM As A Case Study Using Java Beans. In: D.J. Medeiros, E.F. Watson, J.S. Carson and M.S. Manivannan, (Eds.). Proceedings of the 1998 Winter Simulation Conference, Washington 1998

MÖßMER 1997
Mößmer, H. E.: Planungsmethodik für die simulationsbasierte Regelung zeitvarianter Produktionssysteme. In: Engeli, M.; Hrdliczka, V.: Fortschritte in der Simulationstechnik, 12. Symposium Simulationstechnik. S. 315-322, Hochschulverlag ETH Zürich, 1997

MÖßMER 1998
Mößmer, H. E.: Einsatz der Simulation bei zeitvarianten Produktionsstrukturen. Proceedings "Simulation und Visualisierung '98" Magdeburg, S. 221-234, SCS-European Publishing House. Ghent, Belgien, 1998

MUCH & HEIDERICH 1996
Much, D.; Heiderich, T.: Ereignissteuerung für PPS-Systeme. In: : ZWF-Zeitschrift für wirtschaftlichen Fabrikbetrieb 91 (1996) 10, S. 471-477, Carl Hanser Verlag, München 1996

MUMM ET AL. 1998
Mumm, A.; Mazzocco, C.; Rabe, M.; Vollmer, L.: Auftragsdurchlauf, Produktions- und Fertigungssteuerung. In: Kuhn. A.; Rabe, M.: (Hrsg.): Simulation in Produktion und Logistik – Fallbeispielsammlung, S. 150-180, Springer Verlag, Berlin 1998

MURPHY & ASWEGAN 1998
Murphy, W. S.; Aswegan, G. D.: High Level Architecture Remote Data Filtering. In: Medeiros, D. J.; Watson, E. F.; Carson, J.S. ; Manivannan, M. S. (Eds.): Proceedings of the 1998 Winter Simulation Conference, 13.-16.12.98, pp. 835-840. Washington D.C., USA

NOCHE & SCHOLTISSEK 1991
Noche, B.; Scholtissek, P.: Anwendungen der Simulation in der Unternehmensplanung. In: Kuhn, A.; Reinhard, A.; Wiendahl, H.-P. (Hrsg.): Handbuch Simulationsanwendungen in Produktion und Logistik. S. 7 ff. Vieweg Verlag, Wiesbaden 1991

NOCHE & WENZEL 1991
Noche, B.; Wenzel, S.: Marktspiegel Simulationstechnik in Produktion und Logistik. Verlag TÜV Rheinland, Köln 1991

NOCHE 1997
Noche, B.: Kopplung von Simulationssoftware mit Leitrechnern. In: Kuhn, A.; Wenzel, S. (Hrsg.): Fortschritte in der Simulationstechnik. Tagungsband zum 11. ASIM-Symposium, S. 170-177, Vieweg Verlag, Braunschweig 1997

OESTEREICH 1997
Oestereich, B.: Objektorientierte Softwareentwicklung: mit der Unified Modeling Language. Oldenbourg Verlag, München 1997

OPPLINGER ET AL. 1993
Opplinger, R.; Weber, S.; Hogrefe, D.: Entwurf von virtuell privaten Netzen. In: Gerner, N.; Hegering, H. G.; Swoboda, J. (Hrsg.): Communication in Distributed Systems; ITG/GI-Conference, Munich. Springer Verlag. Frankfurt, 1993

PAGE 1983
Page, B.: Der Gültigkeitsnachweis zu komplexen Simulationsmodellen. In: Angewandte Informatik 25 (1983) 4, S. 149-157, Vieweg Verlag, Wiesbaden 1983

PAGE ET AL. 1997
Page, E.H.; Moose, R.L., Jr.; Griffin, S.P.: Web-Based Simulation In Simjava Using Remote Method Invocation. In: Andradottir, S.; Healy, K. J.; Withers, D.; Nelson, B. (Edts.): Proceedings of the 1997 Winter Simulation Conference. pp. 468-474. Institute of Electrical and Electronics Engineers, Piscataway, NJ, 1997.

PIDD & CASTRO 1998
Pidd, M.; Castro, R. B.: Hierarchical Modular Modeling In Discrete Simulation. In: Medeiros, D. J.; Watson, E. F.; Carson, J. S.; Manivannan, M.S. (Edts.): Proceedings Of The 1998 Winter Simulation Conference - Simulation In The 21st Century. December 13-16, 1998. Washington D.C., pp. 383-389, Washington D.C., 1998

RABENSTEIN 1998
Rabenstein, R.: Wissenschaftliches Rechnen im World-Wide-Web. In: Lorenz, P.; Preim, B. (Hrsg.): Proceedings "Simulation und Visualisierung '98" Magdeburg, S. 53-66, SCS-European Publishing House. Ghent, Belgien, 1998

RAUH 1997
Rauh, E.: Methodische Einbindung der Simulation in die betrieblichen Planungs- und Entscheidungsabläufe. Dissertation Universität Erlangen, 1997

REINHART & FELDMANN 1997
Reinhart, G.; Feldmann, K.: Simulation – Schlüsseltechnologie der Zukunft ? Studie zum Stand und Perspektiven. Utz Verlag Wissenschaft, München 1997

REINHART & HIRSCHBERG 1997
Reinhart, G.; Hirschberg, A.: Hilfsmittel zur Koordination von dezentralen Produktionsstrukturen. In: Maschinenmarkt 103 (1997) 14, Vogel Verlag, Würzburg 1997

REINHART & KOCH 1995
Reinhart, G.; Koch, M.: Autonome, kooperative Produktionssysteme. In: Wildemann, H. (Hrsg.): Schnell lernende Unternehmen - Quantensprünge in der Wettbewerbsfähigkeit. Münchner Management Kolloquium. TCW Transfer-Centrum, München 1995.

REINHART & LULAY 1998
Reinhart, G.; Lulay, W. E.: Koordination dezentraler Produktionsstrukturen durch betriebsbegleitende Simulation. In: ZWF - Zeitschrift für wirtschaftlichen Fabrikbetrieb 93 (1998) 1-2, S. 35-38. Carl Hanser Verlag, München 1998

REINHART 1996
Reinhart, G.: Planung von Produktionssystemen. In: Eversheim & Schuh (Hrsg.) Betriebshütte - Produktion und Management. Springer Verlag, Heidelberg 1996

REINHART 1997A
Reinhart, G.: Mit Schwung zum Aufschwung - Kreatives Agieren statt optimiertes Reagieren. In: Milberg, J.; Reinhart, G.: Mit Schwung zum Aufschwung. Tagungsband „Münchner Kolloquium 1997“, S. 9-16, Verlag Moderne Industrie, Landsberg, 1997

REINHART 1997B
Reinhart, G.: Innovative Prozesse und Systeme – der Weg zu Flexibilität und Wandlungsfähigkeit. In: Milberg, J.; Reinhart, G.: Mit Schwung zum Aufschwung. Tagungsband „Münchner Kolloquium 1997“, S. 173-202, Verlag Moderne Industrie, Landsberg, 1997

REINHART 1998A
Reinhart, G.: Technische Betriebsführung für Ingenieure. Skriptum zur Vorlesung an der Technischen Universität München, S. 3-14, Hochschul-Eigenverlag, München 1998

REINHART 1998A
Reinhart, G.; Cuiper, R.: Continuous Planning and Control of Automated Assembly Systems. In: Borne, P.; Ksouri, M.; El Kamel, A. (Eds.): Proceedings of IMACS/IEEE Multiconference Computational Engineering in Systems Applications (CESA) '98, Hammamet, 01.-04.04.1998. Vol. 3, p. 317 - 321

REINHART 1999
Reinhart, G.: Vom Wandel der Zeit - Wandel als Chance für unsere Unternehmen im globalen Wettbewerb. Gastbeitrag in: ZWF 94 (1999) 1-2, S. 14, Carl Hanser Verlag, München 1999

REINHART ET AL. 1995A
Reinhart, G.; Decker, F.; Heitmann, K.: Möglichkeiten zur Integration der Simulation in das betriebliche Umfeld. In: Maschinenmarkt 101 (1995) 36, S. 48-53, Vogel Verlag, Würzburg 1995

REINHART ET AL. 1995B
Reinhart, G.; Martin, C; Heitmann, K.: Automated Decision Support für Re-scheduling and Optimization Tasks Within Simulation-Based Production Control. In: Proceedings ICPR, Tel Aviv 1995

REINHART ET AL. 1999
Reinhart, G.; Dürrschmidt, S.; Hirschberg, A.; Selke, C.: Reaktionsfähigkeit für Unternehmen. In: ZWF 94 (1999) 1-2, S. 31-35, Carl Hanser Verlag, München 1999

RITTER ET AL. 1998
Ritter, K.-C.; Klein, U.; Straßburger, S.; Diessner, M.: Web-basierte Animation verteilter Simulationen auf der Basis der High Level Architecture. In: Lorenz, P.; Preim, B. (Hrsg.): Proceedings "Simulation und Visualisierung '98" Magdeburg, S. 41-52, SCS-European Publishing House, Ghent 1998

RIVEST ET AL. 1978
Rivest, R.; Shamir, A.; Adleman, L.: A Method For Obtaining Digital Signatures And Public Key Cryptosystems. Communications of the ACM 21 (1978) 2 S. 120-126

ROBINSON 1994
Robinson, S.: Successful Simulation – A Practical Approach To Simulation Projects. McGraw-Hill, London 1994

ROHRBACHER 1995
Rohrbacher, A.: Konzept und prototypische Realisierung eines Informationssystems für das Produktionscontrolling. In: Warnecke, G. (Hrsg.): FBK-Produktionstechnische Berichte, Universität Kaiserslautern, Hochschul-Eigenverlag, Kaiserslautern 1995

RUFFING 1991
Ruffing, T.: Fertigungssteuerung bei Fertigungsinseln. Verlag TÜV-Rheinland, Köln, 1991

RUMBAUGH ET AL. 1993
Rumbaugh, J.; Blaha, M.; Premerlani, W.; Eddy, F.; Lorenson, W.: Objektorientiertes Modellieren und Entwerfen. Hanser Verlag, München 1993

SACHS 1970
Sachs, L.: Statistische Methoden - Ein Soforthelfer. Springer Verlag, Berlin 1970

SACHS 1982
Sachs, L.: Statistische Verfahren. Springer Verlag, Berlin 1982

SARGENT & DAUM 1998
Sargent, R. G.; Daum, Th.: Visual Interactive Modeling in Java-based Hierarchical Modeling and Simulation System. In: Lorenz, P.; Preim, B.: Proceedings "Simulation und Visualisierung '98" Magdeburg, S. 1-17, SCS-European Publishing House, Ghent 1998

SCHEER 1986
Scheer, A. W.: Neue Architekturen für EDV-Systeme zur Produktionsplanung und –steuerung. Veröffentlichungen des Instituts für Wirtschaftsinformatik 53 (1986) S. 19-24, Eigenverlag, Saarbrücken, 1986

SCHEER 1987
Scheer, A. W.: CIM - Der computergesteuerte Industriebetrieb. Springer Verlag, Berlin 1987

SCHEER 1990
Scheer, A.-W.: Wirtschaftsinformatik – Informationssysteme im Industriebetrieb. Ditte Auflage Springer Verlag, Berlin 1990

SCHEER 1991
Scheer, A.-W.: Fertigungssteuerung – Expertenwissen für die Praxis. Oldenbourg Verlag, München 1991

SCHEER 1996
Scheer, A. W.: Informationsmanagement im Betrieb. In: Eversheim, W.; Schuh, G.: Produktion und Management - Betriebshütte. S. 17-1 - 17-76. Springer Verlag, Berlin 1996

SCHOLTISSEK 1995
Scholtissek, P.: Simulationsprüfstand für Logistikkonzepte der Produktion. VDI-Fortschrittsberichte Reihe 2 "Fertigungstechnik" Nr. 377. VDI-Verlag, Düsseldorf 1995

SCHULZE ET AL. 1998
Schulze, T.; Klein, U.; Strassberger, S.; Ritter, K. C.; Blümel, E.; Schumann, M.: HLA basierte verteilte Simulationsmodelle für die Fertigung. In: Lorenz, P.; Preim, B. (Hrsg.): Proceedings "Simulation und Visualisierung '98" Magdeburg, S. 19-31, SCS-European Publishing House, Ghent, Belgien, 1998

SELKE 1998
Selke, C.: Integration von Simulationsmodell und PPS-Modell. In.: Reinhart, G.; Feldmann, K. (Hrsg.): Simulationsbasierte Entscheidungshilfsmittel für Organisation und Produktion. Zwischenbericht zum 2. Projektjahr des Forschungsverbundes Simulationstechnik ForSIM. S. 203-222. Erlangen, 1998

SIMON 1994
Simon, D.: Fertigungsregelung durch zielgrößenorientierte Planung und logistisches Störungsmanagement. iwb-Forschungsberichte Nr. 85, Springer Verlag, Berlin 1994

SOLOT ET AL. 1998
Solot, Ph.; Dudás. T.; Willmann, L.: Realitätsnahe logistische Simulation diskret-kontinuierlicher Verfahren in der Prozeßindustrie. In: Engeli, M.; Hrdliczka, V. (Hrsg.): Simulationstechnik. 12. Symposium in Zürich, S. 465-472, Hochschulverlag ETH Zürich, 1998

SPATH ET AL. 1996
Spath, D.; Burghardt, J.; Fleissner, F.: Verrichtungsorientierte Prüfplanung - Ein neuer Ansatz für eine wirtschaftliche Werkerselbstprüfung. In: QZ 41 (1996) 1, S. 60-63

SPIGIEL & SCHRÖDER 1990
Spigiel, D.; Schröder, G.: Simulation als Steuerungsinstrument in der Betriebsführung. In: Jünemann, R.: Planungs- und Betriebsführungssysteme für die Logistik, S. 257, Verlag TÜV Rheinland, Köln 1990

SPUR ET AL. 1993
Spur, G.; Mertins, K:, Jochem, R.: Integrierte Unternehmensmodellierung. DIN Deutsches Institut für Normung e.V., Berlin 1993

TÖNSHOFF & SIELEMANN 1998
Tönshoff, H. K.; Sielemann, M.: Dezentralisierte Auftragsabwicklung. In: wt-Werkstattstechnik 88 (1998) 3, S. 117-120). Springer Verlag, Berlin 1998

VDI 3633, BLATT 1
VDI-Richtlinie 3633, Blatt 1: Simulation von Logistik-, Materialfluß- und Produktionssystemen - Grundlagen. VDI-Handbuch Materialfluß und Fördertechnik, Beuth Verlag, Düsseldorf 1993

VDI 3633, BLATT 3
VDI Richtlinie 3633, Blatt 3: Simulation von Logistik-, Materialfluß- und Produktionssystemen - Experimentplanung und -auswertungen. VDI-Handbuch Materialfluß und Fördertechnik, Beuth Verlag, Düsseldorf 1995

VDI 3633, BLATT 5
VDI Richtlinie 3633, Blatt 5: Simulation von Logistik-, Materialfluß- und Produktionssystemen - Integration der Simulation in die betrieblichen Abläufe. VDI-Handbuch Materialfluß und Fördertechnik, Beuth Verlag, Düsseldorf 1998

VDI 3633, BLATT 6
VDI Richtlinie 3633, Blatt 6: Simulation von Logistik-, Materialfluß- und Produktionssystemen – Begriffsdefinitionen. VDI-Handbuch Materialfluß und Fördertechnik, Beuth Verlag, Düsseldorf 1997

WAHREN 1994
Wahren, H.-K. E.; Gruppen- und Teamarbeit in Unternehmen. Walter de Gruyter Verlag, Berlin 1994

WARNECKE 1998
Warnecke, H. J.: Zur Informations- und Kommunikationstechnik. In: wt-Werkstattstechnik 88 (1998) 3, S. 65,VDI- Springer Verlag, Düsseldorf 1998

WARNECKE ET AL. 1998
Warnecke, H.-J.; Sihn, W.; Wiendahl, H.-H.: Informationstechnologie unterstützt die verteilte Produktion. Neue Denk- und Lösungsansätze aufgrund verbesserter IuK-Technologie. In: wt - Werkstattstechnik 88 (1998), Nr.3, S.87-92, Springer-VDI-Verlag, Düsseldorf 1998

WEBER 1998
Weber, T.: On-Line-Simulation in einer dezentral organisierten Produktion. Dissertation. Hochschul-Eigenverlag, Karlsruhe 1998

WEDEMEYER 1989
Wedemeyer, H.-G. von: Entscheidungsunterstützung in der Fertigungssteuerung mit Hilfe der Simulation. Fortschrittsberichte VDI Reihe 2 „Fertigungstechnik" Nr. 176. VDI-Verlag, Düsseldorf 1989

WEIGT 1996
Weigt, D.: Modellbasierte und lernfähige Fertigungsleitsysteme. In: Scherer, E.; Schönsleben, P.; Ulich, E. (Hrsg.): Werkstattmanagement - Organisation und Informatik, S. 311 - 332, vdf Verlag, Zürich 1996

WENZEL & MEYER 1993
Wenzel, S.; Meyer, R.: Kopplung der Simulation mit Methoden des Datenmanagements. In: Kuhn, A.; Reinhardt, A.; Wiendahl, H.-P. (Hrsg.): Handbuch Simulationsanwendungen in Produktion und Logistik, S. 347-368, Vieweg Verlag, Wiesbaden 1993

WESTKÄMPER ET AL. 1998A
Westkämper, E.; Balve, P.; Wiendahl, H.-H.: Auftragsmanagement in wandlungsfähigen Unternehmensstrukturen: Anforderungen und Ansätze. PPS-Management 3 (1998) 1, S. 22-26. Gito Verlag, Berlin 1998

WESTKÄMPER ET AL. 1998B
Westkämper, E.; Zahn, E.; Aupperle, G.; Gagsch, B.; Herbst, C.: Simulation als Instrument zur ganzheitlichen Marktausrichtung. In: ZWF - Zeitschrift für wirtschaftlichen Fabrikbetrieb 94 (1999), Nr.1-2, S.29-32

WESTKÄMPER ET AL. 1999
Westkämper, E.; Zahn, E.; Aupperle, G.; Gagsch, B.; Herbst, C.: Simulation als Instrument zur ganzheitlichen Marktausrichtung. In: ZWF-Zeitschrift für wirtschaftlichen Fabrikbetrieb 94 (1999) 1-2, Carl Hanser Verlag, München 1999

WHITMAN ET AL. 1998
Whitman, L.; Huff, B.; Senthil, P.: Commercial Simulation Over The Web. In: Medeiros, D. J.; Watson, E. F.; Carson, J. S.; Manivannan, M.S. (Edts.): Proceedings Of The 1998 Winter Simulation Conference - Simulation In The 21st Century. December 13-16, 1998. Washington D.C., pp. 335-340, Washington D.C., 1998

WIECHERT 1997
Wiechert, P.: Modellkonsistenz und Konfliktlösung bei hybriden Modellansätzen. In: Kuhn, A.; Wenzel, S. (Hrsg.): Fortschritte in der Simulationstechnik. Tagungsband zum 11. ASIM-Symposium, S. 643-648, Vieweg Verlag, Braunschweig 1997

WIEDEMANN 1998
Wiedemann, T.: Ein Simulationsserver für modulare Simulationsumgebungen. In: Engeli, M.; Hrdliczka, V. (Hrsg.): Simulationstechnik. 12. Symposium in Zürich. S. 251-258. Hochschulverlag ETH Zürich, 1998

WIENDAHL & KUPRAT 1990
Wiendahl, H. P.; Kuprat, T.: Betriebskennlinien - ein neuer Ansatz zur Analyse der logistischen Qualität von Produktionsabläufen. In: Jünemann, R. (Hrsg.): Planungs- und Betriebsführungssysteme für die Logistik, S. 199 ff. Verlag TÜV Rheinland, Köln 1990

WIENDAHL & NYHUIS 1981
Wiendahl, H.-P.; Nyhuis, P.: Die logistische Betriebskennlinie – ein neuer Ansatz zur Beherrschung der Produktionslogistik. RKW-Handbuch Logistik. Erich Schmidt Verlag, Berlin 1981

WIENDAHL & NYHUIS 1993
Wiendahl, H.-P.; Nyhuis, P.: Die logistische Betriebskennlinie. In: RKW-Handbuch Logistik, Nr. 6110, Lfg. XI/93, Berlin 1993

WIENDAHL & SCHEFFCYK 1996
Wiendahl, H.-P.; Scheffcyk, H.: Gestaltung wandlungsfähiger Fabrikstrukturen - Strategien, Planungsmethoden, Beispiele. In: Gesellschaft für Fertigungstechnik (Hrsg.): Stuttgarter Impulse – Innovation durch Technik und Organisation. Fertigungstechnisches Kolloquium FTK 1997, Tagungsband. Springer Verlag, Berlin 1997

WIENDAHL 1987
Wiendahl, H.-P.: Belastungsorientierte Fertigungssteuerung. Grundlagen, Verfahrensaufbau, Realisierung. Carl Hanser Verlag, München 1987

WIENDAHL 1996
Wiendahl, H.-P.: Modelle und Systeme des Produktionscontrollings. In: Eversheim & Schuh (Hrsg.) Betriebshütte - Produktion und Management. Springer Verlag, Heidelberg 1996

WIENDAHL 1997
Wiendahl, H.-P.: Betriebsorganisation für Ingenieure. Carl-Hanser Verlag, München 1997

WIENDAHL ET AL. 1996
Wiendahl, H.-P.; Fastabend, H.; Helms, K.; Jäger, M.: Zukünftige PPS-Systeme müssen Logistik-Netzwerke beherrschen. In: Industrie Management (spezial) 12 (1996) 1, S. 6-11, Gito Verlag, Berlin 1996

WILHELM 1996
Wilhelm, S.: Hierarchische Produktionssteuerung vernetzter Produktionssysteme. Europäische Hochschulschriften. Peter Lang Verlag, Frankfurt/Main 1996

ZEIGLER 1985
Zeigler, B. P.: Theory of Modeling and Simulation. Krieger, Malabar 1985

ZEIGLER 1987
Zeigler, B. P.: Hierarchical, Modular Discrete-Event Modeling In An Object-Oriented Environment. Simulation 50, S. 219-230 (1987)

ZEIGLER 1990
Zeigler, B. P.: Object-oriented Simulation With Hierarchical, Modular Models – Intelligent Agents And Endomorphic Systems. Academic Press, Boston 1990

ZEIGLER ET AL. 1997
Zeigler, B. P.; Sarjoughian, H.; Vahie, S.: An Architecture for Collaborative Modeling and Simulation. In: Kaylan, A.; Lehmann, A. (Eds.): European Simulation Multiconference June 1-4 Istanbul, K-3 bis K-16, SCS Publishing House, San Diego, Erlangen, Ghent, Budapest, 1997

ZELL 1992
Zell, M.: Simulationsgestützte Fertigungssteuerung. Oldenbourg Verlag, München 1992

ZETLMAYER 1994
Zetlmayer, H.: Verfahren zur simulationsgestützten Produktionsregelung. iwb-Forschungsberichte Nr. 74, Springer Verlag, Berlin 1994

ZIMMERMANN 1987
Zimmermann, H.-J.: Methoden und Modelle des Operations Research. Vieweg Verlag, Braunschweig 1987

ZIMMERMANN 1992
Zimmermann, H.-J.: Operations Research - Methoden und Modelle. Vieweg Verlag, Braunschweig 1992

ZÖFEL, 1988
Zöfel, P.: Statistik in der Praxis. 2. Auflage. Gustav Fischer Verlag, Stuttgart 1988

11 Abbildungen und Tabellen

11.1 Abbildungsverzeichnis

11.2 Tabellenverzeichnis

iwb Forschungsberichte Band 1–121

Herausgeber: Prof. Dr.-Ing. J. Milberg und Prof. Dr.-Ing. G. Reinhart, Institut für Werkzeugmaschinen und Betriebswissenschaften der Technischen Universität München

Band 1–121 erschienen im Springer Verlag, Berlin, Heidelberg und sind im Erscheinungsjahr und den folgenden drei Kalenderjahren erhältlich im Buchhandel oder durch Lange & Springer, Otto-Suhr-Allee 26–28, 10585 Berlin

1 *Streifinger, E.*
Beitrag zur Sicherung der Zuverlässigkeit und Verfügbarkeit moderner Fertigungsmittel
1986 · 72 Abb. · 167 Seiten · ISBN 3-540-16391-3

2 *Fuchsberger, A.*
Untersuchung der spanenden Bearbeitung von Knochen
1986 · 90 Abb. · 175 Seiten · ISBN 3-540-16392-1

3 *Maier, C.*
Montageautomatisierung am Beispiel des Schraubens mit Industrierobotern
1986 · 77 Abb. · 144 Seiten · ISBN 3-540-16393-X

4 *Summer, H.*
Modell zur Berechnung verzweigter Antriebsstrukturen
1986 · 74 Abb. · 197 Seiten · ISBN 3-540-16394-8

5 *Simon, W.*
Elektrische Vorschubantriebe an NC-Systemen
1986 · 141 Abb. · 198 Seiten · ISBN 3-540-16693-9

6 *Büchs, S.*
Analytische Untersuchungen zur Technologie der Kugelbearbeitung
1986 · 74 Abb. · 173 Seiten · ISBN 3-540-16694-7

7 *Hunzinger, I.*
Schneiderodierte Oberflächen
1986 · 79 Abb. · 162 Seiten · ISBN 3-540-16695-5

8 *Pilland, U.*
Echtzeit-Kollisionsschutz an NC-Drehmaschinen
1986 · 54 Abb. · 127 Seiten · ISBN 3-540-17274-2

9 *Barthelmeß, P.*
Montagegerechtes Konstruieren durch die Integration von Produkt- und Montageprozeßgestaltung
1987 · 70 Abb. · 144 Seiten · ISBN 3-540-18120-2

10 *Reithofer, N.*
Nutzungssicherung von flexibel automatisierten Produktionsanlagen
1987 · 84 Abb. · 176 Seiten · ISBN 3-540-18440-6

11 *Diess, H.*
Rechnerunterstützte Entwicklung flexibel automatisierter Montageprozesse
1988 · 56 Abb. · 144 Seiten · ISBN 3-540-18799-5

12 *Reinhart, G.*
Flexible Automatisierung der Konstruktion und Fertigung elektrischer Leitungssätze
1988 · 112 Abb. · 197 Seiten · ISBN 3-540-19003-1

13 *Bürstner, H.*
Investitionsentscheidung in der rechnerintegrierten Produktion
1988 · 74 Abb. · 190 Seiten · ISBN 3-540-19099-6

14 *Groha, A.*
Universelles Zellenrechnerkonzept für flexible Fertigungssysteme
1988 · 74 Abb. · 153 Seiten · ISBN 3-540-19182-8

15 *Riese, K.*
Klipsmontage mit Industrierobotern
1988 · 92 Abb. · 150 Seiten · ISBN 3-540-19183-6

16 *Lutz, P.*
Leitsysteme für rechnerintegrierte Auftragsabwicklung
1988 · 44 Abb. · 144 Seiten · ISBN 3-540-19260-3

17 *Klippel, C.*
Mobiler Roboter im Materialfluß eines flexiblen Fertigungssystems
1988 · 86 Abb. · 164 Seiten · ISBN 3-540-50468-0

18 *Rascher, R.*
Experimentelle Untersuchungen zur Technologie der Kugelherstellung
1989 · 110 Abb. · 200 Seiten · ISBN 3-540-51301-9

19 *Heusler, H.-J.*
Rechnerunterstützte Planung flexibler Montagesysteme
1989 · 43 Abb. · 154 Seiten · ISBN 3-540-51723-5

20 *Kirchknopf, P.*
Ermittlung modaler Parameter aus Übertragungsfrequenzgängen
1989 · 57 Abb. · 157 Seiten · ISBN 3-540-51724-3

21 *Sauerer, Ch.*
Beitrag für ein Zerspanprozeßmodell Metallbandsägen
1990 · 89 Abb. · 166 Seiten · ISBN 3-540-51868-1

22 *Karstedt, K.*
Positionsbestimmung von Objekten in der Montage- und Fertigungsautomatisierung
1990 · 92 Abb. · 157 Seiten · ISBN 3-540-51879-7

23 *Peiker, St.*
Entwicklung eines integrierten NC-Planungssystems
1990 · 66 Abb. · 180 Seiten · ISBN 3-540-51880-0

24 *Schugmann, R.*
Nachgiebige Werkzeugaufhängungen für die automatische Montage
1990 · 71 Abb. · 155 Seiten · ISBN 3-540-52138-0

25 *Wrba, P.*
Simulation als Werkzeug in der Handhabungstechnik
1990 · 125 Abb. · 178 Seiten · ISBN 3-540-52231-X

26 *Eibelshäuser, P.*
Rechnerunterstützte experimentelle Modalanalyse mittels gestufter Sinusanregung
1990 · 79 Abb. · 156 Seiten · ISBN 3-540-52451-7

27 *Prasch, J.*
Computerunterstützte Planung von chirurgischen Eingriffen in der Orthopädie
1990 · 113 Abb. · 164 Seiten · ISBN 3-540-52543-2

28 *Teich, K.*
Prozeßkommunikation und Rechnerverbund in der Produktion
1990 · 52 Abb. · 158 Seiten · ISBN 3-540-52764-8

29 *Pfrang, W.*
Rechnergestützte und graphische Planung manueller und teilautomatisierter Arbeitsplätze
1990 · 59 Abb. · 153 Seiten · ISBN 3-540-52829-6

30 *Tauber, A.*
Modellbildung kinematischer Strukturen als Komponente der Montageplanung
1990 · 93 Abb. · 190 Seiten · ISBN 3-540-52911-X

31 *Jäger, A.*
Systematische Planung komplexer Produktionssysteme
1991 · 75 Abb. · 148 Seiten · ISBN 3-540-53021-5

32 *Hartberger, H.*
Wissensbasierte Simulation komplexer Produktionssysteme
1991 · 58 Abb. · 154 Seiten · ISBN 3-540-53326-5

33 *Tuczek, H.*
Inspektion von Karosseriepreßteilen auf Risse und Einschnürungen mittels Methoden der Bildverarbeitung
1992 · 125 Abb. · 179 Seiten · ISBN 3-540-53965-4

34 *Fischbacher, J.*
Planungsstrategien zur stömungstechnischen Optimierung von Reinraum-Fertigungsgeräten
1991 · 60 Abb. · 166 Seiten · ISBN 3-540-54027-X

35 *Moser, O.*
3D-Echtzeitkollisionsschutz für Drehmaschinen
1991 · 66 Abb. · 177 Seiten · ISBN 3-540-54076-8

36 *Naber, H.*
Aufbau und Einsatz eines mobilen Roboters mit unabhängiger Lokomotions- und Manipulationskomponente
1991 · 85 Abb. · 139 Seiten · ISBN 3-540-54216-7

37 *Kupec, Th.*
Wissensbasiertes Leitsystem zur Steuerung flexibler Fertigungsanlagen
1991 · 68 Abb. · 150 Seiten · ISBN 3-540-54260-4

38 *Maulhardt, U.*
Dynamisches Verhalten von Kreissägen
1991 · 109 Abb. · 159 Seiten · ISBN 3-540-54365-1

39 *Götz, R.*
Strukturierte Planung flexibel automatisierter Montagesysteme für flächige Bauteile
1991 · 86 Abb. · 201 Seiten · ISBN 3-540-54401-1

40 *Koepfer, Th.*
3D-grafisch-interaktive Arbeitsplanung - ein Ansatz zur Aufhebung der Arbeitsteilung
1991 · 74 Abb. · 126 Seiten · ISBN 3-540-54436-4

41 *Schmidt, M.*
Konzeption und Einsatzplanung flexibel automatisierter Montagesysteme
1992 · 108 Abb. · 168 Seiten · ISBN 3-540-55025-9

42 *Burger, C.*
Produktionsregelung mit entscheidungsunterstützenden Informationssystemen
1992 · 94 Abb. · 186 Seiten · ISBN 3-540-55187-5

43 *Hoßmann, J.*
Methodik zur Planung der automatischen Montage von nicht formstabilen Bauteilen
1992 · 73 Abb. · 168 Seiten · ISBN 3-540-5520-0

44 *Petry, M.*
Systematik zur Entwicklung eines modularen Programmbaukastens für robotergeführte Klebeprozesse
1992 · 106 Abb. · 139 Seiten · ISBN 3-540-55374-6

45 *Schönecker, W.*
Integrierte Diagnose in Produktionszellen
1992 · 87 Abb. · 159 Seiten · ISBN 3-540-55375-4

46 *Bick, W.*
Systematische Planung hybrider Montagesysteme unter Berücksichtigung der Ermittlung des optimalen Automatisierungsgrades
1992 · 70 Abb. · 156 Seiten · ISBN 3-540-55377-0

47 *Gebauer, L.*
Prozeßuntersuchungen zur automatisierten Montage von optischen Linsen
1992 · 84 Abb. · 150 Seiten · ISBN 3-540-55378-9

48 *Schrüfer, N.*
Erstellung eines 3D-Simulationssystems zur Reduzierung von Rüstzeiten bei der NC-Bearbeitung
1992 · 103 Abb. · 161 Seiten · ISBN 3-540-55431-9

49 *Wisbacher, J.*
Methoden zur rationellen Automatisierung der Montage von Schnellbefestigungselementen
1992 · 77 Abb. · 176 Seiten · ISBN 3-540-55512-9

50 *Garnich, F.*
Laserbearbeitung mit Robotern
1992 · 110 Abb. · 184 Seiten · ISBN 3-540-55513-7

51 *Eubert, P.*
Digitale Zustandesregelung elektrischer Vorschubantriebe
1992 · 89 Abb. · 159 Seiten · ISBN 3-540-44441-2

52 *Glaas, W.*
Rechnerintegrierte Kabelsatzfertigung
1992 · 67 Abb. · 140 Seiten · ISBN 3-540-55749-0

53 *Helml, H.J.*
Ein Verfahren zur On-Line Fehlererkennung und Diagnose
1992 · 60 Abb. · 153 Seiten · ISBN 3-540-55750-4

54 *Lang, Ch.*
Wissensbasierte Unterstützung der Verfügbarkeitsplanung
1992 · 75 Abb. · 150 Seiten · ISBN 3-540-55751-2

55 *Schuster, G.*
Rechnergestütztes Planungssystem für die flexibel automatisierte Montage
1992 · 67 Abb. · 135 Seiten · ISBN 3-540-55830-6

56 *Bomm, H.*
Ein Ziel- und Kennzahlensystem zum Investitionscontrolling komplexer Produktionssysteme
1992 · 87 Abb. · 195 Seiten · ISBN 3-540-55964-7

57 *Wendt, A.*
Qualitätssicherung in flexibel automatisierten Montagesystemen
1992 · 74 Abb. · 179 Seiten · ISBN 3-540-56044-0

58 *Hansmaier, H.*
Rechnergestütztes Verfahren zur Geräuschminderung
1993 · 67 Abb. · 156 Seiten · ISBN 3-540-56053-2

59 *Dilling, U.*
Planung von Fertigungssystemen unterstützt durch Wirtschaftssimulationen
1993 · 72 Abb. · 146 Seiten · ISBN 3-540-56307-5

60 *Strohmayr, R.*
Rechnergestützte Auswahl und Konfiguration von Zubringeeinrichtungen
1993 · 80 Abb. · 152 Seiten · ISBN 3-540-56652-X

61 *Glas, J.*
Standardisierter Aufbau anwendungsspezifischer Zellenrechnersoftware
1993 · 80 Abb. · 145 Seiten · ISBN 3.540-56890-5

62 *Stetter, R.*
Rechnergestütze Simulationswerkzeuge zur Effizienzsteigerung des Industrierobotereinsatzes
1994 · 91 Abb. · 146 Seiten · ISBN 3-540-56889-1

63 *Dirndorfer, A.*
Robotersysteme zur förderbandsynchronen Montage
1993 · 76 Abb. · 144 Seiten · ISBN 3-540-57031-4

64 *Wiedemann, M.*
Simulation des Schwingungsverhaltens spanender Werkzeugmaschinen
1993 · 81 Abb. · 137 Seiten · ISBN 3-540-57177-9

65 *Woenckhaus, Ch.*
Rechnergestütztes System zur automatisierten 3D-Layoutoptimierung
1994 · 81 Abb. · 140 Seiten · ISBN 3-540-57284-8

66 *Kummetsteiner, G.*
3D-Bewegungssimulation als integratives Hilfsmittel zur Planung manueller Montagesysteme
1994 · 62 Abb. · 146 Seiten · ISBN 3-540-57535-9

67 *Kugelmann, F.*
Einsatz nachgiebiger Elemente zur wirtschaftlichen Automatisierung von Produktionssystemen
1993 · 76 Abb. · 144 Seiten · ISBN 3-540-57549-9

68 *Schwarz, H.*
Simulationsgestützte CAD/CAM-Kopplung für die 3D-Laserbearbeitung mit integrierter Sensorik
1994 · 96 Abb. · 148 Seiten · ISBN 3-540-57577-4

69 *Viethen, U.*
Systematik zum Prüfen in flexiblen Fertigungssystemen
1994 · 70 Abb. · 142 Seiten · ISBN 3-540-57794-7

70 *Seehuber, M.*
Automatische Inbetriebnahme geschwindigkeitsadaptiver Zustandsregler
1994 · 72 Abb. · 155 Seiten · ISBN 3-540-57896-X

71 *Amann, W.*
Eine Simulationsumgebung für Planung und Betrieb von Produktionssystemen
1994 · 71 Abb. · 129 Seiten · ISBN 3-540-57924-9

72 *Schöpf, M.*
Rechnergestütztes Projektinformations- und Koordinationssystem für das Fertigungsvorfeld
1997 · 63 Abb. · 130 Seiten · ISBN 3-540-58052-2

73 *Welling, A.*
Effizienter Einsatz bildgebender Sensoren zur Flexibilisierung automatisierter Handhabungsvorgänge
1994 · 66 Abb. · 139 Seiten · ISBN 3-540-580-0

74 *Zetlmayer, H.*
Verfahren zur simulationsgestützten Produktionsregelung in der Einzel- und Kleinserienproduktion
1994 · 62 Abb. · 143 Seiten · ISBN 3-540-58134-0

75 *Lindl, M.*
Auftragsleittechnik für Konstruktion und Arbeitsplanung
1994 · 66 Abb. · 147 Seiten · ISBN 3-540-58221-5

76 *Zipper, B.*
Das integrierte Betriebsmittelwesen - Baustein einer flexiblen Fertigung
1994 · 64 Abb. · 147 Seiten · ISBN 3-540-58222-3

77 *Raith, P.*
Programmierung und Simulation von Zellenabläufen in der Arbeitsvorbereitung
1995 · 51 Abb. · 130 Seiten · ISBN 3-540-58223-1

78 *Engel, A.*
Strömungstechnische Optimierung von Produktionssystemen durch Simulation
1994 · 69 Abb. · 160 Seiten · ISBN 3-540-58258-4

79 *Zäh, M. F.*
Dynamisches Prozeßmodell Kreissägen
1995 · 95 Abb. · 186 Seiten · ISBN 3-540-58624-5

80 *Zwanzer, N.*
Technologisches Prozeßmodell für die Kugelschleifbearbeitung
1995 · 65 Abb. · 150 Seiten · ISBN 3-540-58634-2

81 *Romanow, P.*
Konstruktionsbegleitende Kalkulation von Werkzeugmaschinen
1995 · 66 Abb. · 151 Seiten · ISBN 3-540-58771-3

82 *Kahlenberg, R.*
Integrierte Qualitätssicherung in flexiblen Fertigungszellen
1995 · 71 Abb. · 136 Seiten · ISBN 3-540-58772-1

83 *Huber, A.*
Arbeitsfolgenplanung mehrstufiger Prozesse in der Hartbearbeitung
1995 · 87 Abb. · 152 Seiten · ISBN 3-540-58773-X

84 *Birkel, G.*
Aufwandsminimierter Wissenserwerb für die Diagnose in flexiblen Produktionszellen
1995 · 64 Abb. · 137 Seiten · ISBN 3-540-58869-8

85 *Simon, D.*
Fertigungsregelung durch zielgrößenorientierte Planung und logistisches Störungsmanagement
1995 · 77 Abb. · 132 Seiten · ISBN 3-540-58942-2

86 *Nedeljkovic-Groha, V.*
Systematische Planung anwendungsspezifischer Materialflußsteuerungen
1995 · 94 Abb. · 188 Seiten · ISBN 3-540-58953-8

87 *Rockland, M.*
Flexibilisierung der automatischen Teilbereitstellung in Montageanlagen
1995 · 83 Abb. · 168 Seiten · ISBN 3-540-58999-6

88 *Linner, St.*
Konzept einer integrierten Produktentwicklung
1995 · 67 Abb. · 168 Seiten · ISBN 3-540-59016-1

89 *Eder, Th.*
Integrierte Planung von Informationssystemen für rechnergestützte Produktionssysteme
1995 · 62 Abb. · 150 Seiten · ISBN 3-540-59084-6

90 *Deutschle, U.*
Prozeßorientierte Organisation der Auftragsentwicklung in mittelständischen Unternehmen
1995 · 80 Abb. · 188 Seiten · ISBN 3-540-59337-3

91 *Dieterle, A.*
Recyclingintegrierte Produktentwicklung
1995 · 68 Abb. · 146 Seiten · ISBN 3-540-60120-1

92 *Hechl, Chr.*
Personalorientierte Montageplanung für komplexe und variantenreiche Produkte
1995 · 73 Abb. · 158 Seiten · ISBN 3-540-60325-5

93 *Albertz, F.*
Dynamikgerechter Entwurf von Werkzeugmaschinen - Gestellstrukturen
1995 · 83 Abb. · 156 Seiten · ISBN 3-540-60608-8

94 *Trunzer, W.*
Strategien zur On-Line Bahnplanung bei Robotern mit 3D-Konturfolgesensoren
1996 · 101 Abb. · 164 Seiten · ISBN 3-540-60961-X

95 *Fichtmüller, N.*
Rationalisierung durch flexible, hybride Montagesysteme
1996 · 83 Abb. · 145 Seiten · ISBN 3-540-60960-1

96 *Trucks, V.*
Rechnergestützte Beurteilung von Getriebestrukturen in Werkzeugmaschinen
1996 · 64 Abb. · 141 Seiten · ISBN 3-540-60599-8

97 *Schäffer, G.*
Systematische Integration adaptiver Produktionssysteme
1996 · 71 Abb. · 170 Seiten · ISBN 3-540-60958-X

98 *Koch, M. R.*
Autonome Fertigungszellen - Gestaltung, Steuerung und integrierte Störungsbehandlung
1996 · 67 Abb. · 138 Seiten · ISBN 3-540-61104-5

99 *Moctezuma de la Barrera, J.L.*
Ein durchgängiges System zur computer- und rechnergestützten Chirurgie
1996 · 99 Abb. · 175 Seiten · ISBN 3-540-61145-2

100 *Geuer, A.*
Einsatzpotential des Rapid Prototyping in der Produktentwicklung
1996 · 84 Abb. · 154 Seiten · ISBN 3-540-61495-8

101 *Ebner, C.*
Ganzheitliches Verfügbarkeits- und Qualitätsmanagment unter Verwendung von Felddaten
1996 · 67 Abb. · 132 Seiten · ISBN 3-540-61678-0

102 *Pischeltsrieder, K.*
Steuerung autonomer mobiler Roboter in der Produktion
1996 · 74 Abb. · 171 Seiten · ISBN 3-540-61714-0

103 *Köhler, R.*
Disposition und Materialbereitstellung bei komplexen variantenreichen Kleinprodukten
1997 · 62 Abb. · 177 Seiten · ISBN 3-540-62024-9

104 *Feldmann, Ch.*
Eine Methode für die integrierte rechnergestützte Montageplanung
1997 · 71 Abb. · 163 Seiten · ISBN 3-540-62059-1

105 *Lehmann, H.*
Integrierte Materialfluß- und Layoutplanung durch Kopplung von CAD- und Ablaufsimulationssystem
1997 · 96 Abb. · 191 Seiten · ISBN 3-540-62202-0

106 *Wagner, M.*
Steuerungsintegrierte Fehlerbehandlung für maschinennahe Abläufe
1997 · 94 Abb. · 164 Seiten · ISBN 3-540-62656-5

107 *Lorenzen, J.*
Simulationsgestützte Kostenanalyse in produktorientierten Fertigungsstrukturen
1997 · 63 Abb. · 129 Seiten · ISBN 3-540-62794-4

108 *Krönert, U.*
Systematik für die rechnergestützte Ähnlichteilsuche und Standardisierung
1997 · 53 Abb. · 127 Seiten · ISBN 3-540-63338-3

109 *Pfersdorf, I.*
Entwicklung eines systematischen Vorgehens zur Organisation des industriellen Service
1997 · 74 Abb. · 172 Seiten · ISBN 3-540-63615-3

110 *Kuba, R.*
Informations- und kommunikationstechnische Integration von Menschen in der Produktion
1997 · 77 Abb. · 155 Seiten · ISBN 3-540-63642-0

111 *Kaiser, J.*
Vernetztes Gestalten von Produkt und Produktionsprozeß mit Produktmodellen
1997 · 67 Abb. · 139 Seiten · ISBN 3-540-63999-3

112 *Geyer, M.*
Flexibles Planungssystem zur Berücksichtigung ergonomischer Aspekte bei der Produkt- und Arbeitssystemgestaltung
1997 · 85 Abb. · 154 Seiten · ISBN 3-540-64195-5

113 *Martin, C.*
Produktionsregelung - ein modularer, modellbasierter Ansatz
1998 · 73 Abb. · 162 Seiten · ISBN 3-540-64401-6

114 *Löffler, Th.*
Akustische Überwachung automatisierter Fügeprozesse
1998 · 85 Abb. · 136 Seiten · ISBN 3-540-64511-X

115 *Lindermaier, R.*
Qualitätsorientierte Entwicklung von Montagesystemen
1998 · 84 Abb. · 164 Seiten · ISBN 3-540-64686-8

116 *Koehrer, J.*
Prozeßorientierte Teamstrukturen in Betrieben mit Großserienfertigung
1998 · 75 Abb. · 185 Seiten · ISBN 3-540-65037-7

117 *Schuller, R. W.*
Leitfaden zum automatisierten Auftrag von hochviskosen Dichtmassen
1999 · 76 Abb. · 162 Seiten · ISBN 3-540-65320-1

118 *Debuschewitz, M.*
Integrierte Methodik und Werkzeuge zur herstellungsorientierten Produktentwicklung
1999 · 104 Abb. · 169 Seiten · ISBN 3-540-65350-3

119 *Bauer, L.*
Strategien zur rechnergestützten Offline-Programmierung von 3D-Laseranlagen
1999 · 98 Abb. · 145 Seiten · ISBN 3-540-65382-1

120 *Pfob, E.*
Modellgestützte Arbeitsplanung bei Fertigungsmaschinen
1999 · 69 Abb. · 154 Seiten · ISBN 3-540-65525-5

121 *Spitznagel, J.*
Erfahrungsgeleitete Planung von Laseranlagen
1999 · 63 Abb. · 156 Seiten · ISBN 3-540-65896-3

Seminarberichte iwb

herausgegeben von Prof. Dr.-Ing. Gunther Reinhart, Institut für Werkzeugmaschinen und Betriebswissenschaften der Technischen Universität München

Seminarberichte iwb sind erhältlich im Buchhandel oder beim Herbert Utz Verlag, München, Fax 089-277791-01, utz@utzverlag.com

1 Innovative Montagesysteme - Anlagengestaltung, -bewertung und -überwachung
115 Seiten · ISBN 3-931327-01-9

2 Integriertes Produktmodell - Von der Idee zum fertigen Produkt
82 Seiten · ISBN 3-931327-02-7

3 Konstruktion von Werkzeugmaschinen - Berechnung, Simulation und Optimierung
110 Seiten · ISBN 3-931327-03-5

4 Simulation - Einsatzmöglichkeiten und Erfahrungsberichte
134 Seiten · ISBN 3-931327-04-3

5 Optimierung der Kooperation in der Produktentwicklung
95 Seiten · ISBN 3-931327-05-1

6 Materialbearbeitung mit Laser · von der Planung zur Anwendung
86 Seiten · ISBN 3-931327-76-0

7 Dynamisches Verhalten von Werkzeugmaschinen
80 Seiten · ISBN 3-931327-77-9

8 Qualitätsmanagement · der Weg ist das Ziel
130 Seiten · ISBN 3-931327-78-7

9 Installationstechnik an Werkzeugmaschinen · Analysen und Konzepte
120 Seiten · ISBN 3-931327-79-5

10 3D-Simulation - Schneller, sicherer und kostengünstiger zum Ziel
90 Seiten · ISBN 3-931327-10-8

11 Unternehmensorganisation - Schlüssel für eine effiziente Produktion
110 Seiten · ISBN 3-931327-11-6

12 Autonome Produktionssysteme
100 Seiten · ISBN 3-931327-12-4

13 Planung von Montageanlagen
130 Seiten · ISBN 3-931327-13-2

15 Flexible fluide Kleb/Dichtstoffe · Dosierung und Prozeßgestaltung
80 Seiten · ISBN 3-931327-15-9

16 Time to Market - Von der Idee zum Produktionsstart
80 Seiten · ISBN 3-931327-16-7

17 Industriekeramik in Forschung und Praxis - Probleme, Analysen und Lösungen
80 Seiten · ISBN 3-931327-17-5

18 Das Unternehmen im Internet - Chancen für produzierende Unternehmen
165 Seiten · ISBN 3-931327-18-3

19 Leittechnik und Informationslogistik - mehr Transparenz in der Fertigung
85 Seiten · ISBN 3-931327-19-1

20 Dezentrale Steuerungen in Produktionsanlagen - Plug & Play - Vereinfachung von Entwicklung und Inbetriebnahme
105 Seiten · ISBN 3-931327-20-5

21 Rapid Prototyping - Rapid Tooling - Schnell zu funktionalen Prototypen
95 Seiten · ISBN 3-931327-21-3

22 Mikrotechnik für die Produktion · Greifbare Produkte und Anwendungspotentiale
95 Seiten · ISBN 3-931327-22-1

24 EDM Engineering Data Management
195 Seiten · ISBN 3-931327-24-8

25 Rationelle Nutzung der Simulationstechnik - Entwicklungstrends und Praxisbeispiele
152 Seiten · ISBN 3-931327-25-6

26 Alternative Dichtungssysteme - Konzepte zur Dichtungsmontage und zum Dichtmittelauftrag
110 Seiten · ISBN 3-931327-26-4

27 Rapid Prototyping · Mit neuen Technologien schnell vom Entwurf zum Serienprodukt
111 Seiten · ISBN 3-931327-27-2

28 Rapid Tooling · Mit neuen Technologien schnell vom Entwurf zum Serienprodukt
154 Seiten · ISBN 3-931327-28-0

29 Installationstechnik an Werkzeugmaschinen · Abschlußseminar
156 Seiten · ISBN 3-931327-29-9

31 Engineering Data Management (EDM) · Erfahrungsberichte und Trends
183 Seiten · ISBN 3-931327-31-0

33 3D-CAD · Mehr als nur eine dritte Dimension
181 Seiten · ISBN 3-931327-33-7

34 Laser in der Produktion · Technologische Randbedingungen für den wirtschaftlichen Einsatz
102 Seiten · ISBN 3-931327-34-5

35 Ablaufsimulation · Anlagen effizient und sicher planen und betreiben
129 Seiten · ISBN 3-931327-35-3

36 Moderne Methoden zur Montageplanung · Schlüssel für eine effiziente Produktion
124 Seiten · ISBN 3-931327-36-1

37 Wettbewerbsfaktor Verfügbarkeit · Produktivitätsteigerung durch technische und organisatorische Ansätze
95 Seiten · ISBN 3-931327-37-X

38 Rapid Prototyping · Effizienter Einsatz von Modellen in der Produktentwicklung
128 Seiten · ISBN 3-931327-38-8

39 Rapid Tooling · Neue Strategien für den Werkzeug- und Formenbau
130 Seiten · ISBN 3-931327-39-6

40 Erfolgreich kooperieren in der produzierenden Industrie · Flexibler und schneller mit modernen Kooperationen
160 Seiten · ISBN 3-931327-40-X

41 Innovative Entwicklung von Produktionsmaschinen
146 Seiten · ISBN 3-89675-041-0

42 Stückzahlflexible Montagesysteme
139 Seiten · ISBN 3-89675-042-9

43 Produktivität und Verfügbarkeit · ...durch Kooperation steigern
120 Seiten · ISBN 3-89675-043-7

44 Automatisierte Mikromontage · Handhaben und Positionieren von Mikrobauteilen
125 Seiten · ISBN 3-89675-044-5

45 Produzieren in Netzwerken · Lösungsansätze, Methoden, Praxisbeispiele
173 Seiten · ISBN 3-89675-045-3

46 Virtuelle Produktion · Ablaufsimulation
108 Seiten · ISBN 3-89675-046-1

47 Virtuelle Produktion · Prozeß- und Produktsimulation
131 Seiten · ISBN 3-89675-047-X

48 Sicherheitstechnik an Werkzeugmaschinen
106 Seiten · ISBN 3-89675-048-8

49 Rapid Prototyping · Methoden für die reaktionsfähige Produktentwicklung
150 Seiten · ISBN 3-89675-049-6

50 Rapid Manufacturing · Methoden für die reaktionsfähige Produktion
121 Seiten · ISBN 3-89675-050-X

51 Flexibles Kleben und Dichten · Produkt-& Prozeßgestaltung, Mischverbindungen, Qualitätskontrolle
137 Seiten · ISBN 3-89675-051-8

Forschungsberichte iwb

herausgegeben von Prof. Dr.-Ing. Gunther Reinhart, Institut für Werkzeugmaschinen und Betriebswissenschaften der Technischen Universität München

Forschungsberichte iwb ab Band 122 sind erhältlich im Buchhandel oder beim Herbert Utz Verlag, München, Fax 089-277791-01, utz@utzverlag.com

122 Burghard Schneider
Prozesskettenorientierte Bereitstellung nicht formstabiler Bauteile
183 Seiten · 98 Abb. · 14 Tab. · 1999 · ISBN 3-89675-559-5

123 Bernd Goldstein
Modellgestützte Geschäftsprozeßgestaltung in der Produktentwicklung
170 Seiten · 65 Abb. · 1999 · ISBN 3-89675-546-3

124 Helmut E. Mößmer
Methode zur simulationsbasierten Regelung zeitvarianter Produktionssysteme
156 Seiten · 67 Abb. · 5 Tab. · 1999 · ISBN 3-89675-585-4

125 Ralf-Gunter Gräser
Ein Verfahren zur Kompensation temperaturinduzierter Verformungen an Industrierobotern
167 Seiten · 63 Abb. · 5 Tab. · 1999 · ISBN 3-89675-603-6

126 Hans-Jürgen Trossin
Nutzung der Ähnlichkeitstheorie zur Modellbildung in der Produktionstechnik
162 Seiten · 75 Abb. · 11 Tab. · 1999 · ISBN 3-89675-614-1

127 Doris Kugelmann
Aufgabenorientierte Offline-Programmierung von Industrierobotern
158 Seiten · 68 Abb. · 2 Tab. · 1999 · ISBN 3-89675-615-X

128 Rolf Diesch
Steigerung der organisatorischen Verfügbarkeit von Fertigungszellen
160 Seiten · 69 Abb. · 1999 · ISBN 3-89675-618-4

129 Werner E. Lulay
Hybrid-hierarchische Simulationsmodelle zur Koordination teilautonomer Produktionsstrukturen
170 Seiten · 51 Abb. · 14 Tab. · 1999 · ISBN 3-89675-620-6

130 Otto Murr
Adaptive Planung und Steuerung von integrierten Entwicklungs- und Planungsprozessen
178 Seiten · 85 Abb. · 3 Tab. · 1999 · ISBN 3-89675-636-2

131 Michael Macht
Ein Vorgehensmodell für den Einsatz von Rapid Prototyping
170 Seiten · 87 Abb. · 5 Tab. · 1999 · ISBN 3-89675-638-9

132 Bruno H. Mehler
Aufbau virtueller Fabriken aus dezentralen Partnerverbindungen
152 Seiten · 44 Abb. · 5 Tab. · 1999 · ISBN 3-89675-645-1

133 Knut Heitmann
Sichere Prognosen für die Produktionsoptimierung mittels stochastischer Modelle
146 Seiten · 60 Abb. · 13 Tab. · 1999 · ISBN 3-89675-675-3

134 Stefan Blessing
Gestaltung der Materialflußsteuerung in dynamischen Produktionsstrukturen
160 Seiten · 67 Abb. · 5 Tab. · 1999 · ISBN 3-89675-690-7

135 Can Abay
Numerische Optimierung multivariater mehrstufiger Prozesse am Beispiel der Hartbearbeitung von Industriekeramik
159 Seiten · 46 Abb. · 5 Tab. · 2000 · ISBN 3-89675-697-4

FSC
www.fsc.org
MIX
Papier | Fördert gute Waldnutzung
FSC® C083411

Kolibri 360 GmbH
Ferdinand-Jühlke-Straße 7
99095 Erfurt, Deutschland
produktsicherheit@kolibri360.de

THE PRIVATE COMPANY TODAY